I0127256

Major EDOUARD FAVRE

L'INTERNEMENT

EN SUISSE

DES

PRISONNIERS DE GUERRE

MALADES OU BLESSÉS

1917

SECOND RAPPORT

fait par ordre du Colonel HAUSER, Médecin d'armée.

> « Au milieu de si grandes révolutions, il y a, dans le calme des peuples neutres, je ne sais quoi d'irritant pour leurs voisins et d'inquiétant pour eux-mêmes. Un tel bonheur demande à être racheté, et ne peut l'être que par la charité. »
>
> Eugène RAMBERT (1870).

AVEC UNE CARTE

BERNE
Bureau du Service de l'Internement.

1918

L'INTERNEMENT

EN SUISSE

1917

8° M
8338(2)

Il a été tiré de ce *Second Rapport* :

600 exemplaires avec une *Carte des Régions de l'internement des prisonniers de guerre en Suisse.*

500 exemplaires sans carte.

Major **EDOUARD FAVRE**

L'INTERNEMENT
EN SUISSE

DES

PRISONNIERS DE GUERRE
MALADES OU BLESSÉS

1917

SECOND RAPPORT

fait par ordre du Colonel HAUSER, Médecin d'armée.

« Au milieu de si grandes révolutions, il y a, dans le calme des peuples neutres, je ne sais quoi d'irritant pour leurs voisins et d'inquiétant pour eux-mêmes. Un tel bonheur demande à être racheté, et ne peut l'être que par la charité. »

Eugène RAMBERT (1870).

AVEC UNE CARTE

BERNE
Bureau du Service de l'Internement.

—

1918

Avant-Propos.

BIBLIOTHÈQUE NATIONALE

———

Dans notre *Premier Rapport* [1], nous avons insisté sur ce que l'internement était, en Suisse même, mal connu, mal compris et trop souvent mal jugé.

Il est vrai que cette institution est d'une nature complexe : les internés sont des prisonniers de guerre ; en passant en Suisse, ils restent prisonniers de guerre, mais ils y sont, en réalité, des prisonniers de seconde main ; de plus, l'internement est une œuvre humanitaire ; ces deux faits tendent à atténuer, jusqu'à la faire oublier par beaucoup de gens, la notion que l'interné est un prisonnier et qu'il est un soldat [2].

En second lieu, si, comme prisonniers de guerre et comme

———

[1] *L'internement en Suisse des prisonniers de guerre malades ou blessés, 1916, Premier Rapport.* Genève, Bâle, Lyon, Georg & Cie, libr.-édit., 1917, 1 vol. in-8 de VIII et 426 p. — Cité : *Premier Rapport*, 1916. — Ce rapport a été remis en manuscrit à la Commission suisse qui s'est rendue aux États-Unis en 1917 ; il en a été fait une traduction abrégée, sous les auspices de la Columbia University et du National Comittee on Prisons and Prison Labor, sous le titre de : *Swiss Internment of Prisoners of War. An Experiment in International Humane Legislation and Administration* dans le *Bulletin of Social Legislation,* nº 5. New-York, Columbia University Press, November 1917, in-8 de 54 pages.

[2] Il y a, il est vrai, des internés civils en Suisse, mais c'est une infime minorité ; ils sont, d'ailleurs, tout à fait sur le même pied que les internés militaires. Du reste, la notion du prisonnier de guerre civil est nouvelle et nombreux sont ceux qui se refusent à associer, dans une même qualification, deux termes qui leur semblent incompatibles ; en France, le *Civil-Gefangener,* s'appelle « interné » terme qu'il ne faut pas confondre avec celui d'« interné en Suisse ».

militaires, les internés doivent être soumis à un pouvoir militaire, d'autre part, ils ressortissent à un Etat étranger, leur Etat d'origine, et ils sont les prisonniers d'un autre Etat étranger, l'Etat capteur. Toute l'organisation de l'internement est issue de négociations internationales, il a pour base des accords internationaux qui ne sont pas l'affaire des militaires, mais bien des pouvoirs civils ; aussi, est-ce le Département politique suisse qui a organisé l'internement et qui en a confié la direction technique au Médecin d'armée, tout en en gardant la direction suprême au point de vue diplomatique et international.

Il n'est donc pas exagéré de dire que l'internement et son organisation reposent sur des notions assez complexes et, si l'on ajoute à cela la nouveauté de l'institution, on ne s'étonnera pas qu'au début, l'internement ait été mal compris.

L'est-il mieux maintenant ?

Le premier rapport aurait, peut-être, pu contribuer, en une certaine mesure, à éclairer l'opinion ; mais il est dans la nature humaine de généraliser indûment et de préférer juger plutôt que de s'éclairer.

Au point de vue extérieur, l'internement a été, en 1917, la voie par laquelle ont été introduites, entre belligérants, les conversations qui ont abouti à des accords d'une haute importance pour le droit international.

Au point de vue intérieur, l'attitude de la population suisse a changé ; à l'engouement excessif a succédé, par le fait des circonstances, un sentiment difficile à définir : notre population souffre moralement et matériellement ; si sa souffrance n'est pas à comparer à celle des belligérants, elle est grande cependant ; la Suisse n'ayant aucune responsabilité dans l'origine du conflit et n'ayant rien à en attendre, ne souffre que par et pour les autres, aussi devient-elle nerveuse. Sa situation fait penser à une chaudière sans soupape placée au centre d'un brasier. Beaucoup de Suisses voient sans plaisir tant d'uniformes étrangers sur notre territoire ; ils craignent de ne plus être maîtres chez eux, lorsqu'ils constatent que certaines localités — cela a été dit et même écrit par des étrangers — semblent transformées en « petites villes de garnison ».

Certes, la population suisse ne regrette pas l'œuvre humanitaire librement consentie qu'est l'internement, mais elle apporte à cette œuvre une certaine réserve qui est heureuse du reste, pourvu que ce sentiment, analogue à la dignité, n'aille pas jusqu'à la défiance et à la mauvaise humeur. Toute œuvre humanitaire doit être faite avec bonne grâce.

D'ailleurs les critiques, les craintes, les réserves suscitées par l'internement fussent-elles légitimes, l'internement présentât-il — et il en présente — certaines imperfections ou même certains dangers, une chose est certaine qui doit être dite bien haut : Au nombre des institutions qui ont assuré à notre Patrie, au sein du grand conflit, la situation morale et internationale qu'elle occupe maintenant, l'Internement doit être compté parmi les premières.

Cette affirmation, qui pourrait paraître immodeste, ne sera pas contredite par celles de nos hautes Autorités Fédérales les mieux placées pour en constater la vérité.

Et cependant, dès le début, l'internement a été mésestimé, regardé avec dédain, dans certains milieux de notre Armée entre autres. Pourquoi ? Ces officiers le méprisent-ils à cause de son caractère humanitaire et parce qu'eux-mêmes pensent — d'après une certaine école qui a fait ses preuves — que tout sentiment d'humanité peut être exclu de la guerre ?

La guerre se prolongeant, l'institution de l'internement doit constamment se développer. C'est le développement qu'elle a pris en 1917 qui est retracé dans les pages qui suivent.

Nous avons conservé le même plan que dans le *Premier Rapport*. Nous avons, cependant, mis en tête le chapitre sur le Quartier général qui, auparavant, était le chapitre VI ; nous avons fait un chapitre spécial (chapitre X) sur les Ecoles et Cours qui, auparavant, étaient compris dans le chapitre Travail.

Si, dans le présent Rapport, certains chapitres peuvent paraître un peu fragmentaires, la raison en est que nous n'avons pas repris, dans chaque chapitre, le sujet dans son ensemble, nous avons dû nous borner à retracer le développement, en 1917, des différentes branches de l'internement et, dans bien des cas, supposer connu le point de départ exposé dans le *Premier Rapport*.

Nous avons joint aux *Documents*, moins nombreux dans ce Rapport que dans le précédent, les chapitres des Accords de Berne, du 15 mars et du 26 avril 1918, concernant le rapatriement et l'internement. Ces accords sont, en effet, l'aboutissement des efforts qui ont caractérisé, au point de vue diplomatique, le travail poursuivi, durant toute l'année 1917, par le Département politique et par le Service de l'internement.

Berne, août 1918.

EDOUARD FAVRE, *major.*

Introduction historique.

(library stamp)

La genèse et les débuts de l'institution de l'internement en
1916 ont été retracés dans un premier rapport. « Si le principe de
cette institution est juste, écrivions-nous, il doit être fécond ;
plus la guerre se prolonge et s'étend, plus aussi l'internement
doit élargir ses cadres[1]. » Et en effet, cette institution fonction-
nait à peine depuis quelques mois que le Colonel Hauser, Médecin
d'armée, qui en était le chef, se montrait préoccupé de lui donner un développement nouveau, en la plaçant sur le terrain
international[2] : « Même les Etats neutres de l'Europe ne suffiront
pas à cette tâche, écrivait-il, la collaboration de l'Amérique est
indispensable. » Depuis lors, l'Amérique a pris place parmi les
belligérants et il a fallu renoncer à une large internationalisa-
tion de l'internement. D'autre part, les conditions économiques
de la Suisse devenant constamment plus difficiles, il ne pouvait
plus être question pour elle d'héberger un nombre d'internés
dépassant sensiblement trente mille.

Néanmoins, dans la misère du monde, qui semblait augmenter
chaque jour, la tâche de l'hospitalisation des prisonniers de
guerre demeurait une nécessité, qui s'imposait, chaque jour aussi,
de façon plus urgente. Ce n'étaient pas quelques milliers de prisonniers, mais des centaines de mille qu'il fallait sauver des

[1] Voir *Premier Rapport,* 1916, p. 14.
[2] Lettre du 24 septembre 1916, *ibidem,* 1916, p. 14-17.

1

maux sans cesse grandissants de la captivité. Les efforts du Médecin d'armée ont constamment tendu vers ce but : au lieu d'héberger 3o,ooo internés, dont un grand nombre, après un certain temps de séjour en Suisse, ou n'auraient plus besoin de se refaire ou, au contraire, seraient dans un état trop grave pour que la guérison pût être envisagée, il fallait arriver à rapatrier le plus grand nombre possible de ces internés, ou guéris ou incurables, et les remplacer par d'autres qui bénéficieraient de l'hospitalisation en Suisse, de son climat, de ses établissements, et qui, à leur tour, feraient place à d'autres. De plus, il fallait arriver à rapatrier directement d'Allemagne en France ou vice versa, en passant par la Suisse, le plus grand nombre possible de prisonniers de guerre dits valides et renvoyer de Suisse dans leur patrie, le plus grand nombre possible d'internés assimilables aux valides bénéficiant des conditions d'échange : c'est ce qu'on a appelé les grands échanges.

En un mot, il fallait tendre à faire de la Suisse ou un sanatorium pour des prisonniers de guerre malades et blessés qui feraient en Suisse, comme internés, un séjour momentané, ou un passage pour certaines catégories de prisonniers de guerre rentrant dans leur pays par les « grands échanges » de valides.

On comprend, sans peine, qu'il ne devait pas être facile de trouver, pour cet internement à tendances nouvelles et pour ces échanges de valides, les principes directeurs ; l'internement reposant sur des accords internationaux entre belligérants, il devait être procédé à un travail diplomatique très délicat pour modifier les articles existants pour l'internement et pour rédiger des articles nouveaux pour l'échange de valides. Ce travail a été celui de l'année 1917 ; il n'a abouti qu'en avril 1918.

Déjà après des entretiens avec le Général Friedrich et avec M. le Ministre de Manneville, le Médecin d'armée écrivait, le 6 mars 1917, à M. le Conseiller fédéral Hoffmann, Chef du Département politique : « Actuellement, l'internement me semble, en quelque mesure, être arrivé à un point mort...; nous ne pouvons guère dépasser le chiffre de 3o,ooo internés et cependant, même si nous ne considérons que les prisonniers d'Allemagne, d'Angleterre et de France, le nombre est très grand de ceux pour lesquels l'internement est urgent, non seulement au point de vue individuel et familial, mais aussi pour l'avenir de leurs patries respectives. Il ne faut pas avoir égard seulement aux catégories déjà fixées pour l'internement, mais il faut penser à en créer de nouvelles. Plus la guerre dure, plus l'internement devrait pouvoir être étendu, car il se fait journellement de nouveaux prisonniers et, journellement aussi, l'état de santé des anciens s'aggrave. »

Le Médecin d'armée énumérait toute une série de mesures qui répondaient au désir, d'une part d'interner, d'autre part d'évacuer, le plus grand nombre possible de prisonniers de guerre, et montrait ainsi comment pourrait être mis en pratique le principe qui devait se montrer fécond de la « Suisse passage ».

Il proposait:

1° Un internement complémentaire du dernier qui avait eu lieu de décembre 1916 à janvier 1917[1]. Pour cet internement complémentaire seraient examinés tous ceux qui auraient fait l'objet d'une réclamation, tous ceux qui, comme cas douteux, auraient été envoyés dans les camps d'inaptes ou d'observation, tous ceux qui auraient été désignés au Médecin d'armée par des gens dignes de confiance, enfin tous ceux qui feraient, de la part des médecins de camp, l'objet d'une demande dûment motivée.

Le Médecin d'armée faisait remarquer que, des deux côtés, beaucoup de prisonniers, et souvent les plus dignes d'intérêt, avaient refusé d'être internés, tandis que d'autres, par d'habiles simulations, avaient réussi à se faire désigner pour la Suisse.

Les prisonniers rentrant dans cet internement complémentaire seraient examinés non plus par des commissions itinéran-

---

[1] Voir *Premier Rapport,* 1916, p. 45-46.

tes, mais ils seraient concentrés dans certains camps où seule fonctionnerait une commission de contrôle; dans les cas douteux, la voix du médecin suisse le plus ancien en grade serait prépondérante.

Comme précédemment, le nombre des internables ne jouerait aucun rôle; on déciderait d'après les catégories.

2° L'internement en Suisse, le plus vite possible et comme essai, des deux côtés, de cent pères de famille valides[1], ayant au moins trois enfants et dix-huit mois de captivité, dont 10 % d'officiers. Le principe du nombre égal ne serait adopté que pour ce premier essai, comme il avait été adopté en 1916 pour le premier essai d'internement de tuberculeux[2]. Plus tard, le « tête pour tête » devrait être abandonné, le nombre des enfants ou la durée de la captivité ou tous les deux constitueraient une priorité jusqu'à concurrence de la capacité de la Suisse.

3° Le rapatriement des tuberculeux cliniquement guéris, des internés amputés d'une main ou d'un pied, des internés ayant perdu, d'une façon durable, l'usage d'un membre, des internés atteints soit d'une épilepsie incurable, soit de neurasthénie grave, soit d'une maladie de cœur organique et grave, soit de néphrite chronique constatée, soit de diabète grave; on pourrait encore établir d'autres catégories. On ne tiendrait compte, pour le rapatriement, ni du nombre, ni du grade.

Le Médecin d'armée insistait sur la nécessité de renvoyer en captivité, beaucoup plus souvent que cela n'avait été encore fait, tous les éléments s'étant montrés indignes d'être internés; il estimait que ce n'était que justice que ces éléments indignes fissent place aux autres.

---

[1] L'idée de l'internement ou du rapatriement des pères de famille avait été lancée, en avril 1916, par Sa Sainteté le pape Benoît XV, sur la demande d'une délégation française qui s'était rendue à Rome.

[2] Voir *Premier Rapport*, 1916, p. 7-8. En effet 104 pères de famille français furent internés en Suisse au Chanet (canton de Neuchâtel) le 4 avril 1917 et le 20 avril, 104 pères de famille allemands étaient internés à Emmishofen. L'essai en resta là.

4° L'internement des officiers et sous-officiers (sergents y compris et au-dessus) ayant dix-huit mois de captivité et atteints de la psychose du fil de fer [1], c'est-à-dire qui sont tombés dans un état psychique grave, à la suite d'une captivité prolongée. Dans cette catégorie rentreront surtout des intellectuels, des pères de famille et des jeunes. On ne tiendra compte pour l'internement des prisonniers de guerre de cette catégorie, ni du nombre ni du grade, mais, comme le nombre devra en être limité à cause des places disponibles en Suisse, la durée de la captivité constituera toujours une priorité.

5° Echange [2] direct de pays à pays et tête pour tête des hommes de troupe jusqu'au grade de sergent exclusivement, qui ont dix-huit mois de captivité, qui sont pères d'au moins trois enfants et qui sont atteints de la « psychose du fil de fer ».

6° Extension des catégories déjà prévues pour l'échange des grands blessés et des grands malades [3].

Les Etats belligérants s'engageraient à n'employer les échangés ou les rapatriés ni au front ni à l'étape.

Enfin le Médecin d'armée, par cette lettre qui est comme l'introduction à des négociations qui devaient durer plus d'un an, demandait la réunion d'une conférence de médecins militaires des Etats intéressés, pour préciser les catégories de rapatriement et élargir les conditions d'échange.

Il insistait aussi sur la nécessité, pour tous les Etats belligé-

[1] En allemand *Stacheldrahtpsychose;* ce terme, qui a pris naissance en Allemagne, paraît pour la première fois en Suisse à ce moment. Il a été traduit, par les médecins français, par « psychasthénie des prisonniers de guerre ».

[2] Il est nécessaire de bien fixer la valeur des termes employés : *internement* concerne un prisonnier de guerre envoyé par l'Etat capteur en Suisse; *rapatriement* se rapporte à l'interné en Suisse renvoyé dans son pays d'origine; *échange* s'entend de prisonniers de guerre renvoyés par l'Etat capteur dans son pays d'origine et qui ne font que traverser la Suisse. Constamment nous recevons des lettres nous parlant d'un prisonnier de guerre interné en pays ennemi et pour lequel on demande le rapatriement en Suisse.

[3] Voir *Premier Rapport*, 1916, p. 23 et 202-206.

rants, de réunir, dans le plus bref délai possible, une conférence internationale dans laquelle seraient traités, d'une façon approfondie, la continuation et le développement de l'internement, l'échange direct, le rapatriement.

On s'étonnera de voir l'échange direct des prisonniers de pays à pays, tenir désormais une grande place dans un historique de l'internement, mais ces deux questions sont intimement liées.

Le 18 mars, après avoir rencontré le Général Friedrich à Francfort, le Médecin d'armée écrivait au Département politique pour étendre ses propositions : il envisageait la possibilité non plus de l'internement mais de l'échange direct de pays à pays, tête pour tête, des officiers et des sous-officiers, sergents compris et au-dessus. Il estimait que les gradés étant ceux qui, psychiquement, souffraient le plus d'une longue captivité, il devrait y avoir une proportion de 10 % d'officiers et de 20 % de sous-officiers dans le nombre des échangés.

Il demandait aussi que, tandis qu'il n'y aurait aucune distinction faite entre les divers grades de sous-officiers, il devrait être distingué, pour les officiers, entre généraux et officiers supérieurs d'une part et capitaines et officiers subalternes d'autre part. Les officiers de chacune de ces deux catégories devraient être échangés en nombre égal.

Le Médecin d'armée proposait au Département politique qu'un premier essai d'échange fût fait portant sur 5,000 de chaque côté dont 50 officiers généraux ou officiers supérieurs, 450 capitaines et officiers subalternes, 1000 sous-officiers sergents inclusivement et au-dessus, et 3,500 sous-officiers et hommes de troupe à partir de sergent exclusivement et au-dessous.

Les civils pourraient être assimilés aux hommes de troupe au-dessous de sergent exclusivement.

En avril 1917, le Médecin d'armée eut des conférences à Berne, d'une part avec les délégués français, M. de Panafieu, ministre plénipotentiaire délégué du Ministère des Affaires Etrangères et M. Georges-Cahen, représentant du Ministère de la Guerre, et d'autre part, avec le Général Friedrich ; le 17 avril, il soumettait au Département politique un projet qui fit, de la part de ce dernier, l'objet de notes l'une au Gouvernement français (19 avril), l'autre au Gouvernement allemand (20 avril).

Les propositions étaient, en substance, les suivantes :

Pour les échanges directs :

I. Echange direct de pays à pays, sous la condition d'une captivité de 18 mois au moins, mais sans qu'il soit tenu compte du grade ou du nombre

a) d'officiers ayant dépassé un âge à fixer (55 ans, par exemple),

b) de sous-officiers et soldats ayant dépassé un âge à fixer (48 ans, par exemple),

c) des pères de famille de trois enfants au moins et ayant dépassé 40 ans.

II. Echange direct, sous la condition d'une captivité de 18 mois au moins, mais tête pour tête et grade pour grade

a) des sous-officiers et soldats,

b) des officiers ; ceux dont la contre-partie n'existerait pas chez l'adversaire seront internés en Suisse.

III. La psychose grave du fil de fer (psychasthénie des prisonniers de guerre) constitue une nouvelle catégorie pour le rapatriement ; elle sera considérée comme grave si elle persiste, sans amélioration notable, après trois mois d'internement.

IV. Les civils prisonniers [1] sont assimilés aux soldats.

V. Tous ceux qui auront été échangés ou rapatriés dès le 17 avril 1917 ne devront plus être employés ni au front ni à l'étape.

Pour la suite à donner à l'internement :

Les internés seront rapatriés sur la base de catégories plus larges, encore à fixer. Il faut distinguer ce qu'on a appelé l'internement complémentaire et l'internement et le rapatriement normal :

---

[1] En France on n'admet pas que les civils soient prisonniers de guerre, on parle pour eux d'internement.

I. L'internement complémentaire[1], c'est-à-dire l'internement de ceux qui auraient été victimes d'une erreur, etc..., devra être immédiatement préparé et les concentrations nécessaires, faites par les Etats capteurs, des candidats désignés par les médecins de camp.

Les commissions de contrôle entreront en activité, pour cet internement complémentaire, le 1er mai et travailleront sur la base des nouvelles catégories encore à fixer. Elles seront composées de trois médecins de l'Etat capteur et de trois médecins suisses, le plus ancien du grade le plus élevé de ces derniers ayant voix prépondérante.

Elles ne pourront écarter aucun cas définitivement ; tous ceux que les commissions ne désigneront pas pour être internés ou rapatriés, seront transférés dans un camp d'observation et, au bout de quatre semaines, ils seront de nouveau présentés à la commission.

II. L'internement et le rapatriement normal reprendront leur cours avec les différences suivantes :

1° de nouvelles catégories plus étendues seront établies ;

2° ce sont les médecins de camp qui désigneront les candidats à l'internement ou au rapatriement.

Les commissions entreront en fonctions dès le 1er juin.

Comme c'était prévu, le 20 avril, le Médecin d'armée faisait un projet d'Instructions générales pour les commissions médicales au service du rapatriement et de l'internement ; ce projet, soumis à l'examen des médecins français et allemands, subit diverses modifications et fut publié, sous sa forme définitive, le 26 mai[2]. Les catégories de rapatriement furent, d'un commun accord, très notablement élargies.

Le 3 mai, le Gouvernement allemand faisait savoir au Département politique qu'il acceptait, dans son ensemble, l'arrange-

---

[1] Voir, ci-dessus, p. 3.
[2] Voir, ci-après, *Documents*, n° VIII.

ment proposé par la note du 20 avril concernant la réorganisation de l'internement, du rapatriement et de l'échange des prisonniers de guerre; il se réservait de fixer certaines limites d'âge et proposait de mettre au bénéfice de cet arrangement, les prisonniers condamnés par des conseils de guerre et qui avaient obtenu un sursis.

Il faisait aussi savoir que les prisonniers, pouvant bénéficier de l'internement complémentaire, avaient été concentrés et qu'ainsi la commission de contrôle pourrait incessamment commencer ses travaux.

Le 12 mai, le Gouvernement français, réservant son assentiment aux propositions relatives à l'internement et au rapatriement de nouvelles catégories de prisonniers de guerre, donnait son entier assentiment à la proposition concernant les nouvelles bases pour l'internement et le rapatriement des prisonniers de guerre malades ou blessés.

Déjà précédemment, disait-il, il avait fait connaître au Gouvernement fédéral qu'il acceptait la proposition relative au rapatriement des tuberculeux internés en Suisse et pratiquement guéris, sous la condition, acceptée ultérieurement par le Gouvernement allemand, que ce rapatriement aurait lieu par catégories et non pas tête pour tète; par cette note, il reconnaissait comme catégorie et définissait la psychasthénie; il admettait la nouvelle composition des commissions de contrôle et il précisait en ces termes l'internement complémentaire de mai:

« Devront être présentés aux commissions de contrôle de mai:

a) les prisonniers de guerre proposés antérieurement pour l'internement par les commissions médicales itinérantes et ajournés par les commissions de revision, c'est-à-dire de contrôle;

b) les prisonniers de guerre qui, par suite d'erreurs ou de fautes, n'ont pas été présentés ou n'ont pas pu se présenter aux commissions médicales itinérantes lors du dernier voyage de celles-ci;

c) les prisonniers de guerre qui ont été reconnus par les autorités médicales de l'Etat capteur comme incapables de travailler en raison de leur état de santé ;

d) les prisonniers de guerre qui figurent sur les listes du Médecin d'armée suisse. »

La note française définissait aussi très clairement le travail des commissions de contrôle durant le mois de juin ; elles devaient examiner :

a) les prisonniers qui auront été proposés pour le rapatriement et l'internement par les médecins de camp des Etats capteurs, d'après les nouveaux principes directeurs et à la suite d'enquêtes soigneusement faites et, si possible, d'observations ;

b) les prisonniers placés dans les camps d'observation.

Le 24 mai, l'Ambassadeur de France faisait connaître, par une note verbale, les vues de son Gouvernement relatives au rapatriement, à l'échange direct et à l'internement de nouvelles catégories de prisonniers : la France se montrait favorable à l'échange direct, sans tenir compte du grade ni du nombre, des sous-officiers et des soldats ayant plus de 18 mois de captivité, soit qu'ils eussent 48 ans révolus, soit qu'ils fussent pères de trois enfants au moins et eussent 40 ans révolus ; elle acceptait aussi l'échange, tête pour tête et grade pour grade, des sous-officiers et soldats, mais, pour les officiers, elle demandait que l'échange direct fût remplacé par l'internement en Suisse.

Elle spécifiait que les dispositions de l'accord ne seraient applicables qu'aux prisonniers de guerre et que « s'il y avait lieu » un accord ultérieur devrait intervenir pour les prisonniers civils.

Cet internement d'un très grand nombre d'officiers devait être pour la Suisse quelque chose de tout nouveau, et constituer une très lourde charge ; le Conseil fédéral répondit le 2 juin qu'il réservait sa réponse, mais il proposait qu'on procédât tout de suite à l'exécution des articles sur lesquels l'accord semblait être fait.

L'Allemagne répondit que si la France ne voulait pas de

l'échange des officiers, elle n'admettrait que l'échange tête pour tête des pères de famille âgés de plus de 40 ans, et que le reste devrait être interné ; elle manifesta un grand désappointement du fait que la France demandât de nouvelles négociations au sujet des civils.

Si donc les efforts en vue d'un internement complémentaire, d'un nouvel essor à donner à l'internement et au rapatriement, et de la fixation de catégories avaient abouti, la question des grands échanges restait, pour le moment, en suspens ; mais elle avait été posée et on commençait à en connaître les difficultés ; c'était déjà un grand pas de fait ; on était arrivé à pied d'œuvre.

Le Médecin d'armée s'était rendu à Paris (11-18 juin) et s'était entretenu avec MM. de Panafieu et Georges-Cahen des principales réclamations faites par la France concernant les prisonniers de guerre en Allemagne ; ces réclamations pouvaient être classées sous trois chefs :

1º Echange du personnel sanitaire.

2º Manipulation des denrées alimentaires, spécialement des conserves, envoyées aux prisonniers.

3º Communications avec leur famille des prisonniers se trouvant dans les camps de prisonniers des régions envahies et contrôle de ces camps par des commissions neutres.

Le Médecin d'armée apportait l'assurance que le Gouvernement français était, en retour, prêt à accueillir et à examiner avec soin les réclamations allemandes.

Dans un rapport au Département politique (5 juillet 1917), le Médecin d'armée estimait qu'avec les rapatriements d'internés sortant de Suisse d'une part, et avec l'internement complémentaire plus l'apport des internés de juillet désignés par les médecins de camp d'autre part, l'internement se rapprocherait de ce qui devait être son idéal, soit de faire bénéficier du séjour en Suisse le plus grand nombre possible de ceux des prisonniers de guerre qui en ont besoin. Etant donnée la capacité limitée de la·Suisse, cet idéal pouvait être atteint non par l'augmentation indéfinie du nombre des internements faits simultanément, mais par un « roulement » très rapide et continu.

Ce roulement pouvait encore être augmenté, si les conditions de l'échange direct étaient aussi appliquées aux internés séjournant en Suisse; si c'était le cas, d'un coup 10,000 internés seraient rapatriables :

« Je tiendrais pour très désirable, ajoutait le Médecin d'armée, qu'on poursuivît constamment et parallèlement l'internement et le rapatriement : dès que des prisonniers de guerre sont internables, ils devraient être internés; dès que des internés sont rapatriables, il faudrait qu'ils fussent rapatriés. Il ne s'agit ici, pour nous cela va sans dire, que des prisonniers de guerre des pays voisins.

« De cette façon, la Suisse pourrait fournir le maximum d'effort utile qu'on peut attendre d'elle. »

Revenant à l'échange direct, le Médecin d'armée exprimait le vœu que devant les difficultés soulevées par l'échange des officiers, on pût s'entendre sur l'échange, tête pour tête et grade pour grade, des hommes de troupe capturés en 1914, en accordant une priorité aux hommes ayant 48 ans révolus, parmi lesquels les pères de famille ayant trois enfants auraient encore une priorité; cet échange ne toucherait pas beaucoup la Suisse.

« En revanche, la question de l'internement ou du rapatriement des officiers touche la Suisse beaucoup plus directement et, avant de prendre position, nous devons l'examiner sérieusement. L'internement de plusieurs milliers d'officiers qui, pour la plupart, sont atteints psychiquement, est une entreprise beaucoup plus difficile que l'internement d'hommes de troupe, sans tenir compte encore du danger que cela pourrait présenter pour la Suisse. »

En terminant, le Médecin d'armée insistait sur la nécessité de la conformité des conditions d'échange pour les internés et pour les prisonniers de guerre encore en pays ennemi.

Le 30 juillet, le Médecin d'armée, dans le désir de trouver un terrain d'entente entre les Gouvernements allemand et français au sujet des échanges, faisait, après s'être longuement entretenu avec le Général Friedrich, les propositions suivantes :

Les officiers ayant plus de 18 mois de captivité, ne seraient pas échangés mais seulement internés.

Les sous-officiers et soldats ayant 18 mois de captivité et 48 ans révolus, seraient échangés directement de pays à pays, sans égard ni au nombre ni au grade.

Les sous-officiers et soldats ayant 18 mois de captivité, pères d'au moins 3 enfants, qui ont 40 ans révolus et qui ne rentrent pas dans la catégorie précédente, seraient échangés de pays à pays, tête pour tête et grade pour grade ; ceux pour lesquels il ne se trouverait pas, de l'autre côté, de contre-partie, seraient internés en Suisse sans égard ni au grade ni au nombre.

Toutes les conditions pour l'échange direct seraient pleinement valables pour l'internement en Suisse. Les internés seraient donc rapatriés, à l'avenir, à mesure qu'ils rentreraient dans les conditions du rapatriement.

A côté de cela, le rapatriement se poursuivrait :

a) pour les rapatriables pour raison de santé, selon les catégories ;

b) pour les tuberculeux cliniquement guéris.

Le Médecin d'armée joignait à ces propositions un plan de transport.

Dans ces négociations qui, au début, semblaient devoir aboutir dans le plus bref délai, intervinrent — c'était inévitable — des considérations politiques et militaires ; à la fin de juillet, les délégués du Gouvernement français étaient attendus à Berne ; ils durent différer leur venue de plusieurs mois. Puis les internements ne marchaient pas, comme on peut se rendre compte en examinant le résumé suivant des travaux des commissions de contrôle suisses de juin à octobre 1917 :

Français et Belges en Allemagne.

Du 4 juin au 8 octobre.

	Officiers	Sous-off., soldats et civils
Désignés pour l'internement	474	5431
Internés	311	4520
Restent à interner	163	911

Allemands en France.

Du 4 juin au 18 septembre.

	Officiers	Sous-off., soldats et civils
Désignés pour l'internement	269	4333
Internés	170	2958
Restent à interner	99	1375

Comme on le voit, le nombre des Français et Belges d'un côté et celui des Allemands de l'autre, examinés et désignés pour le rapatriement et l'internement, différaient peu et il fallait en conclure que, proportionnellement, le nombre des Français et Belges examinés et désignés pour le rapatriement et l'internement était très inférieur à ce qu'il aurait dû être, étant donné le nombre des prisonniers d'un côté et de l'autre.

Par suite d'une fausse interprétation des ordres du Médecin d'armée, on n'avait au début, en Allemagne, examiné que les hommes se trouvant sur les listes de réclamations; puis, l'observation en ayant été faite, les autres catégories de l'internement complémentaire avaient été présentées, mélangées avec celles de l'internement dit de juin.

Pour l'internement de juin, la proportion des Français, prisonniers en Allemagne, présentés par les médecins de camp, était aussi trop faible; mais le Médecin d'armée n'avait aucun moyen de contrôler la façon de travailler des médecins de camp, aussi proposa-t-il, par une lettre du 17 octobre, de procéder le plus vite possible, des deux côtés, au transport des prisonniers de guerre désignés pour l'internement et le rapatriement, et de faire passer en revue tous les camps de prisonniers des deux côtés par des médecins neutres.

Trois jours après, le Médecin d'armée établissait un plan détaillé de transports d'internés et de rapatriés. Vains efforts !

L'internement se trouvait dans une impasse ; l'internement complémentaire et l'internement de juin avaient été retardés et n'avaient pas donné les résultats qu'on pouvait en attendre ; du côté de l'Allemagne, il semblait qu'on retînt en captivité les internables ou les rapatriables et du côté de l'Entente, en retour, on faisait de même ; le premier choix des internables rapatriables envoyés à la commission de contrôle ne dépendant que des médecins de camp n'inspirait pas de confiance et, en effet, il pouvait intervenir dans ce choix des éléments personnels fâcheux. Des deux côtés, on comptait les internés et les rapatriés livrés, on en venait à discuter sur les proportions, alors que le principe de proportionnalité n'avait jamais été admis pour l'internement ; les rares transports annoncés étaient supprimés au dernier moment [1]. Bref, l'automne 1917 fut une période très critique : l'internement ne marchait plus, les négociations pour les échanges directs étaient arrêtées.

La proposition, faite par le Médecin d'armée, d'avoir recours à une visite des médecins neutres dans tous les camps, n'eut pas de suite et c'était à se demander si, après dix-huit mois d'expérience, l'institution de l'internement, aboutirait à un échec.

De nouvelles négociations internationales étaient le seul remède duquel on pût attendre une reprise de vie.

Le 8 novembre 1917, M. René Besnard, Ministre des Colonies, envoyé par le Gouvernement français, remettait au Chef du Département politique fédéral une note verbale au sujet de l'extension du rapatriement et de l'internement à certaines classes

[1] Voir, ci-après, *Documents,* n° XI, le tableau des arrivées d'internés en Suisse.

de prisonniers valides ; M. Besnard annonçait l'arrivée d'une délégation pour régler ces questions avec le Gouvernement fédéral. Une partie du contenu de cette note était remise à la Légation d'Allemagne.

Peu après, le 18 novembre, l'Ambassade de France répondait aux propositions du Médecin d'armée « sur les moyens de terminer l'internement des prisonniers de guerre dit de mai et juin qui est encore actuellement en cours et de poursuivre ensuite, de façon satisfaisante, les opérations de l'internement ».

En réponse à cette note, le Médecin d'armée, dans une lettre au Département politique (21 novembre), croyait pouvoir établir que la proportion des internés allemands d'un côté et français et belges de l'autre, qui avait été au début de l'internement de 1-3 ou 3,5, était tombée à 1-2,5 ; l'internement actuel était en défaveur des Français et Belges, de sorte qu'une compensation de 1000-1500 hommes leur était due. Il proposait donc qu'une nouvelle commission de contrôle, selon la proposition française, visitât quelques camps de prisonniers pour désigner ce nombre d'internables. Le Médecin d'armée désignait même éventuellement quelques-uns de ces camps.

Il demandait que, des deux côtés, on consentît, le plus vite possible, à un transport où prendraient place les officiers et tous les hommes les moins bien équipés pour affronter la mauvaise saison ; les autres transports suivraient lorsque la commission de contrôle aurait terminé ses travaux.

Il semblait qu'on piétinât sur place ; cependant, ces échanges de vues, soit par notes par l'intermédiaire du Département politique, soit verbalement le plus souvent par l'intermédiaire du Médecin d'armée, n'étaient pas inutiles et préparaient la solution que, de toutes parts, on désirait et dont nul ne désespérait.

Un pas important fut fait en décembre : les délégués français arrivèrent et dès le samedi 1er décembre, à 9 heures du matin, dans le bureau du Médecin d'armée, la conversation commençait entre MM. de Panafieu, Ministre plénipotentiaire chef du Service des prisonniers de guerre au Ministère des Affaires étrangères, Georges-Cahen, chef du Service des prisonniers au Ministère de la Guerre, le Médecin d'armée et M. Arthur de Pury, représentant le Département politique.

Le lundi 3 décembre à 9 heures du matin, un nouvel entretien avait lieu avec la délégation française [1].

Le mardi 4 décembre, les entretiens commençaient entre les délégués allemands, le Général major Friedrich, chef du Service des prisonniers au Ministère de la guerre, le conseiller intime de légation von Keller, délégué de l'Office impérial des Affaires étrangères et le Major Pabst von Ohain d'une part, le Médecin d'armée et M. de Pury d'autre part ; ce n'est pas ici le lieu de retracer tout au long le cours de ces négociations ; de nombreuses pièces furent échangées ; à plusieurs reprises, on eut recours à la présidence et à l'intervention du Chef du Département politique, M. Gustave Ador ; on eut des séances simultanées dans deux salles différentes du Palais fédéral et MM. Ador ou de Pury et le Médecin d'armée allaient des uns aux autres portant des propositions.

On commença par traiter les questions suivantes :

Echange des sanitaires.

Traitement des prisonniers de guerre très jeunes, des officiers non pris les armes à la main, des prisonniers dans les détachements de travail (Arbeitskommandos).

Accidents de travail.

Tuberculose, paludisme, psychasthénie.

Rapatriements et internements d'urgence, etc.

Peines disciplinaires.

Ce fut le 5 décembre qu'on aborda la question des grands

---

[1] L'après-midi, soit dit pour mémoire, les représentants de la Grande-Bretagne et ceux de l'Empire ottoman se rencontraient également à Berne, en vue de la conclusion d'un accord concernant les prisonniers de guerre.

échanges. La délégation française déclara n'avoir pas de pouvoirs pour entrer en discussion sur les civils; elle avait apporté un projet, mais ne pouvait le discuter. Pour les grands échanges des militaires, l'Allemagne avait apporté un projet. Les délégués français remirent un autre projet dans l'après-midi, mais on était trop loin de compte, l'écart dans le nombre des prisonniers était trop grand, il fallait des compensations sur lesquelles on ne pouvait se mettre d'accord. La discussion porta sur les pères de famille, sur les prisonniers de 48 ans, sur le tête pour tête, auquel les Français firent une opposition irréductible; ils déclaraient qu'ils accepteraient une proportion, mais ils voulaient s'en tenir au projet Besnard ou au projet du Médecin d'armée du 30 juillet; on revint sur l'internement et le Général Friedrich proposa un nouveau grand internement complémentaire; le samedi 15 décembre, il devint évident qu'on ne pouvait arriver à une solution sur les échanges de valides, si ce n'est pour les prisonniers de 48 ans. En revanche, le lundi 17 et le mardi 18 on se mit d'accord sur certains points de l'internement et du rapatriement et sur de nombreux points du régime général des prisonniers.

Le mardi 18 décembre au soir, la délégation allemande prit congé du Chef du Département politique; le jeudi 20, la délégation française partit à son tour. Dans les derniers entretiens, le Chef du Département politique et le Médecin d'armée affirmèrent leur espoir que c'était là un commencement.

Un projet d'accord, sorte de protocole final, fut rédigé, en français seulement, dont les points principaux étaient les suivants:

1º Pour l'internement et le rapatriement, on rétablissait les commissions itinérantes; le verdict des médecins de camp seul était, à juste titre, considéré comme insuffisant. Une nouvelle rédaction devait être faite du règlement sur les catégories d'internement et de rapatriement; ces catégories devaient reposer sur des bases plus larges, surtout en ce qui concerne les malades ; la psychasthénie était reconnue comme motif d'internement [1].

2° L'échange direct des prisonniers âgés de plus de 48 ans.

3° L'échange des sanitaires.

4° L'amélioration du régime général des prisonniers, entre autres : protection à accorder après la capture, maintien dans la zone des armées, correspondance, colis, comités de secours, cantines, travail des sous-officiers, discipline, instructions criminelles, promenades, occupations, distractions, Ambassades ou Légations protectrices, délégués neutres, représailles, etc.

Enfin, dans le projet d'accord, étaient mentionnées une série de questions réservées, dont la plus grave était la question des civils, qui n'avait, pour ainsi dire, pas été abordée.

Evidemment, le résultat n'était pas aussi important qu'on aurait pu l'espérer. L'opinion publique se montra sévère ou plutôt incompréhensive ; ça lui arrive quelquefois.

En juillet, on était arrivé à pied d'œuvre, en décembre les premières assises furent posées.

Parler d'insuccès était d'autant plus injuste que le jour même où les délégués français quittaient Berne (20 décembre), le Médecin d'armée écrivait à la Légation d'Allemagne une lettre dans laquelle il reprenait les questions de la suspension des peines, des camps d'officiers de Cholet et de Carcassonne, enfin de l'échange et du rapatriement des valides, en première ligne des pères de famille.

C'est ainsi que les négociations étaient à peine terminées, que déjà de nouveaux efforts étaient tentés, de nouvelles négociations amorcées.

Le 19 janvier 1918, la ratification de ce projet d'accord par la France était remise au Président de la Confédération, Chef du

[1] Ce règlement parut le 31 janvier 1918, sous le titre de *Conditions d'échange d'internement et de rapatriement des prisonniers de guerre pour raisons de santé, établies en janvier 1918, par convention entre l'Allemagne et la France.*

Département politique ; la France rappelait à ce propos qu'elle était toujours disposée à acquiescer :

1° à l'échange direct de prisonniers pères de trois enfants vivants, et

2° à l'internement en Suisse de prisonniers valides dans certaines proportions.

D'autre part, à la même date, la Légation d'Allemagne remettait au Gouvernement fédéral un nouveau projet d'accord avec un mémoire explicatif du point de vue allemand.

« Ce projet, écrit le Médecin d'armée le 24 janvier au Département politique, présente un tout nouveau groupement des articles du projet d'accord, mais aussi des compléments et des modifications des articles existants et de nouvelles propositions sur des points déjà traités en décembre. Il nécessite une nouvelle étude, un nouvel échange de notes ou de nouvelles négociations ; on ne peut donc espérer arriver à un accord dans un bref délai.

« Pour ne pas différer indûment la continuation de l'internement sur lequel comptent des milliers de malheureux prisonniers et des milliers de familles non moins malheureuses », le Médecin d'armée suggérait au Gouvernement fédéral de proposer qu'on fixât d'abord, définitivement, seuls les articles de l'accord qui ont directement trait à l'échange, à l'internement et au rapatriement. Le Médecin d'armée estimait que vraisemblablement on s'entendrait vite, car les différences subsistant encore entre la rédaction française et le projet allemand n'étaient pas très importantes.

Le Médecin d'armée, dans sa lettre, établissait un parallèle entre la rédaction française et le projet allemand, faisait des propositions pour arriver à faire concorder les articles qui différaient souvent seulement dans le détail, et demandait au Gouvernement fédéral de proposer la mise à exécution des articles unifiés concernant les comités de secours, l'internement et le rapatriement des malades et blessés, des sanitaires et des hommes ayant dépassé 48 ans.

Le Gouvernement fédéral devrait aussi se déclarer prêt à faciliter les négociations ayant trait aux autres articles.

Par une note verbale rédigée dans ce sens le 25 janvier, le Département politique soumettait, en effet, à l'Ambassade de France et à la Légation d'Allemagne « les propositions du Gouvernement suisse destinées à régler les divergences existant encore entre la France et l'Allemagne au sujet de l'échange, de l'internement et du rapatriement des prisonniers de guerre »..

Le 28 et le 29 janvier, l'Allemagne répondait par deux notes, suivies, le 11 février, d'une troisième.

Le 13 février, l'Ambassade de France faisait parvenir au Gouvernement fédéral une note datée du 12, dans laquelle elle apportait quelques modifications au nouveau texte des projets d'accord de décembre. La Légation d'Allemagne répondait par une note le 5 mars.

De nombreux entretiens eurent lieu, le plus souvent dans le bureau du Médecin d'armée, avec les représentants de l'Ambassade de France et de la Légation d'Allemagne ; enfin, l'Accord dit Accord de Berne du 15 mars 1918, ainsi nommé du jour où il devait entrer en vigueur, était ratifié par les deux gouvernements. Outre les chapitres I et II[1] ayant trait au rapatriement et à l'internement, il contient tout un chapitre[2] relatif au régime général des prisonniers de guerre.

Le bâtiment s'élevait, mais il y manquait le couronnement ; bien des questions, celle des représailles, celle des grands échanges de valides et surtout celle des civils, n'avaient pas été abordées.

Le Gouvernement impérial allemand s'étant montré « disposé à entrer de nouveau en pourparlers si les conversations ont lieu directement, sans intermédiaires, et embrassent non seulement la question des prisonniers de guerre, mais encore celle des in-

[1] Voir, ci-après, *Documents*, n° I.
[2] Chap. III. Art. 25-57, que nous n'avons pas reproduits.

ternés civils », l'Ambassade faisait savoir, le 12 février, que les délégués du Gouvernement de la République étaient « autorisés à poursuivre leur conversation directement avec les délégués allemands sous la présidence du Chef du Département politique ou de son représentant, suivant la procédure précédemment adoptée par le Gouvernement britannique [1]. Un délégué spécial serait éventuellement désigné pour discuter les questions concernant les internés civils ».

Par une note du 6 mars, le Gouvernement impérial allemand faisait savoir que cette proposition de conversations directes, relatives entre autres aux internés civils, avait été agréée à Berlin; il était bien entendu, toutefois, que tous les prisonniers civils, y compris les Alsaciens-Lorrains, feraient l'objet de la négociation.

Le Gouvernement allemand admettait que les négociations commenceraient dans la seconde moitié de mars et qu'à cette époque l'Accord de Berne de décembre, avec les modifications intervenues depuis lors, serait conclu. Il l'était, en effet, quelques jours après [2] et, le 4 avril, les délégués français et allemands se rencontraient sous la présidence du Chef du Département politique, M. le Conseiller fédéral Calonder. Celui-ci, pour la suite des négociations, confia la présidence à M. le Ministre Dinichert, chef de la Division pour la représentation des intérêts étrangers et de l'internement, et il fut largement fait appel à la collaboration du Médecin d'armée.

Le 26 avril 1918, les accords concernant les prisonniers de guerre et les civils étaient signés dans une séance solennelle.

L'accord concernant les prisonniers de guerre se divise en plusieurs chapitres [3]:

[1] Pour les négociations avec les représentants de l'Empire ottoman, voir ci-dessus p. 17, n. 1.

[2] Cet accord n'est pas daté; il a pris le nom d'Accord de Berne du 15 mars 1918, de la date à laquelle il entrait en vigueur.

[3] Nous avons reproduit, ci-après, *Documents*, n° II A, les chapitres I, V (en partie) et VIII.

I. Rapatriement et internement.

II. Installation et régime des camps de prisonniers de guerre.

III. Alimentation des prisonniers de guerre.

IV. Peines judiciaires et disciplinaires.

V. Modifications aux dispositions de l'Accord de Berne du 15 mars 1918.

VI. Mesures de rétorsion.

VII. Communication des dispositions de l'Accord.

VIII. Entrée en vigueur de l'Accord.

Annexe I et II. Conditions minima pour l'installation et le régime des camps d'officiers et d'hommes de troupe prisonniers de guerre.

Annexe III et IV. Règles pour l'exécution des peines disciplinaires subies par les officiers et les hommes de troupe prisonniers de guerre.

L'accord concernant les civils comprend les chapitres suivants[1] :

I. Libération ou rapatriement.

II. Traitement de la population des territoires occupés.

III. Entrée en vigueur de l'Accord.

Il a semblé opportun de résumer ici la genèse **de ces Accords** du 26 avril 1918, qui constituent, comme on l'a dit, un « code du prisonnier de guerre[2] ».

Ce code n'eût pas vu le jour si, en 1916, les autorités suisses avaient estimé qu'elles avaient, avec l'internement, assez fait pour l'humanité et si, satisfaites de leur œuvre, elles n'avaient pas compris qu'il fallait au débordement des souffrances un remède plus général et plus efficace.

Ce n'est pas du premier coup que ce remède pouvait être

---

[1] Nous avons reproduit, ci-après, *Documents,* nᵒ II, B, les chapitres I (en partie) et III.

[2] Ces Accords ont été publiés à plusieurs reprises. Vous n'avons donné, ci-après, *Documents,* nᵒ II A et B, que ce qui concerne l'internement et le rapatriement.

trouvé, et si l'on réfléchit qu'il a fallu un an pour créer l'institution de l'internement, on ne s'étonnera pas qu'une année ait également été nécessaire pour trancher des questions pour le moins aussi nombreuses et aussi complexes.

Pour les neutres, les conversations avec les belligérants sont chose délicate et s'il leur faut beaucoup de prudence, c'est, sans contredit, la franchise et la loyauté qui sont pour eux le meilleur guide, aussi bien est-ce celui qu'ont suivi dans ces négociations nos autorités suisses civiles et militaires.

Les conversations particulières ont joué un grand rôle; une première étape fut marquée par le projet d'accord de décembre, rédigé seulement en français, ratifié seulement par la France et et pour l'élaboration duquel les délégués allemands et français ne s'étaient pas entretenus directement.

La seconde étape fut l'Accord de Berne du 15 mars 1918.

Enfin les délégués français et allemands, dans le but de traiter les questions dans toute leur ampleur, se rencontraient à Berne dans le Palais du Parlement, le 4 avril, à 3 ½ heures du soir, sous la présidence du Président de la Confédération, M. Calonder; moment inoubliable! De cette rencontre devait sortir un document qui comptera dans les annales de l'humanité.

CHAPITRE PREMIER

Quartier-général de l'internement[1].

Bureau central. — Chefs de service. — Médecin d'armée. — Service historique. — Bureau de renseignements. — Suisses et internés employés à l'internement.

A la tête de l'internement se trouve le Médecin d'armée; il est directement responsable de ce service envers le Département politique.

En 1917, il n'y a pas eu de modifications importantes dans l'organisation du quartier général de l'internement où travaillent 20 officiers, 54 sous-officiers, 58 soldats et 25 civils[2].

Le bureau central, à Berne, qui était installé au Ratskeller, 89, rue de la Justice, occupe, depuis le 1er mai 1917, la villa Margherita, 55, Schänzlistrasse.

A partir du 11 juillet, l'heure anglaise fut introduite au bureau central, c'est-à-dire que les heures de travail étaient pour les jours ouvrables de 8 heures du matin à 4 heures du soir, avec une courte interruption pour le repas de midi, qui peut être savouré dans la cave où ont été installés cuisine et réfectoires.

Tandis que la direction de la subdivision pour les internés allemands et autrichiens et celle de la subdivision Grande-Bretagne[3] restaient entre les mêmes mains, les officiers chargés de la direction de la subdivision pour les internés français et belges

---

[1] Voir *Premier Rapport*, 1916, p. 72.

[2] Voir la répartition du personnel entre les différents bureaux, ci-après, *Documents*, n° III.

[3] Le chef de la subdivision « Puissances centrales » n'a pas changé depuis le 1er février 1917.

se sont, comme précédemment, succédé à intervalles presque réguliers, tous les deux ou trois mois.

En août, il fut décidé que certains chefs de service, officiers adjoints du Médecin d'armée, devaient être considérés comme les remplaçants du Médecin d'armée tout particulièrement lorsqu'il s'agit d'inspections [1].

Dans le courant de l'année, le Médecin d'armée put être de plus en plus déchargé de la besogne journalière; peu à peu, les rapports présidés par lui dans son bureau s'espacèrent et finirent par devenir hebdomadaires.

En janvier 1918, un projet fut élaboré qui, pour l'organisation de la direction du service de l'internement, ratifiait en grande partie ce qui existait déjà. Le travail était réparti en douze services, à la tête de chacun desquels se trouve un officier qui a la signature :

    1º La subdivision « Puissances centrales ».
    2º La subdivision « France-Belgique ».
    3º La subdivision « Grande-Bretagne ».
    4º Le quartier-maître central.
    5º Le service historique.
    6º Le service juridique et disciplinaire.
    7º La direction des ateliers.
    8º Le service « exploitations et travaux ».
    9º Le service « études ».
   10º Le service dentaire.
   11º Le bureau de renseignements.
   12º La direction spirituelle.

Cette organisation n'ayant paru que le 8 mars 1918, dans des *Instructions complémentaires concernant l'organisation militaire du service de l'Internement,* nous ne faisons que la mentionner.

Le Médecin d'armée est en contact direct avec tous les officiers.

---

[1] Ce sont ceux désignés dans le *Premier Rapport,* 1916, p. 72, sous les lettres *a, b, c, d, e, i ;* ordre du 3 août 1917.

du quartier-général de l'internement; les rapports sont conti-
nuels entre celui-ci et les commandants de région par la correspondance et par le téléphone ; les régions envoyent chaque
mois un rapport ; enfin, chaque mois aussi, se réunissent les
conférences plénières de l'internement. Celles-ci ont eu lieu à
Olten les 5 et 30 janvier, 26 février, 28 mars, 26 avril, 29 mai,
2 et 27 juillet, puis à Berne le 7 septembre, 11 octobre, 7 novembre et 13 décembre. Par la situation de Berne, beaucoup
plus centrale pour la grande majorité des officiers, les trajets sont
beaucoup plus courts, les frais de transport moindres, le temps
qui peut être consacré soit à la conférence, soit aux entretiens
du Médecin d'armée avec certains officiers, et aux entretiens des
officiers entre eux, est beaucoup plus long, ce qui a de grands
avantages.

Le Médecin d'armée a continué à être en rapports directs et
constants non seulement avec le Département politique, mais
aussi avec l'Ambassade et les Légations. L'introduction historique peut donner une idée de l'activité qu'il a dû déployer, en
vue des accords, dans le domaine diplomatique.

Pendant l'année 1917, le Médecin d'armée a été amené également à accueillir et à transmettre de nombreuses réclamations des Etats belligérants sur le traitement des prisonniers de
guerre.

Dès la fin de juillet 1917, à la suite d'une entente verbale avec
l'Ambassade de France et la Légation d'Allemagne, le Médecin
d'armée se chargea de transmettre d'une puissance à l'autre :

1° des réclamations ou des demandes relatives à des prisonniers n'ayant pas été examinés ou devant être examinés pour le
rapatriement ou pour l'internement, ce qu'on peut appeler les
« cas individuels »[1];

---

[1] La transmission de ces « cas individuels » était justifiée par l'absence
de commissions itinérantes. Durant toute l'année 1917, les médecins de
camp, désignaient les candidats à l'internement qui passaient devant la seule
commission de contrôle.

2º des réclamations relatives à des camps de prisonniers : nourriture insuffisante ou mauvaise, installations défectueuses, mauvais traitements, etc. ;

3º des réclamations ou des propositions concernant le régime général des prisonniers de guerre.

Enfin, le Médecin d'armée fut amené à s'occuper des représailles dans les questions intéressant les prisonniers de guerre. Ces représailles étaient souvent la conséquence de la lenteur des communications diplomatiques et auraient pu être évitées si elles avaient été annoncées à temps. Il est arrivé qu'un belligérant n'apprenait qu'il était menacé de représailles qu'après que le délai laissé par l'adversaire demandant satisfaction était écoulé et lorsque les représailles avaient déjà commencé.

Frappé de ce fait, le Médecin d'armée pensa « qu'il serait utile, dans les questions qui pourraient donner lieu à des représailles, de doubler les transmissions diplomatiques par des avis officieux » ; il proposa de recevoir ces avis et de les faire parvenir, par la voie du service de l'internement, au pays auquel ils seraient destinés.

Du consentement de l'Allemagne et de la France, le Médecin d'armée se chargea de cette transmission officieuse qui n'excluait pas la transmission par la voie diplomatique ordinaire ; cette transmission vint se joindre à celle des « cas individuels », des plaintes sur les camps et des propositions ou réclamations sur le régime général des prisonniers. Il va sans dire que des copies de toute la correspondance échangée sur ces divers sujets étaient envoyées au Département politique. Jusqu'à la fin de février 1918, il a été écrit par ce service de transmission plus 1100 lettres ainsi réparties :

Sur des *cas individuels* (jusqu'à la fin de février 1918)

<pre>
        de l'Entente . . . .   475 lettres
        des Puissances centrales . . 389   »
                                       ───────
                        soit en tout   864 lettres
</pre>

Sur des *généralités relatives aux prisonniers de guerre* (jusqu'à la fin de février 1918) : 107 lettres.

Sur des *plaintes relatives aux camps* jusqu'au 30 mars 1918 :

plaintes sur les camps de l'Entente . . . . : 102 lettres

plaintes sur les camps des Puissances centrales. . 37 »

Total : 139 lettres

En quelques mois ce service s'était développé de telle façon que cette voie extra-diplomatique entra en conflit avec la voie diplomatique et tendait à devenir pour toutes ces réclamations la voie ordinaire au lieu d'être réservée à des cas tout à fait exceptionnels et urgents. Ce n'était pas sans inconvénients, aussi fut-il décidé, en mars 1918, par le Département politique, d'accord avec les Puissances intéressées, que désormais toutes les réclamations générales relatives à des camps de prisonniers, au régime général des prisonniers, tout ce qui aurait trait aux représailles, bref tout ce qui prêtait à une réclamation diplomatique passerait par la voie diplomatique et non plus par les services d'internement des puissances belligérantes.

L'Ambassade de France, les Légations d'Allemagne, d'Angleterre ou de Belgique et le Département politique pouvaient, à leur tour, nantir le Médecin d'armée de ce qui le concernait plus directement soit de certaines réclamations d'un genre technique sur l'hygiène, de tout ce qui concerne les commissions itinérantes et de contrôle à l'étranger, et les listes de prisonniers de guerre devant être internés ou rapatriés ; les cas de réclamations individuelles restaient, comme par le passé, de la compétence du Médecin d'armée. Celui-ci se trouva ainsi soulagé d'un gros travail qui, normalement, revenait au Département politique.

Parmi les services du quartier général de l'internement se trouve le service historique ; un officier a été appelé à ce service le 1er décembre 1916, il était chargé d'écrire l'histoire de l'internement et a publié en décembre 1917 un premier rapport.

Outre ce travail, le chef du service historique est chargé de la correspondance particulière du Médecin d'armée pour l'internement, de la correspondance avec l'Ambassade et les Légations au sujet des cas individuels ; il était aussi chargé de la correspondance au sujet des camps, du régime général des prisonniers, des représailles, tant que cette correspondance fut du ressort du Médecin d'armée ; il a également préparé certains dossiers pour les conférences internationales auxquelles il a pris part comme secrétaire.

A côté du bureau central de l'internement, à côté de la Direction des ateliers et de la Commission centrale du travail dont il sera parlé ci-après, le Bureau de renseignements de l'internement (*Auskunftstelle*, 39, rue du Marché, à Berne) a continué son travail tel qu'il l'avait entrepris en juin 1916[1].

Le but du travail de ce bureau est de donner des renseignements gratuits sur tout ce qui concerne l'internement des prisonniers de guerre en Suisse.

Pour chaque prisonnier pour lequel il existe une demande d'internement en Suisse ou de rapatriement direct, il est fait, à ce bureau, une fiche portant toute une série de renseignements. Ces fiches contiennent également de courtes notes extraites des rapports des commissions sanitaires suisses envoyées en pays belligérants. Il a été, jusqu'à ce jour, impossible d'obtenir des services compétents les listes des prisonniers de guerre directement échangés.

Le Bureau de renseignements centralise toutes les demandes d'internement ou de rapatriement faites par des parents, par l'Ambassade, les Légations ou les ministères des Etats belligérants. Ces demandes sont établies en deux exemplaires : l'un est classé par ordre alphabétique des noms ; ces demandes ainsi classées forment une seule grande liste ; l'autre exemplaire est

---

[1] Voir, *Premier Rapport*, 1916, p. 74.

classé à sa place alphabétique mais en plus sous le nom du camp. Les fiches ainsi classées par camps, et dans chaque camp par ordre alphabétique, sont mises dans une enveloppe portant chacune le nom d'un camp.

Lors du départ des commissions médicales suisses, ces enveloppes contenant les listes sont envoyées à chaque commission ; celle-ci doit examiner, dans le camp qu'elle visite, chacun des prisonniers portés sur cette liste. La visite faite, les listes portant les résultats de l'examen sont retournées au Bureau de renseignements, qui, après avoir fait les annotations nécessaires sur ses fiches, renvoie les demandes aux personnes ayant fait la demande d'internement.

Le Bureau de renseignements envoie à la rencontre de chaque convoi d'internés, à Constance ou à Genève, des secrétaires, ayant comme mission de prendre note de l'état civil et militaire des nouveaux arrivants. Le lendemain de l'arrivée du convoi, des listes ainsi complétées peuvent être établies en plusieurs exemplaires qui sont envoyés immédiatement à l'Ambassade et aux Légations, à la poste de campagne et au Comité international de la Croix-Rouge à Genève. Le même travail est fait par les secrétaires du Bureau de renseignements pour le rapatriement des internés.

Ce bureau établit et tient à jour les statistiques suivantes :

1. Internés des pays de l'Entente.
2. Internés des Puissances centrales.
3. Rapatriés des pays de l'Entente.
4. Rapatriés des Puissances centrales.
5. Décès des internés en Suisse.
6. Internés renvoyés en captivité.

Tous les mois, une liste est dressée des hommes rapatriables pour raison d'âge, tant des hommes et sous-officiers, français, belges, allemands venant de France, ayant dépassé l'âge de 48 ans, que de tous les civils ayant dépassé l'âge de 55 ans.

Le Bureau de renseignements a reçu, en 1917, environ

100,000 lettres ; il en a écrit, en quatre langues, 53,386 ; en outre, il a reçu 2965 visites.

Le 31 décembre 1917, ce bureau avait, classées dans ses fichiers :

110,000 fiches de prisonniers français.
12,000 » » belges.
9,000 » » anglais.
55,000 » » allemands.
2,500 » » autrichiens.

Total : 188,500 fiches.

A cette date, il avait également classé 43,600 demandes d'internement ou de rapatriement, dont environ

15,000 pour Allemands et Autrichiens en France,
25,000 » Français et Belges en Allemagne,
2,000 » Anglais en Allemagne,
1,600 » Allemands en Angleterre.

Le Bureau de renseignements, ayant constaté que l'usage des formulaires pour demande d'internement ou de rapatriement donnait lieu à un gaspillage déplorable en ce temps de pénurie de papier, n'envoie plus de formulaires aux comités et œuvres s'occupant des prisonniers ; les personnes qui veulent faire des demandes d'internement doivent s'adresser directement au Bureau de renseignements.

Les secrétaires de ce bureau ont accompagné, en 1917, 94 convois d'internés et de rapatriés, dont :

20 convois d'internés austro-allemands.
20 » » franco-belges.
2 » » anglais.
22 » de rapatriés austro-allemands.
24 » » franco-belges.
4 » » anglais.

Le Bureau de renseignements a occupé, en 1917, un personnel

maximum de 50 Suisses dont un officier, 39 sous-officiers et soldats et 10 civils.

Les services de ce bureau sont gratuits. Les sommes qui, malgré
cela, lui sont adressées par mandat, sont remises directement au
quartier-maître central de l'internement. Celui-ci verse ces
sommes, d'après la provenance, à la caisse des internés nécessiteux de l'Entente ou des Empires centraux. Les sommes qui
arrivent sans indication de l'œuvre à laquelle elles sont destinées
sont retournées à l'expéditeur.

Le 31 décembre 1917, 654 Suisses étaient employés à l'internement [1].

Au début, le service de l'internement était un service volontaire qui se recrutait dans l'élite, la landwehr, le landsturm ou
les services complémentaires de l'Armée.

Peu à peu, un personnel toujours plus nombreux, surtout en
fait de médecins, devint nécessaire, et le recrutement devint
toujours plus difficile, de sorte que le Médecin d'armée se vit
dans l'obligation, pour avoir le personnel nécessaire, de donner
lui-même des ordres de marche ; tous les ordres de marche pour
le service de l'internement, comme chaque demande de dispense,
devaient passer par le Médecin d'armée. Les ordres de marche
manquaient cependant d'une base juridique solide ; aussi, sur la
demande du Médecin d'armée et sur la proposition du Département politique, dans sa séance du 24 mai 1917, le Conseil fédéral
décida que le service de l'internement devait désormais être
considéré comme service actif, et le Général remplaça son ordre
du 5 août 1916 [2] par des instructions du 29 juin 1917, dont le
principe est que l'appel au service de l'internement de quiconque fait partie de l'Armée ne peut avoir lieu qu'avec l'acquiescement formel de l'Armée.

[1] Voir, ci-après, *Documents*, n° IV.
[2] Voir *Premier rapport*, 1916, p. 75.

On trouvera dans les *Documents*[1] un tableau, par régions et par emplois, des internés étant occupés, d'une façon quelconque, au service de l'internement.

211 internés sont occupés dans les bureaux, 2928 sont occupés dans les secteurs. En tout 3139 internés sont occupés à l'internement. Les officiers internés fonctionnant comme officiers surveillants, officiers de travail, membres de commissions régionales, ne sont pas compris dans ce nombre.

[1] Voir, ci-après, *Documents*, nos IV et V.

CHAPITRE II

Statistiques et Rapatriements.

Statistique des internés en 1917. — Internement des Austro-Hongrois. — Statistique générale pour 1916 et 1917. — Rapatriements. — Commissions de visite sanitaire (C. V. S.) et commission de recours (C. V. S. R.). — Refus de rapatriement.

Le nombre des internés se trouvant en Suisse le dernier jour de chaque mois de l'année 1917 est le suivant [1] :

ALLEMANDS

1917	Officiers	Sous-off. et soldats	Militaires Classe IV	Civils	Civils payants	Civils Cl. IV	TOTAL
31 janvier	411	7011	304	680	158	—	8564
28 février	410	6946	360	659	177	—	8552
31 mars	407	6843	450	635	194	—	8529
30 avril	417	6720	617	607	215	—	8576
31 mai	418	6620	706	574	239	—	8557
30 juin	483	7384	700	481	217	—	9265
31 juillet	492	7093	722	449	209	—	8965
31 août	483	7445	769	423	220	—	9340
30 septembre	431	6956	793	381	203	—	8764
31 octobre	377	6569	830	612	197	—	8585
30 novembre	509	6997	833	795	201	—	9335
31 décembre	671	8067	835	758	197	—	10528

[1] Le mois de janvier 1917 figure déjà dans le *Premier rapport*, 1916, p. 18-19, parce que, dans ce mois, s'est terminée une série de transports commencée en décembre. Dans ce rapport-ci, les statistiques seront strictement limitées à l'année 1917. Le mois de janvier 1917 se trouve dans les deux rapports ; les chiffres donnés pour ce mois ne concordent pas absolument, parce que, dans le *Premier rapport,* on a pris les chiffres du rapport journalier du 20 janvier, tandis que les statistiques ci-dessus, sont basées sur le rapport du dernier jour du mois.

ANGLAIS

1917	Officiers	Sous-off. et soldats	Militaires Classe IV	Civils	Civils payants	Civils Cl. IV	TOTAL
31 janvier	118	1761	1	4	—	—	1884
28 février	121	1756	2	4	—	—	1883
31 mars	122	1751	3	4	—	—	1880
30 avril	122	1747	5	4	—	—	1878
31 mai	122	1738	13	4	—	—	1877
30 juin	121	1732	19	4	—	—	1876
31 juillet	120	1719	27	4	—	—	1870
31 août	119	1572	126	4	—	—	1821
30 septembre	22	864	79	—	—	—	965
31 octobre	22	892	50	—	—	—	964
30 novembre	100	1125	47	—	—	—	1272
31 décembre	179	1654	46	28	—	—	1907

BELGES

1917	Officiers	Sous-off. et soldats	Militaires Classe IV	Civils	Civils payants	Civils Cl. IV	TOTAL
31 janvier	84	1339	71	412	7	51	1964
28 février	82	1318	82	376	8	48	1914
31 mars	86	1311	95	375	8	55	1930
30 avril	86	1278	125	359	9	65	1922
31 mai	86	1231	169	340	9	71	1906
30 juin	95	1228	162	308	9	88	1890
31 juillet	81	1111	163	307	12	85	1759
31 août	80	1112	190	258	8	85	1733
30 septembre	80	1097	200	413	8	82	1880
31 octobre	77	1077	205	369	8	86	1822
30 novembre	66	1038	209	356	9	83	1761
31 décembre	81	1252	201	382	11	75	2002

FRANÇAIS

1917	Officiers	Sous-off. et soldats	Militaires Classe IV	Civils	Civils payants	Civils Cl. IV	TOTAL
31 janvier	665	12798	499	1923	152	120	16157
28 février	652	12376	585	1833	149	134	15729
31 mars	676	12140	803	1799	151	164	15733
30 avril	688	11821	1135	1725	155	222	15746
31 mai	686	11302	1602	1649	149	280	15668
30 juin	806	11529	1702	1537	144	327	16045
31 juillet	524	9743	1612	1498	147	355	13879
31 août	520	9696	1443	1107	113	277	13156
30 septembre	502	9203	1586	1193	107	290	12881
31 octobre	459	8812	1614	1107	106	278	12376
30 novembre	391	8326	1619	1022	105	268	11731
31 décembre	469	8733	1532	1036	102	254	12126

AUTRICHIENS

1917	Officiers	Sous-off. et soldats	Militaires Classe IV	Civils	Civils payants	Civils Cl. IV	TOTAL
31 janvier	1	—	—	144	10	—	155
28 février	1	—	—	144	10	—	155
31 mars	1	—	—	138	16	—	155
30 avril	1	—	—	130	23	—	154
31 mai	1	—	—	124	29	—	154
30 juin	1	—	—	108	39	—	148
31 juillet	1	—	—	97	41	—	139
31 août	1	—	—	93	42	—	136
30 septembre	1	—	—	105	43	—	149
31 octobre	1	—	—	180	47	—	228
30 novembre	1	—	—	264	50	—	315
31 décembre	1	—	—	265	47	—	313

HONGROIS

1917				Civils	Civils payants		TOTAL
31 janvier	—	—	—	98	2	—	100
28 février	—	—	—	98	2	—	100
31 mars	—	—	—	93	6	—	99
30 avril	—	—	—	88	12	—	100
31 mai	—	—	—	84	16	—	100
30 juin	—	—	—	80	17	—	97
31 juillet	—	—	—	72	23	—	95
31 août	—	—	—	71	22	—	93
30 septembre	—	—	—	84	18	—	102
31 octobre	—	—	—	132	20	—	152
30 novembre	—	—	—	180	21	—	201
31 décembre	1	—	—	174	26	—	201

RÉCAPITULATION

1917	Allemands	Anglais	Belges	Français	Autrich.	Hongr.	TOTAL
31 janvier	8564	1884	1964	16157	155	100	28824
28 février	8552	1883	1914	15729	155	100	28333
31 mars	8529	1880	1930	15733	155	99	28326
30 avril	8576	1878	1922	15746	154	100	28376
31 mai	8557	1877	1906	15668	154	100	28262
30 juin	9265	1876	1890	16045	148	97	29321
31 juillet	8965	1870	1759	13879	139	95	26707
31 août	9340	1821	1733	13156	136	93	26279
30 septembre	8764	965	1880	12881	149	102	24741
31 octobre	8585	964	1822	12376	228	152	24127
30 novembre	9335	1272	1761	11731	315	201	24615
31 décembre	10528	1907	2002	12126	313	201	27077

On s'étonnera peut-être de voir figurer des Autrichiens et des Hongrois parmi les internés ; c'est le résultat d'un accord spécial :

En date du 31 août 1916, la Légation d'Autriche-Hongrie communiquait au Département politique que l'Ambassade des Etats-Unis à Vienne avait porté à la connaissance du Gouvernement austro-hongrois que le Gouvernement français était disposé à conclure un accord en vertu duquel les internés civils des deux parties, malades ou ayant besoin d'un traitement, pourraient être hospitalisés en Suisse d'une façon analogue à ce qui avait été convenu entre les Gouvernements allemand et français.

Cet accord de principe ne put être appliqué de suite, faute d'une déclaration formelle de l'Autriche-Hongrie à la France, qui se fit attendre jusqu'en novembre 1916. Le 26 novembre, la Légation d'Autriche-Hongrie à Berne communiquait au Département politique que l'Ambassade des Etats-Unis à Paris avait été chargée de porter à la connaissance du Gouvernement français l'acceptation de la part du Gouvernement austro-hongrois des propositions françaises concernant l'hospitalisation et que, par conséquent, l'accord à ce sujet devait être considéré comme intervenu.

A la suite de cette communication, les commissions médicales suisses furent chargées de l'examen des internés civils austro-hongrois en France, et une commission spéciale fut envoyée à Imst (Tyrol) pour la visite d'internés civils français.

En décembre 1917, l'application de l'accord franco-allemand dans les rapports entre la France et l'Autriche-Hongrie fut étendu aussi au rapatriement des internés civils. Les premiers internés civils autrichiens arrivèrent en Suisse en janvier 1917[1].

---

[1] Voir *Premier Rapport*, 1916, p. 19, dans la Récapitulation.

Le rapport journalier du quartier-maître central de l'internement indiquait au 31 décembre 1917 le nombre suivant d'internés :

	Officiers	Sous-off. et soldats	Sous-off. et soldats Classe IV	Civils	Civils payants	Civils Cl. IV	TOTAL
France	469	8733	1532	1036	102	254	12126
Belgique	81	1252	201	382	11	75	2002
Angleterre	179	1654	46	28	—	—	1907
Allemagne	671	8067	835	758	197	—	10528
Autriche	1	—	—	265	47	—	313
Hongrie	1	—	—	174	26	—	201
Total	1402	19706	2614	2643	383	329	27977

Si l'on veut avoir le nombre exact de ceux qui ont été internés en Suisse du 1er janvier au 31 décembre 1917, il faut tenir compte d'une part des internés entrés en Suisse pendant l'année, d'autre part de ceux qui en sont sortis comme rapatriés, renvoyés en captivité, évadés et non rattrapés ; enfin il faut tenir compte des morts.

Sont entrés comme internés en Suisse du 1er janvier au 31 décembre 1917[1] :

Français . . . 7195
Belges 904
Anglais . . . 1099
Allemands . . 6399
Autrichiens . . 411
Hongrois . . . 167

Total : 16175

[1] Voir le détail, *Documents,* n⁰ XI, A et B.

Sont sortis de Suisse comme rapatriés[1] :

$$
\begin{array}{lr}
\text{Français} & 9252 \\
\text{Belges} & 671 \\
\text{Anglais} & 999 \\
\text{Allemands} & 3974 \\
\text{Autrichiens} & 24 \\
\text{Hongrois} & 14 \\
\hline
\text{Total :} & 14934
\end{array}
$$

Le nombre des morts, des renvoyés en captivité, des évadés et des rattrapés est le suivant :

OFFICIERS

	Français	Belges	Anglais	Allemands	Autrichiens	Hongrois	Total
Morts	5	1	1	—	—	—	7
Renvoyés en captivité	—	—	—	—	—	—	—
Evadés	1	—	—	—	—	—	1
Rattrapés . . .	1	—	—	—	—	—	1

SOUS-OFFICIERS et SOLDATS

	Français	Belges	Anglais	Allemands	Autrichiens	Hongrois	Total
Morts	142	15	11	41	—	—	209
Renvoyés en captivité	36	—	2	7	—	—	45
Evadés	198	18	12	36	—	—	264
Rattrapés . . .	174	18	12	33	—	—	237

CIVILS

	Français	Belges	Anglais	Allemands	Autrichiens	Hongrois	Total
Morts	12	4	—	9	4	2	31
Renvoyés en captivité	9	3	—	5	—	—	17
Evadés	43	19	—	26	2	—	90
Rattrapés . . .	11	17	—	21	2	—	51

[1] Voir, ci-après, *Documents*, no VI, A et B.

En résumé sont sortis de Suisse ou morts :

Rapatriés	14934
Renvoyés en captivité . .	62
Evadés non rattrapés . . .	66
Morts	247
Total :	15309
Sont entrés en Suisse	16175

Le nombre des entrées et des sorties est à peu près équivalent et le nombre fatidique de 30000 n'a jamais été dépassé ni même atteint pendant un temps appréciable.

Depuis le début de l'internement, soit durant les années 1916 et 1917, la Suisse a interné[1] :

	Entente	Puissances centrales	Total
Internés	28699	15097	43796

Sur ce nombre il y a eu durant ces deux années 1916 et 1917 :

	Entente	Puissances centrales	Total
Rapatriés	12104	4081	16185
Morts	352	76	428
Evadés non rattrapés	98	15	113
Renvoyés en captivité . . .	61	20	81
Total :	12615	4192	16807

Si du nombre total des internés en Suisse durant les années 1916 et 1917 soit 43796 on retranche les morts et ceux qui sont sortis de Suisse pendant ces deux années soit 16807, on obtient le nombre de 26989 pour l'effectif des internés en Suisse au 31 décembre 1917, nombre égal à peu de chose près, à l'effectif indiqué, à cette date, par le rapport journalier du quartier-maître central[2].

La Suisse commençait à servir de sanatorium de passage, et

[1] Voir le détail, ci-après, *Documents,* nº VII.
[2] Voir ci-dessus, p. 39.

sans que le nombre de 3o,ooo fût dépassé, elle avait, en deux ans, fait bénéficier de son climat et de ses installations hospitalières près de 44,ooo malades ou blessés des puissances belligérantes. C'était donc le « roulement » désiré.

Rapatriements.

Comme il a été dit dans le précédent rapport[1] une nouvelle édition fut faite, en aoùt-septembre 1916, de l'accord relatif aux maladies ou blessures justifiant l'échange direct ou le rapatriement des internés.

Au printemps 1917, les tuberculeux cliniquement guéris, étaient reconnus rapatriables.

Le 26 mai 1917[2] parurent de nouvelles instructions générales pour les commissions médicales au service du rapatriement et de l'internement. Elles avaient été dùment examinées par des médecins allemands et français ; cependant, trop souvent, elles ne furent pas bien comprises ; elles contenaient un grand nombre d'exemples d'affections chirurgicales et de leurs suites, qui furent parfois interprétés comme une nomenclature complète des catégories de rapatriement ; l'impotence organique y était estimée en pour cent, et ce pourcentage prêtait aux appréciations les plus diverses.

En aoùt 1917[3], la convention entre l'Allemagne et la France, relative au rapatriement, était étendue aux internés civils ; l'Angleterre acceptait aussi les nouvelles conditions de rapatriement ; quant aux internés civils austro-hongrois, seuls pouvaient être rapatriés les tuberculeux guéris. Le rapatriement des tuberculeux guéris devait se faire dorénavant de la même façon que celui des autres catégories de rapatriables.

Déjà en 1916[4], il avait été institué des commissions de visite

[1] Voir *Premier Rapport*, 1916, p. 23 et 2o5.
[2] Voir, ci-après, *Documents*, n° VIII.
[3] Ordre du 8 aoùt 1917, voir, ci-après, *Documents*, n° X.
[4] Voir *Premier Rapport*, 1916, p. 24.

sanitaire régionale. Chaque mois, il se réunit dans chaque région une commission de visite sanitaire (C. V. S.) régionale composée de trois médecins suisses ; elle examine les candidats au rapatriement qui ont demandé à passer devant la commission et ceux qui se présentent sur la demande du médecin traitant dont ils dépendent ou sur la proposition d'autres organes de l'internement.

Ces commissions régionales peuvent aussi être réunies à une date quelconque, lorsqu'il s'agit de cas spéciaux et urgents (maladies graves, aliénation mentale, etc.).

Il est dressé, des internés reconnus rapatriables, une liste qui est envoyée à la fin de chaque mois au quartier-général de l'internement et cette liste, jusqu'à présent, a été transmise au médecin-chef de la Croix-Rouge, qui est chargé des transports. Ceux-ci ont lieu pour les rapatriables de l'Entente par Bellegarde et Lyon pour les militaires, par le Bouveret-Evian pour les civils. Les transports des rapatriables des Puissances centrales passent par Constance.

Les Etats capteurs avaient le droit de contrôler les internés désignés pour le rapatriement [1] mais ils y renoncèrent et reconnurent les décisions prises par les commissions comme définitives: « Il en résulte, pour les commissions, disait un ordre du Médecin d'armée (1er juin), un devoir d'autant plus strict d'examiner tous les cas de rapatriement éventuel avec la plus grande exactitude et de prendre leurs décisions de la façon la plus consciencieuse. »

En cas de refus par la commission régionale, l'interné qui s'estime lésé a droit de recours; il doit recourir auprès du Médecin d'armée dans les vingt-quatre heures qui suivent la décision de la C. V. S. Pour examiner ces recours, le Médecin d'armée institua une commission (ordres du 12 juillet et du 3 août) qui commença ses opérations le 15 août.

[1] Voir *Premier Rapport*, 1916, p. 25.

Il n'y a qu'une seule commission de recours (C. V. S. R.) elle est composée de trois membres ; elle fonctionne pour toutes les régions d'internement; elle peut juger sur les dossiers qui lui sont présentés ; dans les cas douteux, elle examine les recourants et se rend pour cela dans les localités où ceux-ci ont été concentrés. Cette commission se réunit dès qu'il y a un certain nombre de recourants.

En cas de refus de rapatriement par la commission de recours, les candidats peuvent se présenter devant une nouvelle commission régionale, à condition toutefois qu'il soit survenu un fait nouveau. Une décision affirmative prise par cette seconde commission régionale, doit toujours être contrôlée par la commission de recours qui, de nouveau, examinera les dossiers ou l'homme lui-même.

Ce contrôle est obligatoire pour les raisons suivantes :

1° Le jugement d'une commission de recours, donc de seconde instance, ne peut pas être cassé par une commission (C. V. S.) ordinaire, c'est-à-dire de première instance, et le jugement de cette dernière ne doit être considéré que comme une proposition faite à la commission de recours (C. V. S. R.) de casser elle-même son premier jugement, à la lumière de faits nouveaux qu'elle doit être mise à même de contrôler.

2° Les membres des C. V. S. étant différents pour chaque région, peuvent être plus ou moins larges ; il pourrait en résulter que des hommes se présentant une seconde fois, leur cas ne fût pas jugé les deux fois d'une façon uniforme, d'où comparaisons de la façon de travailler des différentes commissions régionales et réclamations. Cet inconvénient disparaît par le contrôle d'une commission unique.

Exceptionnellement, il est arrivé que le Médecin d'armée a opposé son veto à tel rapatriement, une erreur d'appréciation de la C. V. S. ayant été dûment constatée, et la commission de recours n'ayant pas été consultée puisqu'elle n'est instituée que pour ceux qui estiment avoir droit à un nouvel examen et à une revision. Ce veto du Médecin d'armée n'empêche pas l'interné de se présenter à une nouvelle C. V. S. régionale, en invoquant des faits nouveaux ; ceux-ci devront être contrôlés, en cas de décision favorable, par le Médecin d'armée.

Les membres de ces commissions sont en butte à de nombreuses intercessions : les motifs sur lesquels sont fondées leurs décisions doivent être, d'après les accords internationaux, exclusivement d'ordre médical ; toute démarche entreprise par les intéressés eux-mêmes ou par des tiers agissant en leur faveur, est donc absolument inutile.

Les commissions régionales de visite sanitaire ou de recours ne se laissant pas influencer, le public s'est vengé et des bruits ont couru. Par exemple, de Paris arrivait au Médecin d'armée une lettre demandant le rapatriement « d'un malheureux amputé des deux jambes » ; on indiquait très exactement son nom et l'établissement où il était interné. Un semblable cas aurait dû déjà rentrer dans les échanges directs et il était inconcevable qu'arrivé en Suisse il n'eût pas été immédiatement rapatrié. Un rapport fut aussitôt demandé et le médecin commandant de place répondit au commandant de région : « Le malheureux amputé des deux jambes a une ankylose partielle du genou droit qui ne l'empêche en aucune façon de se livrer à la chasse au jupon. Il est en bonne santé et fort ; il se fait remarquer, de temps à autre, par sa mauvaise tenue et ses réclamations. » En réponse à ce rapport, le quartier-général de l'internement répondit : « Veuillez préciser : cet interné pourrait avoir une ankylose du genou avec amputation du pied, par exemple. » Réponse : « X... a une ankylose du genou droit (balle de fusil) ; on a fait une radiographie ; on ne peut espérer améliorer la fonction par une opération. X... marche bien, il ne lui manque aucun membre. » Ceci est un exemple typique de nombreux cas dans lesquels les commissions se sont trouvées en butte à des indignations provenant de gens bien intentionnés, mais, à coup sûr, mal informés.

Tout d'abord, l'Angleterre n'avait pas adhéré aux conventions existant entre l'Allemagne et l'Autriche-Hongrie d'une part, la France et la Belgique d'autre part, pour le rapatriement des prisonniers de guerre internés en Suisse. Elle n'adhéra qu'en mai et ce ne fut qu'à partir du 22 mai que les internés anglais et les internés allemands venant d'Angleterre purent être rapatriés par les commissions suisses.

La France, n'ayant pas admis l'extension aux internés civils des nouvelles conditions d'internement, d'échange et de rapatriement, ordre était donné, le 10 juin, que les internés militaires seuls fussent examinés en vue du rapatriement; ce ne fut qu'à partir du 8 août que les internés civils purent bénéficier de ces nouvelles conditions.

Etaient formellement exclus du rapatriement pour toute la durée de la guerre, les prisonniers ou internés condamnés judiciairement par l'Etat capteur pour fautes commises avant le 1er septembre 1916, si leur peine n'avait pas été purgée avant qu'ils fussent internés.

Les cas deviennent toujours plus nombreux d'internés désignés comme rapatriables pour raisons de santé et qui refusent de rentrer dans leur Etat d'origine, après avoir fait aux frais de celui-ci, un long séjour en Suisse. Ils donnent comme motif de ce refus qu'ils sont réfractaires ou déserteurs, ou qu'ils ne peuvent rentrer dans leur pays à cause de leurs opinions politiques ou enfin qu'ils ont perdu leur nationalité.

Il va bien sans dire que, si à propos d'internés, nous sommes amenés à parler de réfractaires, toute généralisation blessante pour les internés est très éloignée de notre esprit.

Les internables ne voulant pas rentrer dans leur Etat d'origine et demandant à rester en Suisse, tombent souvent à la charge de notre pays pour un temps qui, quelle qu'en soit la durée, sera toujours trop long.

Le point de vue suisse étant que les réfractaires, les déserteurs, tous ceux qui, pour des raisons politiques, ne peuvent rentrer dans leur pays, ne doivent pas être rapatriés de force, jusqu'à présent, aucun interné déclaré rapatriable selon les conventions internationales et qui refuse d'être rapatrié, n'a été rapatrié par contrainte.

Cependant, le Médecin d'armée préoccupé de cette question au point de vue de l'internement, a fait, à ce sujet, au Département politique (lettres du 19 janvier et du 16 février 1918) les propositions suivantes :

Tout interné reconnu rapatriable, s'il refuse de rentrer dans son pays d'origine, devrait être rendu à l'Etat capteur.

Pour parer aux difficultés provenant pour la Suisse d'internés se refusant au rapatriement, on pourrait envisager les moyens suivants :

1° faire connaître, par affiches, dans l'Etat capteur, à tous les prisonniers de guerre, que tout prisonnier de guerre interné en Suisse et reconnu rapatriable doit être rapatrié et, cas échéant, qu'il sera rapatrié de force. On éviterait ainsi que les prisonniers qui ne veulent pas rentrer dans leur pays d'origine soient internés en Suisse.

2° publier également dans les camps de prisonniers de guerre que tout prisonnier sans nationalité ne peut pas être interné.

3° pour permettre à la Suisse de se débarrasser de ceux qui, échappant aux dispositions 1 et 2, seraient parvenus à être internés, la Suisse pourrait arrêter que tout interné se refusant au rapatriement sera rendu, sans autre, à l'Etat capteur.

Pour rendre plus facile la mise en pratique de ce troisième point et pour éviter des frais à la Suisse et au pays d'origine, on pourrait exiger des civils — ce n'étaient que des civils qui, jusqu'alors avaient refusé leur rapatriement — aussitôt après leur entrée en Suisse, qu'ils déclarent par écrit si, pour une raison quelconque, cas échéant, ils acceptent ou ils refuseront d'être rapatriés. Ceux qui refuseraient de signer une semblable déclaration seraient immédiatement rendus à l'Etat capteur. Il faudrait déterminer la nationalité de tous les internés de nationalité incertaïne et, dans chaque cas, appliquer la procédure qui conviendrait.

Il n'était pas sans intérêt de signaler les difficultés soulevées par le rapatriement et la façon dont on pensait y pourvoir ; la solution de cette question devait s'imposer en 1918 au moment du rapatriement des internés résultant de la mise en vigueur de l'Accord du 26 avril et des grands échanges.

CHAPITRE III

Commissions de contrôle.

Instructions générales. — Instructions spéciales. — Travail des commissions en Allemagne, en France, en Angleterre.

En 1917, il n'a pas été envoyé de Suisse de commissions itinérantes [1] mais seulement des commissions de contrôle, celles-ci avaient deux séries de travaux à accomplir :

1º Elles devaient examiner en vue de l'internement complémentaire dit de mai (lettre A sur les tableaux qui suivent) les prisonniers de guerre désignés pour l'internement et ajournés par la commission de contrôle, les prisonniers non examinés précédemment par suite d'erreurs, les prisonniers reconnus incapables de travailler, enfin les prisonniers figurant sur les listes du Médecin d'armée.

2º Les prisonniers désignés comme internables et les prisonniers placés dans des camps d'observation.

C'étaient les médecins de camp qui devaient désigner les candidats à l'internement complémentaire dit de mai (A) et à l'internement dit de juin (B).

Le 26 mai 1917, paraissaient des instructions générales [2] pour les commissions médicales ; ces instructions contenaient les principes dirigeants et les principes spéciaux concernant le rapatriement ou échange de pays à pays [3] et l'internement, plus des observations générales sur la composition et le rôle des commissions.

---

[1] Voir ci-dessus, p. 8. Les commissions itinérantes pèsent lourdement sur le corps médical suisse, déjà mis largement à contribution par la mobilisation et par l'internement.

[2] Voir, ci-après, *Documents*, nº VIII.

[3] Voir ci-dessus, p. 42.

4

« Les commissions de contrôle, était-il dit dans ces dernières, se composent de trois médecins nationaux et de trois officiers sanitaires suisses. Les premiers sont désignés par leurs Etats respectifs (Etat capteur), les seconds par le Médecin d'armée suisse. L'appréciation des cas qui sont présentés à la commission de contrôle et en particulier la décision, ont lieu en commission. En cas d'égalité des voix, le plus ancien en grade des médecins suisses départage.

« Tous les cas qui sont inscrits sur les listes du Médecin d'armée suisse doivent être présentés à la commission de contrôle ainsi que tous ceux qui ont été signalés pour l'échange et pour l'internement par les médecins nationaux chargés du traitement des prisonniers de guerre. Ces médecins nationaux sont tenus d'examiner, au point de vue de l'échange ou de l'internement, tous les prisonniers de guerre qui sont confiés à leurs soins ou à leur surveillance et, si possible, de les observer au point de vue des nouvelles conditions d'échange et d'internement ; ils dresseront des listes exactes de tous les prisonniers susceptibles d'être proposés pour l'échange ou pour l'internement et ils enverront ces listes à leur gouvernement.

« Il va sans dire qu'une foule de cas seront présentés à la commission de contrôle, dont il n'est pas fait mention particulière dans les principes dirigeants pour l'échange ou l'internement. Tous ces cas doivent être jugés conformément aux principes dirigeants pour l'échange ou l'internement.

« Toute décision négative doit être exactemenr motivée. »

Les principes spéciaux pour l'échange et l'internement contenaient toute une série d'exemples, malheureusement certains médecins de camp ont pris cette liste d'exemples pour une énumération complète et ont refusé de nombreux cas.

La diminution de validité, l'impotence fonctionnelle organique étaient estimées en pour cent ; cela, malheureusement, prêtait aux appréciations les plus diverses.

Ces instructions se distinguent par une grande largeur spécialement pour les malades; la psychasthénie grave des prisonniers, avec signes objectifs de déchéance organique, est désignée comme donnant droit à l'internement.

Etaient en revanche exclus de l'internement :

1º Tous les cas d'aliénation mentale dûment constatés.

2º Toutes les affections nerveuses graves, organiques ou fonctionnelles, pouvant être considérées comme incurables.

Ces deux premières catégories donnent droit au rapatriement.

3º Les cas d'alcoolisme grave.

4º Toutes les maladies contagieuses dans leur période de transmissibilité.

Au lieu de supprimer les commissions itinérantes, il y aurait lieu, pour l'avenir, d'examiner si ce ne seraient pas plutôt les commissions de contrôle qui pourraient être supprimées. Déjà nous avions signalé [1] l'effet que pouvait avoir sur un prisonnier, dont la santé est ébranlée et qui se voit arrivé à la frontière, un refus et le renvoi dans un camp de prisonniers. La secousse morale est terrible; de plus, du fait du changement de camp, le malheureux qui attend de passer à la commission de contrôle, perd ses camarades; il ne reçoit plus ni colis ni lettres; il est ainsi privé de tout ce qui pourrait le soutenir durant ces jours d'angoisse qui aboutiront peut-être à une déception.

Les commissions de contrôle et les officiers de triage [2] ne purent partir que le 2 juin pour la France et le 3 juin pour l'Allemagne. Elles reçurent les instructions spéciales suivantes (31 mai) [3] :

« Tous les prisonniers de guerre mentionnés sur les listes du Médecin d'armée, ainsi que ceux qui sont dans les camps d'ob-

---

[1] Voir *Premier Rapport*, 1916, p. 38.

[2] Voir sur le rôle des officiers de triage ou de répartition, *Premier Rapport*, 1916, p. 27 et 44.

[3] Voir, ci-après, *Documents*, nº IX, les Instructions pour les commissions médicales de contrôle et les officiers de triage qui doivent se rendre le 2 et 3 juin en France et en Allemagne.

servation, doivent être présentés aux commissions à l'occasion de l'internement de mai. Pour l'internement de juin seront présentés aux commissions tous les prisonniers de guerre mentionnés sur les listes des médecins de camps et tous ceux qui, lors de l'internement de mai, auront été renvoyés dans des camps d'observation. Ceux qui auront été renvoyés lors de l'internement de mai ne doivent, en aucun cas, être considérés comme refusés définitivement. Ils seront mis en observation et leur cas ne sera définitivement tranché que lors de l'internement de juin.

« L'activité des commissions doit s'exercer en commission, c'est-à-dire que les membres des commissions ne doivent pas se partager les cas, mais tout prisonnier de guerre qui est présenté doit être examiné simultanément par un médecin national et un médecin suisse, qui jugent ensemble. Si ces deux membres de la commission ne peuvent se mettre d'accord sur la décision à prendre ou si le cas ne leur paraît pas clair, celui-ci sera soumis à la commission plénière qui tranchera à la majorité des voix ; en cas d'égalité des voix, l'officier sanitaire suisse le plus âgé en grade départage.

« Pour l'appréciation des cas de rapatriement, la question de l'emploi pour la guerre ne doit pas être prise en considération, parce que les Etats intéressés se sont mutuellement engagés à n'employer les rapatriés ni au front ni à l'étape.

« Les commissions de contrôle doivent réclamer pour chaque individu qui n'a pas été présenté à l'examen une déclaration avec motif sur sa non-présentation.

« Les localités qui, selon les prévisions, doivent être visitées sont, en France : Lyon, Romans, Moulins, Blaye, Le Mans, Tours et Carpentras ; en Allemagne : Constance, Heidelberg et Mannheim.

« Les commissions ont à veiller très spécialement à ce que, sans aucune exception, tous les prisonniers de guerre leur soient présentés qui figurent, soit sur les listes qui ont déjà été remises personnellement par le Médecin d'armée aux présidents des commissions, soit sur les listes qui leur sont remises à leur départ. »

Une commission de contrôle a travaillé en Allemagne du 4 juin au 6 août, du 10 septembre au 8 octobre, du 25 au 31 octobre et enfin du 8 au 23 décembre ; elle a visité une demi-douzaine de camps, d'abord ceux où ont été concentrés les prisonniers qui devaient être examinés pour l'internement complémentaire, puis ceux où étaient concentrés les internables désignés par les médecins de camp.

En octobre, cette même commission examinait aussi les Anglais prisonniers en Allemagne.

Enfin, en décembre, une commission visitait encore les camps de Stuttgart, Döberitz, Dyrotz, Sagan, Sprottau et Constance, où elle a examiné, entre autres, des prisonniers ramenés des pays occupés et de la zone des armées.

Une commission de contrôle a travaillé en France du 4 au 29 juin, du 22 juillet au milieu de septembre, enfin du 23 au 24 novembre, mais les prisonniers à examiner n'étaient pas concentrés et la commission en France a dû visiter plus de quarante camps.

Une commission de contrôle, composée de trois officiers suisses, plus un officier de triage, a été envoyée en Angleterre : elle y a séjourné du 20 septembre au 19 octobre.

En Angleterre aussi la commission a eu à examiner :

1º Les cas dits de l'internement complémentaire (internement de mai, A), ce qui correspond au § 5 de la Convention de La Haye entre l'Allemagne et l'Angleterre, du 2 juillet 1917.

2º Elle devait aussi examiner les prisonniers à interner selon les nouvelles conditions des Instructions générales du 26 mai, soit § 7 de la Convention de La Haye (internement de juin, B).

Une grande largeur a présidé à l'appréciation des cas d'internement et il y a eu parfaite unanimité entre Suisses et Anglais.

Prisonniers en Allemagne.

Français et Belges.

DATES	INTERNÉS				RAPATRIÉS				REFUSÉS				TOTAL DES EXAMINÉS				TOTAL DES INTERNÉS
	A		B		A		B		A		B		A		B		
	Offic.	S.-off. Soldats	Offic.	S.-off. Soldats	Offic.	S.-off. Soldats	Offic.	S.-off. Soldats	Offic.	S.-off. Soldats	Offic.	S.-off. Soldats	Offic.	S.-off. Soldats	Offic.	S.-off. Soldats	
4 juin-6 août . .	397	3767	—	—	28	770	—	—	126	1371	—	—	551	5908	—	—	4164
» » . . Civils :	—	—	—	420	—	—	—	117	—	—	—	284	—	—	—	821	420
10 sept.-8 octobre	—	—	77	1083	—	—	2	152	—	—	48	889	—	—	127	2124	1160
» » Civils :	—	—	—	161	—	—	—	26	—	—	—	138	—	—	—	325	161
25-31 octobre. .	—	—	8	105	—	—	—	7	—	—	—	23	—	—	8	135	113
» » . . Civils :	—	—	—	18	—	—	—	—	—	—	—	3	—	—	—	21	18

Français

DATES	INTERNÉS				RAPATRIÉS				REFUSÉS				TOTAL DES EXAMINÉS				TOTAL DES INTERNÉS
14-24 décembre .	—	—	—	95	—	—	—	9	—	—	—	8	—	—	—	112	95

Français prisonniers dans les pays envahis (zône des armées).

DATES	INTERNÉS				RAPATRIÉS				REFUSÉS				TOTAL DES EXAMINÉS				TOTAL DES INTERNÉS
14-24 décembre .	—	—	—	311	—	—	—	—	—	—	—	2708	—	—	—	3019	311
	397	3767	85	2193	28	770	2	311	126	1371	48	4053	551	5908	135	6557	6442

A désigne l'internement complémentaire de mai-juin. — B désigne l'internement fait d'après les propositions des médecins de camp.

Anglais

DATE	INTERNÉS		RAPATRIÉS		REFUSÉS		Total des examinés		TOTAL DES INTERNÉS
	Offic.	S.-offic. et soldats	Offic.	S.-offic. et soldats	Offic.	S.-offic. et soldats	Offic.	S.-offic. et soldats	
6- 9 octobre. . .	41	150	7	23	65	119	113	292	191
25-31 » . . .	44	172	1	7	23	8	68	187	216
							181	479	407

Prisonniers dans les pays envahis.

DATE	INTERNÉS		RAPATRIÉS		REFUSÉS		Total des examinés		TOTAL DES INTERNÉS
14-24 décembre .	13		2		2		17		13
Total général . . .	420		40		217		677		420

Prisonniers en France.

Allemands.

DATES	INTERNÉS A Offic.	INTERNÉS A S.-off. Soldts	INTERNÉS B Offic.	INTERNÉS B S.-off. Soldts	RAPATRIÉS A Offic.	RAPATRIÉS A S.-off. Soldts	RAPATRIÉS B Offic.	RAPATRIÉS B S.-off. Soldts	REFUSÉS A Offic.	REFUSÉS A S.-off. Soldts	REFUSÉS B Offic.	REFUSÉS B S.-off. Soldts	TOTAL DES EXAMINÉS A Offic.	TOTAL DES EXAMINÉS A S.-off. Soldts	TOTAL DES EXAMINÉS B Offic.	TOTAL DES EXAMINÉS B S.-off. Soldts	TOTAL DES INTERNÉS
4-29 juin . . .	168	1895	—	—	11	499	—	—	147	1619	—	—	326	4013	—	—	2063
22-28 juillet . .	—	124	—	643	—	3	—	58	—	592	1	621	—	719	1	1322	767
30 juillet-4 août .	—	121	—	709	—	2	—	63	—	460	—	674	—	583	—	1446	830
5-11 août . . .	30	57	61	392	1	1	3	60	115	232	47	307	146	290	111	759	540
12-18 août . . .	—	—	2	10	—	—	—	6	—	—	—	5	—	—	2	21	12
19-25 août . . .	—	—	3	103	—	—	1	41	—	—	2	24	—	—	6	168	106
26 août-1er sept. .	—	—	5	131	—	—	—	31	—	—	1	11	—	—	6	173	136
2-8 septembre .	—	—	—	40	—	—	—	2	—	—	—	9	—	—	—	51	40
18 septembre . .	—	—	—	3	—	—	—	—	—	—	—	—	—	—	—	3	3
18 septembre . .	Civils	—		105	—	—	—	1	—	—	—	6	—	—	—	112	105
23-24 novembre .	Civils Allemands			212	—	—	—	11	—	—	—	7	—	—	—	230	212
	Autrichiens			143	—	—	—	12	—	—	—	4	—	—	—	159	143
	198	2197	71	2491	12	505	4	285	262	2903	51	1668	472	5605	126	4444	4957

Prisonniers allemands en Angleterre.

EXAMINÉS A Offic.	EXAMINÉS A S.-offic. et soldats	EXAMINÉS B Offic.	EXAMINÉS B S.-offic. et soldats	INTERNÉS A Offic.	INTERNÉS A S.-offic. et Soldats	INTERNÉS B Offic.	INTERNÉS B S.-offic. et soldats	RAPATRIÉS Officiers
209	1137	139	932	146	597	55	504	5

Total des officiers désignés pour l'internement 201.
Total des hommes désignés pour l'internement 1101.

A désigne l'internement complémentaire de mai-juin. — B désigne l'internement fait d'après les propositions des médecins de camp.

Le travail des commissions de contrôle avait commencé avec beaucoup de retard, de sorte que les opérations de l'internement complémentaire dit de mai, ne commencèrent qu'en juin et les opérations pour l'internement dit de juin ne commencèrent qu'en juillet; enfin ces deux genres d'opérations traînèrent en longueur et finirent par se confondre.

De plus, par suite d'une fausse interprétation des ordres du Médecin d'armée [1], ou pour toute autre raison, on ne présenta en Allemagne à la commission de contrôle, soit pour l'internement complémentaire, soit pour l'internement de juin, qu'un nombre d'hommes tout à fait insuffisant.

Les commissions ont consigné, dans leurs rapports, des observations dont nous donnons les plus importantes :

Certains médecins de camp tiennent très bien les feuilles d'observation, mais d'autres les tiennent mal ou ne les tiennent pas ; la commission de contrôle n'a aucun élément de décision lorsqu'elle se trouve en face d'un prisonnier disant souffrir d'épilepsie ou de malaria et dont la fiche ne porte qu'un nom.

Pour des maladies dont le diagnostic ne peut être établi qu'après un long examen, il faut ou que le patient présente une courte observation ou que la commission ait le droit de le renvoyer dans un camp d'observation (ce qui pouvait se faire pour la catégorie A, mais non pour la catégorie B).

Les internés civils, dit le colonel Rickli, sont beaucoup plus éprouvés par la captivité que les militaires, en général jeunes et forts. C'est pourquoi, dans l'examen des civils, il faut user de beaucoup plus de largeur et les médecins de camp seuls ne peuvent pas juger.

La commission de contrôle de Lyon (colonel Rickli), d'accord en cela avec plusieurs médecins français et même avec des médecins de camp, se montre, dans son rapport, contraire au pre-

---

[1] Voir, ci-dessus, p. 14.

mier choix fait par les médecins de camp et demande qu'on renonce à cette méthode.

Nous touchons ici à la raison principale pour laquelle le travail des commissions de contrôle a été insuffisant et n'a pas répondu, spécialement en Allemagne, à ce qu'on en attendait.

Le travail des médecins de camp doit être contrôlé, il ne peut pas inspirer une entière confiance ; car, si beaucoup et même le plus grand nombre sont à la hauteur de leur tâche, trop nombreux sont ceux qui n'ont pas su se placer à un point de vue strictement objectif et dans le travail desquels des considérations autres que des considérations médicales ont tenu une trop grande place.

Aussi n'a-t-on pas tardé à voir les fruits de la remise aux seuls médecins de camp de la première désignation des internables : des tuberculeux au dernier degré, des opérés, des malariques qui, tous, auraient dû, depuis longtemps, être rapatriés comme incurables, ou être internés pour être sauvés, sont arrivés en grand nombre dans les trains d'internés, et certains de ces convois n'étaient que des convois de grands malades ; le défilé de ces hommes évoquait dans la pénombre des gares suisses des visions dantesques de misère, et il faut le dire, de cruauté.

C'est à juste titre qu'on a vu, dans ces faits douloureux, une preuve irréfutable de l'incapacité, de la négligence ou du mauvais vouloir de certains médecins de camp.

CHAPITRE IV

Transport des internés.

Officier de triage (de répartition). — Succession des convois. — Contrebande.

En 1917, il n'a été apporté aucune modification importante à l'organisation des transports, telle qu'elle existait en 1916[1].

Dans les instructions du 31 mai 1917, la tâche des officiers de triage (ou de répartition), est définie comme suit[2] :

« Les officiers de triage classent les internés d'après les catégories de maladies et forment les trains d'après les régions, en tenant compte des lits disponibles dans chaque région et de la capacité des trains. Autant que possible, les trains doivent être remplis. Pour chaque région on désignera, dans la mesure du possible, des wagons entiers.

« Dès qu'un train est formé, l'officier de triage doit communiquer *télégraphiquement* au Médecin d'armée, l'heure de départ du train, le nombre des internés, les régions auxquelles ils sont destinés et le classement de ces internés, non d'après les catégories de maladies, mais par nationalité et grade (officiers et soldats), par civils payants ou non payants. Le Médecin d'armée fera les communications nécessaires au Département politique, au commandement de l'Armée, au Médecin en chef de la Croix-Rouge, aux officiers sanitaires dirigeants, à la direction de la Poste de campagne, au Service territorial, aux gouvernements cantonaux et aux représentants des pays d'origine des internés. »

En outre, les officiers de triage ont à remplir plusieurs formulaires, tant pour le contrôle des hommes que pour la répartition dans les régions.

[1] Voir *Premier Rapport,* 1916, p. 43 et suiv.
[2] Voir, ci-après, *Documents,* n° IX.

« Les officiers de triage ont à veiller à ce que les bagages soient exactement adressés et expédiés.

« L'officier de triage répartit les prisonniers de guerre internés, désignés pour l'internement en Suisse, entre les différentes régions d'internement, selon les places disponibles dans chaque région.

« Il doit tout spécialement veiller à ce que tous les tuberculeux allemands soient dirigés dans la région de Davos et environs et tous les tuberculeux français et belges dans les régions Aigle-Leysin, Montana et Weissenburg. »

En 1916[1] les trains d'internés étaient arrivés en quatre séries ; on ne peut pas établir de séries pour 1917.

Les trains de janvier 1917 rentrent dans la quatrième série de 1916, ils sont la fin de la première époque de l'internement. Dans les convois des internés ressortissants aux Puissances centrales des 8 et 13 janvier 1917, il y avait, en plus des Allemands, 166 civils autrichiens et 93 civils hongrois qui furent internés en Suisse par suite d'une convention spéciale[2] ; à la fin de l'année 1917, il devait en arriver encore d'autres.

Le tableau qui suit du nombre des trains et des internés, établi par mois, vient à l'appui de ce qui a été dit dans l'introduction historique[3].

Convois d'internés[4].

Mois	Nombre de trains	Internés de l'Entente	Nombre de trains	Internés des Puissances centrales
Janvier	4	1556	4	626

compris dans la 4ᵐᵉ série des transports de 1916.

---

[1] Voir *Premier Rapport*, 1916, p. 45-46.
[2] Voir, ci-dessus, p. 38.
[3] Voir, ci-dessus, p. 15.
[4] Voir pour le détail, ci-après, *Documents*, No XI, A et B. — Nous n'avons pas compté comme convois les arrivées individuelles de 3 ou 4 internés; il en résulte une différence de 9 avec le total des internés entrés en Suisse mentionné ci-dessus, p. 39.

Mois	Nombre de trains	Internés de l'Entente	Nombre de trains	Internés des Puissances centrales
Février	—	—	—	—
Mars	1	58	—	—
Avril	1	104	1	105
Mai	—	—	—	—
Juin	4	1198	5	1331
Juillet	4	1752	4	695
Août	2	1045	1	502
Septembre	2	829	3	600
Octobre	—	—	1	385
Novembre	1	420	2	1180
Décembre	7	2231	3	1549
Total :	22	7637	20	6347

Dans les trains venant de Constance et amenant des internés de l'Entente, il y avait en moyenne 347-348 internés ; les trains venant de Lyon amenant des internés des Puissances centrales contenaient en moyenne 334 internés.

Pour toute l'année, on arrivait à la proportion de 7 internés de l'Entente pour 6 des Puissances centrales ou plus exactement 54,6 % d'internés de l'Entente contre 45,4 % d'internés des Puissances centrales ; si donc l'on veut parler de proportion, la proportion n'y était pas, étant donné le nombre beaucoup plus grand de prisonniers de l'Entente se trouvant alors en Allemagne.

Aussi, les réclamations relatives aux transports furent-elles incessantes, spécialement durant l'automne.

Le 5 juillet, les internés allemands livrés par la France, étaient plus nombreux que les internés français venant d'Allemagne. Pour les convois de juillet et d'août, il y eut de nombreuses difficultés et le Médecin d'armée fit remarquer qu'il fallait absolument arriver à une succession régulière des convois, ne fût-ce, au point de vue suisse, que pour économiser le charbon.

En juillet et en août, l'Allemagne livra plus d'internés que la

France, ce qui rétablit momentanément un certain équilibre. Durant les mois de septembre, octobre et novembre, l'équilibre fut de nouveau tout à fait rompu ; il n'a été envoyé, durant ces trois mois, en Suisse, par l'Allemagne, que 1249 internés, tandis que 2165 étaient livrés par la France, c'était la proportion renversée.

Malgré tous les efforts du Médecin d'armée, qui servait d'intermédiaire, la situation était tout à fait critique, on alla jusqu'à dire que c'était la « fin de l'internement ». A cela venaient encore se mêler les noms de certains prisonniers qu'on disait retenus indûment, ce qui compliquait le débat et le rendait plus vif.

Et, pendant ce temps, tout près de la frontière suisse, des prisonniers avaient été amenés de leur camp, persuadés qu'on allait les interner, ils voyaient le supplice de l'attente se prolonger de jour en jour ; l'état de santé de beaucoup en était aggravé.

Le 20 octobre 1917, le Médecin d'armée envoyait à l'Ambassade de France et à la Légation d'Allemagne un projet de plan de transport ; il ne fut pas mis à exécution ; avec l'approbation du Département politique, il déclarait que, dorénavant, il n'accepterait l'envoi des trains qu'après avoir reçu la dépêche officielle et réglementaire de l'officier de triage indiquant la composition détaillée du train et la répartition des internés dans les différentes régions ; cette répartition étant très importante à connaître, surtout à cause des tuberculeux, qui ne peuvent être envoyés n'importe où.

Il signalait au Département politique qu'on annonçait la présence de femmes et d'enfants dans un train d'internés arrivant de Lyon, ce qui ne devait pas être. « Les femmes et les enfants, disait-il, ne concernent en aucune façon l'internement. On nous les envoie avec leurs maris ou pères ; nous nous trouvons ainsi devant un fait accompli et dans la triste situation de devoir procéder à des séparations déchirantes de familles qui ont vécu ensemble en captivité et que nous devrions, nous, disperser dès leur arrivée en Suisse. »

Ce ne fut qu'en décembre que les convois reprirent un peu normalement.

L'arrivée à Berne du dernier convoi de l'année (31 décembre) contenant des prisonniers de l'Entente retirés de la zone des armées, a laissé à tous ceux qui y ont assisté, un souvenir profondément douloureux des dernières heures de cette année d'innombrables misères.

A la suite de certains abus dûment constatés, des mesures sévères ont été prises pour empêcher la contrebande qui se pratiquait par des parents d'internés, qui, leur visite faite, rentraient dans leur pays d'origine ; un ordre a été donné le 9 mai 1917, par lequel chaque interné recevant la visite des siens, doit les prévenir qu'il est absolument interdit d'exporter : aliments, graisse, habillements, objets en cuir, or monnayé.

Il s'est fait aussi une forte contrebande sous le couvert de dons *(Liebesgaben)* faits à des internés rapatriés, à des grands blessés, à des grands malades ou à des sanitaires échangés. Les denrées et objets d'habillement avaient fini par dépasser de beaucoup les limites des menus cadeaux qu'on fait en de semblables circonstances ; aussi un ordre a-t-il été publié le 5 mars 1918, réduisant ces cadeaux à 100 grammes de chocolat, à 50 cigarettes ou 20 cigares, le chocolat, pouvant être remplacé par un mouchoir de poche en coton. Les internés rapatriés ne devaient pas en recevoir, puisqu'ils avaient déjà fait en Suisse un séjour prolongé. La distribution était réglementée et le public n'avait plus le droit de s'en mêler.

CHAPITRE V

Régions et secteurs.

Modifications des régions. — Nouvelle organisation. — La voie du service. — Officiers internés. — Commission régionale. — Dégâts dans les établissements. — Service intérieur. — Restrictions économiques. — Régime alimentaire. — Œuvre de la Colonie suisse en France. — Le Bonheur familial. — Le Revoir. — Allocation aux hôteliers. — Contrôle des étrangers.

Durant l'année 1917, les régions ont subi d'importantes modifications. Le 17 janvier, sur l'ordre de l'Etat-major général, le Médecin d'armée prenait des dispositions pour supprimer la région Jura-Ouest dont les internés, avant le 24 janvier, devaient être transférés dans les régions Oberland bernois A et B. Le 19 janvier, l'évacuation de la région Jura-Ouest était réduite à celle des secteurs de Fleurier et des Rasses (canton de Neuchâtel) dont les internés étaient transférés en bloc dans l'Oberland bernois A, moins un détachement envoyé à Boudry (canton de Neuchâtel).

Dès le 11 avril, le secteur de Saint-Cergue cessait d'appartenir à la région de Montreux pour être rattaché à Duillier, qui devenait région.

Au commencement d'avril également, trois établissements étaient séparés de la région Suisse centrale pour être adjoints à la région de l'Etablissement sanitaire d'armée[1] (A. S. A.) de Lucerne. Le commandement militaire et la direction administrative de cette région étaient séparés de la direction technique et médicale de l'Etablissement sanitaire d'armée.

En mai, la région Engelberg était créée, comprenant tous les secteurs de la Suisse centrale où se trouvaient des internés de l'Entente.

Le 1er juillet, une nouvelle organisation des régions d'internement entrait en vigueur[2], modifiée par un ordre du 4 juillet: d'après ces ordres, de nouvelles régions étaient créées : Genève, La Côte (ancien Duillier), Lausanne, Valais, peu après appelé Valais-Bex et comprenant le Bas-Valais, le Valais central et Bex-Villars ; Fribourg (y compris l'Etablissement sanitaire d'armée), Lucerne (y compris l'Etablissement sanitaire d'armée), Bâle, à laquelle était jointe l'Argovie ; Zurich, y compris Schaffhouse et Glaris ; de plus, il y avait de nombreux changements dans les régions existantes ; ainsi, par exemple, Jura-Ouest prenait le nom de Jura, le Haut-Valais disparaissait comme région, Loëche et Sierre étaient adjoints à l'Oberland bernois B ; les deux régions de Château-d'Œx et de Murren, avec le Signal de Bougy, ne formaient plus qu'une région, la région anglaise ; Ragaz et Weesen étaient adjoints à la région de Saint-Gall.

En 1916, l'Etablissement sanitaire d'armée de Lucerne étant trop petit pour garder les convalescents qui devaient continuer certains traitements, il fut créé trois annexes où ces convalescents furent logés, une pour les Allemands, une autre pour les Français et les Belges, une troisième pour les Anglais à Seeburg, près Lucerne. Les « Châlets de Seeburg » appartiennent à une

---

[1] En allemand *Armee-Sanitäts-Anstalt* ; de là l'abréviation A. S. A., aussi employée en français, pour éviter la confusion que ferait naître l'abréviation E. S. A., réservée aux Etappen-Sanitäts-Anstalten, établissements sanitaires d'étapes.

[2] Ordres du 25 juin et du 4 juillet, voir, ci-après, *Documents*, n° XII.

société anglaise ; ils servaient, avant la guerre, à héberger des Anglais qui venaient y séjourner à des prix spéciaux. Lorsque l'hôpital de Fribourg fut ouvert pour les internés de l'Entente, le service anglais de l'internement fut autorisé à installer à Seeburg des ateliers de rééducation et d'apprentissage. Seeburg resta comme une enclave anglaise au milieu des régions d'internés allemands.

Bref, les vingt-deux régions de 1916 étaient remplacées par vingt régions.

Le 21 juillet, tous les Belges de l'Oberland bernois B, soit des secteurs de Zweisimmen, Hilterfingen, Hunibach et Adelboden étaient groupés à Aeschi.

Le 6 septembre, l'Etablissement sanitaire d'armée de Lucerne était supprimé, Lucerne cessait d'exister comme région indépendante et se rattachait, dès le 11 septembre, à la région Suisse centrale (Puissances centrales).

Du 27 au 30 novembre 1917, toute la région Suisse centrale (Lungern, Engelberg, Zugerberg, Walchwil, Krienz, Lucerne) réservée aux internés de l'Entente, était évacuée par ceux-ci, pour parer aux inconvénients que pouvait avoir un certain enchevêtrement de ces secteurs avec des secteurs réservés aux Puissances centrales. Les internés de l'Entente étaient transférés dans les régions Oberland bernois A et B et Jura et le nombre des régions était réduit à dix-neuf.

Enfin, le 12 janvier 1918, un ordre délimitait les régions Oberland bernois B et Valais-Bex.

Le 20 décembre 1917, les régions et localités occupées par des internés étaient les suivantes[1] :

---

[1] Nous n'avons tenu compte que des localités où se trouvent un ou plusieurs établissements avec, en tout, un minimum d'une dizaine d'internés. Nous n'avons pas tenu compte des internés de la classe IV, de ceux vivant en domicile particulier et des civils payants, mais seulement des internés vivant dans des établissements. Voir, ci-après, *Documents* n° XIII, le tableau complet des localités et établissements où se trouvent des internés.

Internés français, belges et anglais.

Régions :	Nombre des localités :
Genève	5
La Côte	3
Lausanne	4
Montreux	18
Aigle-Leysin	3
Valais-Bex	17
Fribourg	9
Jura	10
Berne (mixte)	1
Oberland bernois A	14
Oberland bernois B	24
Région } Château-d'Œx	2
anglaise } Murren	5
	115

Internés allemands et austro-hongrois.

Régions :	Nombre des localités :
Suisse centrale	22
Bâle	3
Zurich	7
Saint-Gall	27
Coire	8
Davos	10
Berne (mixte)	3
	80

Il y avait donc, à la fin de 1917, 195 localités où se trouvaient des établissements pour internés, non compris les établissements disciplinaires de Kalchrain et de Witzwil.

Au nombre des localités dont l'accès était interdit aux internés[1], le Chef d'Etat-major général ajoutait (9 juillet) le village frontière de Saint-Gingolph.

Dans plusieurs régions, il est survenu des modifications d'organisation, entre autres le nombre des commandants de place a été augmenté. Le service des commandants de place de l'internement a été réglé par les instructions du 8 janvier 1917[2]. Bâle et Genève, au début de 1917, n'étaient pas régions d'internement, mais il s'y trouvait des internés de la classe IV, des internés étudiants, etc...; le Médecin d'armée convint avec la direction de l'Armée et avec celle du Service territorial, qu'à Bâle, le commandant de place de l'armée et à Genève le commandant de place du Service territorial, exerceraient les droits d'un commandant de place sur tous les internés.

Le 13 mars 1917, le Médecin d'armée étendit cette mesure et créa à Berne, Fribourg, Lausanne, Lucerne, Saint-Gall et Zurich, comme c'était déjà le cas à Bâle et à Genève, des postes de commandant de place d'internement qui avaient à exercer un contrôle sur tous les internés et qui avaient, pour cela, les compétences militaires. Ce n'était, du reste, qu'une mesure transitoire, puisque l'ordre du 25 juin simplifiait beaucoup l'organisation des régions d'internement : toutes les localités énumérées ci-dessus devenaient régions, à part Saint-Gall et Berne qui l'étaient déjà.

D'après cet ordre du 25 juin, tout interné déplacé du territoire d'une région dans le territoire d'une autre région et qui, auparavant, n'était considéré que comme détaché et restait administrativement dépendant de la région qu'il quittait, est *ipso facto* transféré, administrativement aussi, dans la nouvelle région.

A la tête de chaque région est placé non plus un officier sanitaire dirigeant, mais un commandant de région sous les ordres

---

[1] Voir *Premier Rapport*, 1916, p. 53.
[2] *Ibidem*, p. 48 et 266.

duquel sont placés, outre les internés militaires de tous grades et les internés civils [1], tous les militaires et civils suisses se trouvant dans la région au service de l'internement.

Dans les régions, le service sanitaire est assuré par des officiers sanitaires ou des médecins des services complémentaires, levés dans ce but, ou bien par des médecins engagés, à titre civil, comme médecins traitants. La surveillance du service sanitaire de la région est confiée à un officier sanitaire levé militairement, lorsque le commandant de la région n'est pas lui-même un officier sanitaire ; s'il l'est, il exerce lui-même cette surveillance. L'officier sanitaire de la région, chargé de la surveillance technique du service sanitaire, porte le titre d'« officier sanitaire dirigeant » ; il est responsable envers le Médecin d'armée de la marche du service sanitaire de la région. C'est à lui que sont soumis, techniquement, tous les officiers sanitaires désignés militairement, tous les médecins traitants, ainsi que le reste du personnel sanitaire.

Comme commandants de place d'internement, sont utilisés des officiers levés militairement. Là où il n'y a pas à disposition d'officiers sanitaires aptes à cette fonction, des officiers d'autres armes doivent être désignés pour ce service.

Sur les 109 commandants de place étant au service de l'internement le 31 décembre 1917, 44 étaient des officiers sanitaires [2] et 65 des officiers de troupe.

La mise sur pied des militaires et l'engagement du personnel civil sont faits par le Médecin d'armée, sur la proposition des commandants de région. Dans le cas où il s'agit de personnel sanitaire (officiers sanitaires, médecins traitants, autre personnel sanitaire), cette proposition est faite après accord avec l'officier sanitaire dirigeant, lorsque le commandant de région n'est pas lui-même officier sanitaire. Lorsqu'il s'agit de personnel admi-

[1] Y compris les internés étudiants qui, auparavant, dépendaient directement de la Subdivision universitaire.
[2] Voir, ci-après, *Documents*, n° IV.

nistratif, militaire et civil, les propositions sont soumises au préavis du quartier-maître central.

Cet ordre du 25 juin devait entrer en vigueur le 1er juillet 1917, et l'organisation des régions devait être achevée le 31 juillet.

Au-dessous des commandants de région, viennent le commandant de place, puis des internés : le chef de secteur, le chef d'établissement et le chef d'étage. Cette hiérarchie est bien simple. Si un interné a une demande ou une réclamation à faire, il doit la faire lui-même et par la voie hiérarchique, comme on dit en France, ou par la voie du service, comme on dit en Suisse. Il semble que ce soit bien simple. Eh bien ! si les internés commencent — mais combien lentement — à le comprendre, leurs protecteurs et protectrices continuent à l'ignorer. Croyant arriver plus vite à leurs fins, ils s'adressent directement aux autorités supérieures de l'internement ; ils se trompent, car il n'est tenu compte d'aucune demande ne venant pas de l'interné lui-même ; cette règle a d'autant plus sa raison d'être qu'à plusieurs reprises, l'interné n'était pas d'accord avec la demande adressée en sa faveur par ceux ou celles qui voulaient faire son bonheur. Dans certaines régions, ces demandes indirectes étaient si fréquentes qu'on n'a pu y mettre fin qu'en sévissant contre les internés qui en étaient l'objet.

A côté des officiers suisses, directement subordonnés au commandant de place mais ne prenant pas place dans la hiérarchie du service, il y a des officiers internés de surveillance, des officiers de travail et des officiers internés inspecteurs. Ces officiers peuvent être très utiles, si toutefois ils sont actifs et consciencieux ; leur position est délicate entre leurs nationaux d'une part et de l'autre les autorités suisses auxquelles ils sont soumis. Il doit exister entre les officiers de surveillance et de travail et les officiers suisses, une collaboration confiante ; pour cela, il faut, de part et d'autre, du tact ; cela a été le plus souvent le cas.

Dans les régions françaises, on s'est montré préoccupé de ce que, dans certains secteurs d'internés français, il ne se trouvait pas d'officiers internés et l'Ambassade a demandé que les capitaines et officiers subalternes français fussent répartis dans les divers secteurs, proportionnellement à l'effectif des sous-officiers et soldats internés, soit 4 officiers (capitaines, lieutenants ou sous-lieutenants) par groupe de 100 hommes. « Cette mesure, écrivait l'Ambassade, aurait l'avantage de soustraire les officiers aux tentations des régions urbaines où ils sont en majeure partie. » Elle a été ordonnée le 24 février ; il a été tenu compte, dans l'application, de toutes les raisons sérieuses de famille ou de santé ; cependant, à la fin de mai, il existait encore certains secteurs dépourvus d'officiers et un nouvel ordre a été nécessaire (24 mai) pour arriver à un résultat satisfaisant.

En août 1916, il a été créé, dans chaque région d'internés français, une commission régionale composée de trois membres ; le président est, en général mais non obligatoirement, le plus ancien et le plus élevé en grade ; il est désigné par le Médecin d'armée sur la proposition de l'Ambassade ; il choisit lui-même ses deux adjoints. Il est chargé de noter les officiers, de viser les notes des hommes de troupe, d'assurer l'exécution des prescriptions relatives à l'avancement, aux récompenses, à la délivrance des certificats provisoires d'origine de blessure et de port de chevrons ; il transmet à l'Ambassade tous les dossiers établis en vertu de ces prescriptions, toutes les questions posées par le chef d'habillement de la région, ainsi que toutes les questions de personnel ; il collabore avec les commandants de région et les commandants de place pour assurer l'exécution de toutes les prescriptions concernant la discipline et la tenue ; il surveille les officiers internés et est responsable de leur bonne conduite vis-à-vis du commandant de la région.

Dans les régions allemandes, l'organisation est différente ; le président de la commission régionale équivaut au « *rangälteste Offizier* » et son principal rôle est également de surveiller la conduite des officiers internés ; il en est responsable vis-à-vis du commandant de la région ; il n'a aucun contrôle sur la discipline des sous-officiers et des hommes de troupe qui incombe directement aux autorités suisses.

La limite, cependant très nettement établie entre l'"autorité des officiers suisses et celle du Président de la Commission régionale ou du « *rangältester Offizier* », n'a pas toujours été bien observée et il a fallu parer, parfois, à certains empiètements.

Il est inévitable que les établissements d'internés soient plus ou moins dégradés par le fait de l'usure normale ou par suite de dégâts volontaires. Il a été ordonné qu'à la fin du mois, l'inventaire de chaque établissement serait contrôlé en présence du commandant de place, de la direction et du chef d'établissement ; les objets manquants ou détériorés doivent être signalés. La direction de l'établissement a trois jours pour signaler un dégât volontaire au commandant de place ; celui-ci fait faire une enquête et une expertise (ordre du 23 mars 1917). Le dommage doit être payé par l'interné coupable s'il est découvert ; sinon le montant peut être réparti proportionnellement entre tous les internés de l'établissement. Si cela ne suffit pas, la somme manquante est mise à la charge de l'Etat auquel ressortissent les coupables.

On ne saurait, dans les établissements, attacher trop d'importance au service intérieur : le bon ordre, l'uniformité de l'arrangement dans les chambres, dans les armoires, dans les tiroirs, la propreté dans tous les recoins, dans les corridors, dans les cabinets, dans toutes les dépendances et les alentours de l'établissement sont non seulement une forme de la discipline, mais encore un moyen de l'entretenir et de l'améliorer.

La Suisse étant entrée dans l'ère des difficultés économiques, le Conseil Fédéral institua, d'abord, des jours sans viande ; cette mesure concernait naturellement les internés (ordre du 9 mars) ;

exception était faite cependant pour les internés tuberculeux qui devaient se conformer aux usages adoptés dans les sanatoria de la localité où ils se trouvaient (ordre du 21 mars).

Le combustible commença à manquer et les bains qui étaient prescrits aux internés tous les huit jours furent réduits ; les officiers avaient droit à un bain tous les dix jours, les sous-officiers et soldats à un bain tous les quinze jours (ordre du 14 février 1917).

Puis les trains furent réduits, et les taxes augmentées. Des mesures furent prises pour l'usage des trains par les internés : les internés civils ou en civil doivent payer place entière, les officiers et hommes de troupe en uniforme ont droit à la demi-taxe s'ils sont porteurs d'une carte de légitimation délivrée par le commandant de région ou de place ou par un officier sanitaire dirigeant.

Le 20 octobre, le Médecin d'armée prescrivait de restreindre le plus possible les voyages des internés et de n'en permettre, le dimanche et les jours de fête, que dans des cas exceptionnels tout à fait urgents. Au moment des fêtes de Pâques, de Pentecôte, du Jeûne fédéral, de Noël et du Jour de l'An, des ordres spéciaux ont paru pour interdire, pendant plusieurs jours, la circulation des internés.

Le 30 novembre, il était prescrit que les internés ne pourraient utiliser les trains directs à surtaxe [1] qu'avec une autorisation écrite d'une autorité compétente du service de l'internement. Cette autorisation ne pouvait être donnée que dans un cas d'impérieuse nécessité.

En décembre 1917, un barème de chauffage fut établi, par interné, suivant l'altitude de la localité et suivant la saison ; une ordonnance administrative (n° 77, du 29 décembre) réglait le chauffage des internés de l'Entente.

---

[1] Par un arrêté du Conseil fédéral du 4 octobre, une surtaxe avait été établie pour les trains directs en Suisse, à partir du 22 octobre.

Depuis le 1er mars, la quantité de beurre, fixée à 10-20 grammes par homme et par jour, fut réduite à 10 grammes qui devaient servir exclusivement à la préparation des aliments. Le beurre devait être supprimé au premier déjeuner et remplacé par de la confiture ou du fromage.

Puis la carte de pain fut instituée en Suisse et il dut être pris dans l'internement des mesures pour la remise, l'usage et la restitution de cette carte (ordres des 28 septembre, 19 et 31 octobre, 17 novembre).

Enfin l'alimentation des internés dans son ensemble fut modifiée pour la rendre conforme aux restrictions imposées au peuple suisse. Un ordre du 27 octobre 1917 établissait le plan d'alimentation qui fut affiché dans tous les établissements où se trouvaient des internés : la ration alimentaire moyenne par jour de chaque interné était fixée d'après les quantités disponibles par semaine de la façon suivante :

Viande (os compris). . . . . 250 gr. par jour
Pain en quantité conforme au rationnement . 250 » »
Lait (le café au lait doit être servi mélangé, 500 gr. de lait au moins) . . . . . . 750 » »
Sucre brut ou mélangé aux aliments, en quantité conforme au rationnement . . 15 » »
Riz en quantité conforme aux prescriptions cantonales . . . .
Pâtes alimentaires en quantité conforme au rationnement mensuel . . . . 200 » »
Légumes suivant la saison et les possibilités d'approvisionnement . . . .
Fromage comme équivalent d'une quantité correspondante de viande (quantité pouvant être répartie sur plusieurs jours de la semaine). . . . . 250 » »
Lard peut remplacer une quantité équivalente de viande . . . . 40 » »

Saucisses et saucissons peuvent remplacer la viande à égalité de prix et de valeur nutritive.

Beurre et graisse dans les aliments (jusqu'au moment où ces produits seront soumis à des restrictions . . . . 3o gr. par jour

Pommes de terre, cette quantité doit être considérée comme un minimum qui peut être dépassé pour remplacer éventuellement le légume frais ou les légumes secs soumis à des restrictions . . . . . . 750 » »

Café rôti, en deux rations de 8 gr. . . . 16 » » ou

Cacao en deux rations de 10 gr. . . . . 20 » » ou

Café 8 gr. et cacao 10 gr. ou

Thé à la place du café et du cacao . . . 3 » »

Confiture . . . . 40 » »

Fruit cru ou cuit . . . . 5o » »

Restaient réservées les mesures restrictives qui pourraient être ultérieurement ordonnées pour certains aliments par les autorités fédérales ou cantonales.

L'emploi des serviettes dans les hôtels fut déclaré non obligatoire. Chaque propriétaire d'hôtel ou de pension restait libre d'en donner ou non. La pénurie de savon, d'une part, et la difficulté de remplacer des pièces perdues de l'autre, imposaient une très grande économie.

Toutes ces restrictions, absolument nécessaires et légitimes, n'ont été énumérées que pour prouver que l'administration de l'internement est vigilante et que l'interné n'est pas privilégié aux dépens des nationaux, comme on l'entend trop souvent dire en Suisse.

Les internés peuvent, en tout temps, réclamer contre la nourriture et les menus ; il a toujours été réservé dans le livre des menus une place pour ces réclamations ; dans les régions allemandes, le contrôle des commissions de ménage[1] s'est montré si utile que ces commissions commencent à fonctionner dans les régions de l'Entente. Lorsque les réclamations étaient fondées, on y a toujours fait droit.

Dans toutes les cuisines, il peut y avoir une négligence ou une difficulté momentanée; dans ce cas, l'hôtelier doit reconnaître la justesse de l'observation. Si tel hôtelier est soupçonné de vouloir exploiter les internés, de ne pas les loger ni les nourrir comme ils ont le droit de l'être, l'Association suisse des hôtels d'internés, qui se réunit une fois par mois avec le quartiermaître central de l'internement, discute et juge le cas. Il y a eu des cas où ce soupçon était justifié. D'autre part, il est évident que les circonstances locales indépendantes de la volonté de l'hôtelier influent fatalement sur le logement et la nourriture des internés.

A plusieurs reprises, on a pu constater que le propos d'un capitaine français interné n'était que trop vrai: « Les internés sont beaucoup trop bien en Suisse; c'est pourquoi ils se plaignent comme des enfants gâtés... S'ils étaient dans leur pays ils ne seraient pas traités ainsi! » Des internés ne veulent pas manger du maïs, sous prétexte que, chez eux, on donne cela aux porcs; un établissement était presque en révolte parce qu'on apportait la soupe dans des seaux, parfaitement propres du reste, et non dans des soupières; une autre fois, les internés s'étaient donné le mot pour ne pas manger la viande sous prétexte qu'elle n'était pas fraîche, alors qu'on l'avait mise au vin; d'autres fois c'est le riz qui est trop cuit ou au contraire pas assez; les macaronis sont au jus au lieu d'être au gratin; les pommes de terre ne sont pas assez abondantes alors que dans beaucoup de ménages suisses on n'en a pas vu pendant bien des mois. Enfin c'est un interné qui comme conclusion à ses plaintes s'écrie: « C'est de la nourriture de caserne! » Vraiment? mais à quelle

[1] Voir *Premier Rapport*, 1916, p. 56.

nourriture ont droit les internés si ce n'est à une nourriture de soldats ?

Boutades que tout cela, dira-t-on, d'accord, mais boutades contraires à la discipline et qui, pour cela même, ne peuvent être tolérées. Ce ne sont là, du reste, que des exemples et aussi des exceptions.

Les internés doivent comprendre — et la plupart l'ont compris — qu'en Suisse ils ne seront pas nourris mieux que les Suisses eux-mêmes, ni mieux que nos soldats ; et si parfois, au lieu d'emboîter le pas derrière quelques mauvaises têtes qui sont sûrement des fainéants, ceux qui se plaignent aidaient plus et mieux à la cuisine, la peine qu'ils auraient prise améliorerait la nourriture et, en tout cas, la leur ferait trouver meilleure.

Il est arrivé parfois que des internés, se plaignant du régime général, disaient qu'ils préféreraient retourner en captivité ; on leur a répondu que si, après un jour de réflexion, ils maintenaient leur dire, leur vœu serait exaucé.

Dans certaines régions, les notes de régime alimentaire spécial avaient atteint, dès le commencement de l'année, des proportions exagérées. Pour parer à cet abus, le Médecin d'armée donna l'ordre (5 avril) que toute proposition de régime alimentaire ou de supplément de nourriture entraînant des frais extraordinaires fût soumise, dûment motivée, à son approbation.

Comme on l'a très justement dit, un nombre excessif de suppléments de nourriture dans un secteur prouve que le médecin traitant manque d'esprit d'économie ou que l'hôtelier fournit un régime alimentaire insuffisant ; dans l'un ou l'autre cas le service de l'internement doit intervenir.

Plusieurs œuvres ont été fondées pour permettre aux internés de revoir leur famille :

L'Œuvre de la Colonie suisse en France a été fondée à Paris

le 17 mai 1916 ; elle est soutenue par les Suisses établis en France et désireux de témoigner à ce pays leur sympathie et leur reconnaissance pour l'hospitalité dont ils y jouissent.

Elle a pour but d'accorder aux familles des militaires français internés en Suisse des facilités de voyage pour venir visiter les leurs. Le séjour en Suisse ne peut pas dépasser dix jours. A la fin de 1917, cette œuvre s'était occupée de 4816 internés et avait facilité le voyage auprès d'eux de 7522 membres de leurs familles, ce qui représente, dit une circulaire du président, M. Ph. Moricand, un total de 12.338 Français ayant eu la joie de se trouver réunis après une longue et douloureuse séparation.

En divisant le chiffre total des dépenses soit 229.630 par 12.882, on obtient une moyenne de 18 à 19 francs comme prix coûtant de chaque personne ayant bénéficié de l'œuvre.

Il a été aussi créé, sous les auspices de cette œuvre, un film cinématographique destiné à faire connaître, en France, la vie des internés et les principaux sites de la Suisse.

Lorsque, le 15 janvier 1917, les premiers convois de rapatriés arrivèrent au Bouveret (Valais, rive gauche du lac Léman), il se produisit, dans la population de ce village, un bel élan de charité ; mais il fallait une organisation et bientôt se fonda le Comité de l'« Œuvre des rapatriés » qui assura les quatre services du ravitaillement, du vestiaire, des colis, et enfin de l'hospitalisation des internés militaires pauvres retrouvant leur famille dans ces convois ; ce dernier service seul doit être mentionné ici ; il a pris le nom de « Bonheur familial ». Le Comité remarqua bien vite que d'assez nombreux militaires français, internés en Suisse, prévenus que leur famille se trouvait dans tel convoi de rapatriés, venaient au Bouveret pour passer quelques minutes avec les leurs ; mais ces minutes de revoir étaient trop brèves, les adieux déchirants ; le Comité décida de procurer à ces familles la possibilité de passer ensemble, dans un hôtel du Bouveret, cinq jours, et il a pris à sa charge les frais de ce séjour pour tous ceux qui ne sont pas fortunés. Le 4 juin 1917, le Médecin d'armée donnait son approbation à « cette œuvre essentiellement humanitaire » qui s'intitula le « Bonheur familial » et dont la présidence fut assumée par M. Benjamin Vallotton.

En septembre, l'œuvre du « Bonheur familial » était en plein fonctionnement : quotidiennement deux internés retrouvent leur famille, c'est-à-dire qu'une dizaine de personnes par jour sont réunies, et puisque le revoir dure cinq jours, les hôtes de notre pays, durant la durée des transports d'évacués, sont continuellement une cinquantaine. Le nombre des internés qui ont pu, grâce au « Bonheur familial » passer quelques jours avec leur famille, est de 161.

Il faut faire également mention de l'œuvre du « Revoir », fondée en mars 1916, par Mme Pittet-Grandjean, œuvre exclusivement française qui se rattache à la Croix-Rouge française ; le but en est de faire venir en Suisse la famille immédiate des internés nécessiteux, de reconstituer par une courte visite les liens de la famille et de relever le moral des internés. Jusqu'en décembre 1917, 325 internés avaient bénéficié de cette œuvre ; 410 personnes avaient voyagé et séjourné en Suisse, y compris les enfants au-dessous de 7 ans.

Les difficultés économiques par lesquelles passe la Suisse ont amené nos autorités à conclure que le chiffre des internés en Suisse ne devait pas dépasser de beaucoup trente mille ; d'autre part, les Etats d'origine des internés ont dû reconnaître qu'étant donné le renchérissement de la vie, l'allocation journalière payée aux hôteliers ne suffisait plus, et l'Allemagne et l'Autriche d'abord, avec effet rétroactif à partir du 1er janvier 1917, puis la France et la Belgique, avec effet rétroactif à partir du 1er juin, enfin l'Angleterre, avec effet rétroactif au 1er septembre 1917, ont consenti à payer aux propriétaires d'établissements un franc de plus, soit sept francs pour un officier, cinq francs pour un soldat ; une augmentation restait prévue pour les tuberculeux auxquels une suralimentation est nécessaire ; il peut être payé, en tout, au maximum neuf francs pour un officier et six francs pour un soldat.

En face de toutes les restrictions économiques s'abattant une à une, sur notre pays, l'opinion publique suisse ne voyait pas sans déplaisir les étrangers en grand nombre prendre les places dans les trains et consommer des provisions qui se faisaient rares ; elle s'en prenait non seulement, et à juste titre, aux indésirables, trop nombreux chez nous, mais elle s'en prenait aussi aux internés, leur faisant ainsi payer la faveur, parfois excessive, dont ils avaient joui au début.

Le Conseil fédéral prit, le 21 novembre 1917, un arrêté relatif à la police, à la frontière et au contrôle des étrangers. Cet arrêté, entré en vigueur le 20 décembre, tend à la limitation de l'entrée des étrangers dans notre pays ; tout étranger doit, pour entrer en Suisse, donner un motif ou invoquer une nécessité dûment attestée.

Parmi les étrangers (ordre du 21 janvier 1918), le Département fédéral de justice et police signalait le nombre considérable de ceux qui viennent visiter les internés et il établissait des règles pour l'accord du visa par les légations et consulats. Pour une visite unique à un interné, l'autorisation sera accordée, en première ligne, à ses père et mère, femme et enfants ; mais la visite de deux ou trois personnes seulement d'une seule et même famille pourra être autorisée. La durée du séjour devra être limitée de 6 à 10 jours. Tous les autres parents ne pourront qu'exceptionnellement recevoir l'autorisation en question, et à la condition qu'il n'existe pas de parents plus proches, ou bien que ceux-ci ne soient pas en état d'entreprendre le voyage. Plusieurs visites des mêmes personnes ne pourront plus être autorisées que dans des cas exceptionnels. Ces demandes d'exceptions devront être accompagnées de preuves de la nécessité du voyage (certificats médicaux, etc.).

Le Médecin d'armée faisait savoir que, pour tous les cas douteux qui pourraient se présenter relatifs à des visites de leurs parents domiciliés dans leur pays d'origine, les internés devront s'adresser à l'Office central fédéral de police des étrangers à Berne. Les chefs de secteurs, ou, en cas de nécessité, les commandants de place d'internement devaient, dans la mesure du possible, empêcher les demandes peu claires ou superflues.

Cet arrêté du Département fédéral de justice et police provoqua, on le comprend, un certain émoi : «Comment, disait-on, on tolère dans notre pays une foule d'indésirables qui, pour la plupart, mènent une vie luxueuse et exploitent d'une façon souvent éhontée nos ressources et qui, tous, nuisent au bon renom de notre pays, à la bonne façon de nos hôtels et de nos villes ; tandis que les réfractaires et les déserteurs profitent du droit d'asile pour un temps indéterminé, ceux qui ont défendu leur pays, qui ont souffert de plusieurs années de captivité, ceux-là qui, comme soldats, ont fait leur devoir et servi leur pays, n'auront le droit de voir leur famille que pendant quelques jours ? Puis ces femmes, ces mères, seront expulsées avant même que soit passée la première surprise du revoir ! Ne sont-elles pas un élément de moralité pour les internés ?»

Le service de l'internement, pour se rendre compte de ce qu'il y avait de légitime dans ces propos, a fait faire la statistique, au 25 février 1918, du nombre des internés et du nombre des visiteurs que ces internés attirent en Suisse.

Cette statistique a donné les résultats suivants :

NATIONALITÉS	Internés en établissem. y compris les hôpit. et les prisons	Intern. en appart. privé	Total	CIVILS VISITEURS			TRAVAILLEURS					Total
				Hommes	Femmes	Enfants en dessous de 16 ans	Classe III	Classe IV	Classe V	Étudiants	Classes I et II	
Allemagne	5748	4572	10320				3011	1528	33	826	4922	10320
Autriche .	227	49	276	25	1173	1023		49			227	276
Hongrie .	140	29	169					29			140	169
France . .	7886	4305	12191				1907	2065	333	1073	6813	12191
Belgique .	1388	573	1961	92	2510	2010	169	264	140	288	1100	1961
Angleterre	1537	371	1908				282	39	50	31	1506	1908
	16926	9899	26825	117	3683	3033	5369	3974	556	2218	14708	26825
					6833							

Total des civils visiteurs **6833**.

» des internés (classes III, IV et V, et étudiants) **12117**.

» des internés[1] (classes I et II) **14708**.

[1] Dans ce nombre sont compris les internés désignés pour travailler en classes III, IV et V, mais qui n'ont pas encore trouvé d'emploi.

Cette statistique, qui a fait l'objet d'un communiqué à la presse, peut se résumer ainsi :

Au 25 février 1918, il se trouvait en Suisse :

26,825 internés, dont 10,320 Allemands, 445 Austro-Hongrois, 12,191 Français, 1961 Belges et 1908 Anglais.

Il y avait en Suisse à la même date pour visiter les 10,765 Allemands et Austro-Hongrois :

25 hommes, 1173 femmes et 1023 enfants au-dessous de 16 ans ;

Pour visiter les 16,060 Anglais, Belges et Français :

92 hommes, 2510 femmes et 2010 enfants. Cela donne une moyenne pour 100 internés Anglais, Belges, Français, de 28 à 29 visiteurs et pour 100 internés Allemands et Austro-Hongrois de 20-21 visiteurs.

En résumé, l'internement (26,825 internés plus 6,833 visiteurs) représente 33,658 bouches étrangères, soit 8 à 9 pour mille de la population totale de la Suisse.

Les conditions économiques de la Suisse sont un sujet de légitimes préoccupations pour nos autorités, elles justifient pleinement les mesures tendant à limiter le nombre des étrangers ; mais il n'est que juste de reconnaître que l'augmentation du nombre de bouches à nourrir résultant de l'internement, est proportionnellement très faible, surtout si l'on tient compte de la grandeur du devoir humanitaire et librement consenti par nous que représente cet internement même.

CHAPITRE VI

Situation juridique de l'interné. — Discipline.

Situation juridique au point de vue civil[1].

Le domicile légal de l'interné est son domicile avant la guerre ; il n'a pas de domicile légal en Suisse et il n'y donc pas, en Suisse, de tribunal compétent pour les plaintes civiles déposées contre les internés, à l'exception des actions qui peuvent être introduites auprès du tribunal du domicile du demandeur, comme par exemple, l'action en paternité.

Le Département fédéral de justice et police étudie la création du for civil pour les internés.

[1] Voir *Premier Rapport,* 1916, p. 76.

En matière d'impôt, les Cantons étant souverains, la question de l'imposition des internés n'a pas pu être tranchée d'une façon uniforme dans toute la Suisse. En général, l'interné n'est imposé que sur le gain résultant de son travail, en raison du principe que l'ouvrier interné ne doit pas être placé dans une situation privilégiée vis-à-vis de l'ouvrier ordinaire qui, lui, est soumis à l'impôt.

Dans tous les cantons, la question de l'imposition de l'interné a été examinée. Certains cantons ont exonéré de tout impôt les internés et leur famille.

Dans les régions allemandes, il a été ouvert des sortes de bureaux de renseignements juridiques, d'offices sociaux, à la tête desquels sont des officiers allemands, auprès desquels les internés peuvent trouver conseil et appui pour leurs affaires privées; il existe six de ces bureaux; l'office central est à Bâle. On ne saurait trop insister sur l'utilité d'une semblable institution, tant au point de vue militaire qu'au point de vue social.

Situation juridique au point de vue pénal [1].

Les internés, qu'ils soient civils ou militaires, sont, comme prisonniers de guerre, soumis aux dispositions du code pénal militaire suisse (Art. 1er k).

On trouvera ci-après, aux pages 86 et 87, la statistique des délits commis par les internés et jugés par des tribunaux militaires du 1er janvier au 31 décembre 1917.

Discipline.

Pour la plupart des internés, une éducation, une rééducation ou une réadaptation à la vie sociale est nécessaire, qui n'est

[1] Voir *Premier Rapport*, 1916, p. 106.

possible que si elle a pour base une discipline stricte et intelligente[1].

Pour les Allemands[2] et pour les Anglais[3] il a été publié un petit guide ou manuel de l'interné; c'est une chose excellente et il serait désirable qu'il fût fait quelque chose d'analogue pour les internés français et belges. L'*Almanach des Internés Français*[4] en tient lieu en quelque mesure, mais les instructions indispensables aux internés s'y trouvent un peu perdues.

En 1917, la discipline a été certainement meilleure qu'en 1916, très spécialement parmi les internés anglais; les causes de cette amélioration générale sont faciles à discerner. D'abord la population suisse s'est assagie, les internés n'avaient plus le charme de la nouveauté et les « marraines » d'internés ont pour ainsi dire disparu, grâce aux efforts du Médecin d'armée pour supprimer cette détestable institution (ordre du 2 février 1917); puis les rapatriements, les renvois en captivité ont débarrassé la Suisse de mauvais éléments, l'organisation du travail pour tous les internés valides a beaucoup contribué à améliorer la discipline, enfin le personnel dirigeant s'est fait la main à ce service nouveau et délicat. Ce n'est pas dire qu'au point de vue de la discipline, l'internement soit arrivé à la perfection; mais, comme dans toute unité, ce sont les indisciplinés qui, trop souvent de connivence avec des Suisses, font parler d'eux; les mauvaises têtes, les « fils à papa », les fainéants, les hommes de conduite ou de moralité douteuses se font remarquer, ils discréditent les éléments sains, tranquilles et travailleurs qui sont la grande majorité; et puis le bruit public exagère et généralise, d'autant plus que, souvent, l'engouement a fait place au dénigrement; l'opinion est toujours extrême.

---

[1] Voir *Premier Rapport,* 1916, p. 77.
[2] *Einführung in die Organisation der Internierung,* 24 p. in-12.
[3] *General Regulations for British prisoners of war interned in Switzerland,* 8 p. et *Special Regulations for British officers interned in Switzerland,* 4 p.
[4] Publié par le *Journal des internés français,* 1918.

ESPÈCES DE DÉLITS	GENRE ET DURÉE DE LA PEINE	ALLEMANDS			ANGLAIS			BELGES			FRANÇAIS		
		Off.	S.-off. et soldats	Civils	Off.	S.-off. et soldats	Civils	Off.	S.-off. et soldats	Civils	Off.	S.-off. et soldats	Civils
Insubordination . .	1 cas de 3 mois de prison											1	
	1 » 5 » » »		1										
Total .	2 cas.		1									1	
Violation des devoirs de service. .	1 cas de 13 mois de prison											1	
Viol	1 cas de 9 mois de prison											1	
	1 » 15 » » »											1	
	1 » 18 » » »					1						1	
	1 » 20 » » »												1
	1 » 3 ans de prison .											1	
Total .	5 cas.					1						3	1
Lésions corporelles et violences . . .	1 cas de 3 sem. de prison											1	
	1 » 2 mois » »		1										
	1 » 12 » » »								1				
Total .	3 cas.		1						1			1	
Incendie, dévastation, dégâts et dommages à la propriété d'autrui.	1 cas de 6 mois de prison					1							
	1 » 20 » » »								1				
Total .	2 cas.					1			1				

ESPÈCES DE DÉLITS	GENRE ET DURÉE DE LA PEINE	ALLEMANDS			ANGLAIS			BELGES			FRANÇAIS		
		Off.	S.-off. et soldats	Civils	Off.	S.-off. et soldats	Civils	Off.	S.-off. et soldats	Civils	Off.	S.-off. et soldats	Civils
Vol, etc	1 cas de 1 mois de prison											1	
	1 » 52 jours de prison											1	
	4 » 2 mois de prison								1			2	1
	1 » 2 ½ mois de prison											1	
	6 » 3 mois de prison								2			4	
	7 » 6 » » »		2			1						2	2
	1 » 7 » » »		1										
	3 » 8 » » »											3	
	1 » 9 » » »		1										
	2 » 10 » » »					1						1	
	4 » 12 » » »		3									1	
	1 » 13 » » »		1										
Total .	32 cas.		8			2			3			16	3
Malversation, etc .	1 cas de 8 jours de prison		1										
	3 » 2 mois » »					1						2	
	1 » 2 ½ mois de prison								1				
	1 » 3 mois de prison					1							
	1 » 4 » » »											1	
	5 » 6 » » »		2						1	1		1	
	2 » 7 » » »		2										
	4 » 8 » » »		1			2			1				
	3 » 12 » » »		1			2			1				
	1 » 16 » » »								1				
	1 » 18 » » »								1				
	1 » 4 ans de prison .												1
Total .	24 cas.		5	6		2			5	1		4	1
Atteinte à l'honneur .	1 cas de 3 mois de prison								1				
Espionnage . . .	1 cas de 3 sem. de prison								1				
	1 » 1 » » »											1	
Total .	2 cas.								1			1	

Dans les établissements, le concours des sous-officiers internés est absolument indispensable pour le maintien d'une bonne discipline, il ne serait pas juste de dire que ce concours est rare mais il n'est jamais trop effectif.

Dans les villes, le contrôle est très spécialement malaisé : on a découvert des internés qui avaient payé pour obtenir un contrat de travail fictif et qui, grâce à cette fraude et de complicité avec leurs employeurs qui ne sont pas les moins coupables dans l'affaire, menaient une vie qui était loin de contribuer au bon renom de leur patrie ; car, tout particulièrement à l'époque actuelle, chacun juge les pays sur les quelques ressortissants qu'il connaît.

Les commandants des régions, les commandants des places d'internement ont une rude tâche, la collaboration de la police locale est indispensable. Malheureusement, trop nombreuses encore sont les régions où les autorités civiles ne prêtent pas au service de l'internement un concours efficace. Une heure de police est fixée : les officiers internés sont astreints à l'heure de police civile ; pour les sous-officiers à partir de sergent (inclusivement) l'heure de police est 10 heures ; pour les hommes de troupe 9 ¹/₂ h. du soir (ordre du 2 février 1917).

L'interné militaire est astreint au port de l'uniforme : les internés étudiants à Berne et à Zurich sont autorisés à se mettre en civil pour suivre les cours ou travailler dans les laboratoires ; les internés militaires travaillant à l'Ambassade, dans les légations, consulats et bureaux de secours peuvent porter le costume civil pendant leur service. Les internés militaires de l'Entente occupés dans des consulats ou bureaux de secours se trouvant dans des secteurs d'internement des Puissances centrales ou des internés militaires des Puissances centrales occupés dans des consulats ou bureaux de secours se trouvant dans des secteurs de l'Entente, sont dispensés du port de l'uniforme, sauf à Berne, secteur d'internement mixte, où le port de l'uniforme est de rigueur pour tous les internés en dehors de leur travail régulier. Il a été pris pour les internés étudiants des Puissances centrales à Genève, Lausanne, Neuchâtel et pour les internés étudiants de l'Entente à Bâle des mesures spéciales. Là où il ne porte pas l'uniforme, l'interné est astreint au port d'un bouton aux couleurs nationales. A Genève, tout interné qu'il soit en uniforme ou non, doit porter ce bouton.

Enfin, l'interné doit avoir constamment sur lui une carte de légitimation[1] qu'il présente à la première réquisition d'un supérieur de l'armée suisse ou de l'armée à laquelle il appartient, ou d'un agent de l'autorité.

On comprend, sans qu'il soit nécessaire d'y insister, combien, dans une ville, il est aisé de déjouer ces moyens de contrôle et malaisé d'en user.

Par un ordre du 1er décembre 1917, tous les internés appartenant à la classe IV, quelle que soit leur situation, et tous les internés civils non payants, doivent porter un bouton aux couleurs de la nation à laquelle ils appartiennent.

Les internés doivent rendre les honneurs à leurs supérieurs nationaux, selon le règlement en vigueur dans leur propre armée; les commandants de place d'internement ont à veiller à ce que les internés ne sortent que dans une tenue absolument correcte. Sur une demande de la Légation d'Allemagne, il a dû être rappelé aux internés allemands qu'une tenue négligée n'était pas plus admise pour les internés que pour les soldats suisses.

Dès la fin de l'année (ordre du 8 janvier 1918), les officiers généraux internés en Suisse, à partir du grade de major général ou de général de brigade, ont été autorisés à porter la tenue civile et, en uniforme, à porter le sabre ou l'épée; les officiers, quel que soit leur grade, auxquels l'Etat capteur avait laissé leur épée, ont le droit de la porter en Suisse.

[1] Ordre du 17 janvier 1917. Voir *Premier Rapport*, 1916, p. 87.

Un interné a été condamné, d'accord avec l'Ambassade de France, à quinze jours d'arrêts de rigueur pour avoir indûment porté la croix de guerre.

Les congés peuvent être accordés par les commandants de région pour deux appels principaux. Au commencement de 1918, cette limite a été étendue jusqu'à trois jours. Toutes les demandes de congé dépassant cette limite doivent être adressées, par la voie du service, au Médecin d'armée. Seuls les organes suisses de l'internement peuvent accorder des congés ; il leur est ordonné de se montrer très sévères et de n'accorder des congés qu'en cas d'extrême nécessité.

Au début de 1917, le nombre des internés qui voyageaient était, malgré les mesures prises, encore trop grand ; il a fallu renouveler les ordres (17 janvier et 20 mars). A Pâques, à Pentecôte, au Jeûne fédéral, à Noël et au Jour de l'An, les permissions ont été supprimées ; une exception a été faite pour permettre aux internés israélites de célébrer leurs grandes fêtes du mois de septembre.

Les demandes de permissions, appuyées par de faux motifs, les voyages sans permission, sont sévèrement punis.

L'accès de certaines zones [1] est interdit aux internés ; en outre il a été défendu aux internés de l'Entente visitant le lac des Quatre-Cantons de descendre sur la rive droite du lac où se trouvent un grand nombre de secteurs d'internement des Puissances centrales. Des internés ont fait un usage abusif des cabanes du Club alpin et il a fallu leur rappeler qu'ils n'étaient pas chez eux, pas plus dans les cabanes de la haute montagne qu'en Suisse en général.

Il leur est également interdit de se promener à cheval et ils ne peuvent pratiquer l'équitation que dans les manèges.

Certains internés poussent leurs promenades trop loin et

[1] Voir *Premier Rapport*, 1916, p. 53 et ci-dessus, p. 66-67.

s'évadent; dès que le commandant de place a connaissance d'une évasion, il doit en informer l'autorité de police la plus rapprochée et le commandant de région; celui-ci informe le Médecin d'armée et la police cantonale. L'évadé, sitôt repris, est mis aux arrêts, il subit sa peine dans sa région, à moins que le cas ne soit trop grave.

Trop souvent des internés n'ont pas réfléchi que, par leurs récits ou par les lettres qu'ils écrivaient, ils risquaient de compromettre leurs camarades restés en captivité et il a fallu aussi le leur rappeler.

La surveillance dans les régions ne doit pas s'exercer seulement sur les internés, mais encore sur ceux qui entrent en relations avec eux. Trop de personnes, les unes bien intentionnées, les autres aux intentions moins pures, gravitent autour de l'internement. Ce sont, pour ne parler que de ces dernières, les agents qui se font payer, sous prétexte qu'ils ont obtenu l'internement d'un fils ou d'un mari; ils se procurent les noms des prisonniers en faveur desquels on a fait des démarches; ils vont vers les parents, obtiennent quelque argent, pour leurs menus frais disent-ils, et la promesse d'une forte somme si l'être aimé revient; quand il est arrivé, — le plus souvent sans qu'ils aient rien fait pour cela, — ils se présentent à la famille crédule et reconnaissante; celle-ci tient ses engagements, se gardera bien de trahir le nom de celui qu'elle croit un bienfaiteur et qui n'est qu'un filou. En France, de pauvres gens ont été ainsi indignement exploités. Le Conseil fédéral a pris contre ces escrocs, en date du 7 octobre 1917, un arrêté [1] qui a fait l'objet d'un communiqué à la presse suisse et étrangère. Ces escrocs encourent une peine qui peut aller jusqu'à deux ans de prison et jusqu'à 10,000 francs d'amende. Ce sale métier affecte les formes les plus variées; on

[1] Voir, ci-après, *Documents*, no XIV.

comprend quel discrédit jettent sur l'internement ceux qui le pratiquent.

Certains internés font du tort à l'internement par une sorte de bravade : ils disent aux personnes qui viennent s'informer d'un camarade resté en Allemagne : « Mais nous n'avons aucun mal, nous ne savons pas pourquoi nous sommes internés, tels de nos camarades restés en captivité sont bien plus malades que nous ; » et alors on crie au favoritisme, à l'ignorance, à la lâcheté des médecins suisses et les Suisses sont les premiers à dénigrer une institution à laquelle leur patrie doit peut-être son salut.

Il a fallu protéger les internés contre la propagande ; on leur a interdit d'assister à certaines réunions, par exemple aux conférences d'un avocat d'Anvers, tenant des discours contraires à la neutralité et aux intérêts d'une puissance dont la Suisse interne des ressortissants. On a pris des mesures avec l'aide de la poste de campagne pour que certaines feuilles, certaines brochures ayant un caractère très net de propagande ne fussent ni distribuées aux internés ni mises à leur portée dans les établissements.

Il a fallu interdire aux internés la participation aux bals publics, aux sauteries improvisées par le public indigène ; il leur est interdit de parler en public à moins d'autorisation spéciale. S'ils veulent parler sur la tombe d'un camarade, ils doivent soumettre le texte de leur discours ; s'ils organisent des courses ou une manifestation quelconque, le commandant de place doit être informé du programme dans le détail et exercer une stricte surveillance. De semblables ordres sont pleinement justifiés par le pénible incident du Grutli (2 octobre 1917).

Une sévère surveillance doit aussi être exercée sur les représentations données par des troupes d'amateurs internés.

Des internés ont été autorisés à donner, dans des établissements d'instruction, dans les universités suisses, des cours, des leçons ; ce sont là des conditions spéciales que les commandants de régions et le Médecin d'armée se réservent d'apprécier.

S'ils ne peuvent parler en public sans censure préventive, les internés peuvent encore moins écrire ; ils ne doivent pas insérer dans les journaux des demandes de place ou des annonces ; ils ne doivent pas publier des articles dans les journaux, ni se prêter à des interviews sur leur captivité, etc. Malheureusement, il y a eu des cas où des reporters ne se donnant pas comme tels, ont surpris la bonne foi de tel interné de marque ou ont accroché quelques lambeaux d'entretien et ont envoyé à leur journal un récit circonstancié d'une conversation qui a eu comme résultat de créer des ennuis à leur interlocuteur.

Le 16 mai 1918[1], il a paru un ordre complétant et précisant les ordres précédents relatifs au droit de publication des internés ; il leur est interdit de publier dans les journaux des articles et des annonces, de publier des volumes ou brochures ayant trait directement ou indirectement à la guerre ou à la politique. Tout volume, toute brochure, tout article de revue, traitant de sujets absolument étrangers à la politique ou à la guerre, doit être soumis en manuscrit au Médecin d'armée qui se réserve d'en autoriser ou d'en interdire la publication en Suisse ou à l'étranger et de prescrire telle coupure qui lui semblera nécessaire. Si l'autorisation est donnée, l'interné ne doit pas accompagner son nom de la qualification d'interné.

Les internés allemands et français ont un organe officiel : la *Deutsche Internierten-Zeitung* et le *Journal des Internés français* ; ils paraissent une fois par semaine. Ils sont soumis de la part du service de l'internement à une censure préventive. Il fallait éviter que des polémiques s'élevassent. Les internés ont à leur portée tous les journaux politiques qu'il peuvent désirer ; ce n'est pas un journal politique de plus qu'il leur faut : les journaux des internés doivent instruire l'interné sur les tâches qui lui incomberont après la guerre, sur les ressources et les besoins de son pays, sur la Suisse, ses mœurs, son histoire, ses insti-

[1] Voir, ci-après, *Documents,* n° XV.

tutions, sur l'internement ; enfin ils peuvent contenir toute une partie éducative, littéraire, morale, récréative ; en revanche tout ce qui est un appel à la haine, tout ce qui touche à la situation journalière des belligérants, aux représailles, aux causes de la guerre, à la politique et non seulement à la politique des Etats belligérants, mais encore à la politique des pays neutres et spécialement de la Suisse, a été absolument interdit. Ces instructions, données le 1er septembre 1917[1], n'ont pas été sans soulever quelques protestations, c'était inévitable ; le mieux eût été de s'y conformer franchement, plutôt que de chercher à les éluder, à se tenir sur les confins de ce qui est permis, et à discuter sur les mesures prises et sur les phrases ou articles effacés ; car, il ne faut pas l'oublier, la censure préventive est, par essence, toute puissante et ne peut admettre aucune discussion. Dans le domaine de la presse, comme dans d'autres domaines, les autorités suisses de l'internement n'admettront jamais que tel ressortissant d'une puissance étrangère exerce, sur ses décisions, un contrôle non prévu par les accords.

Au commencement de 1917, il a été fondé à Murren un journal pour les internés anglais ; il était rédigé et imprimé dans cette localité sous le titre de *Interned Bim*. A la fin de l'année 1917, les autorités anglaises qui s'occupent de l'internement ont décidé de donner à ce journal un caractère officiel ; il parut dès lors, sous le patronage de Son Excellence le Ministre d'Angleterre à Berne, sous le titre de *Britisch interned Magazine,* pour tous les internés anglais en Suisse ; puis le bureau du journal fut transféré à Vevey, où il est imprimé maintenant par une imprimerie suisse. Le chef de la subdivision Grande-Bretagne exerce la censure préventive. Ce journal où sont traités les sujets les plus divers ne touche jamais à la politique, à la guerre ou à la captivité.

[1] Voir, ci-après *Documents*, n° XV ; ces instructions ont été complétées par une lettre du 26 avril 1918 adressée à la rédaction de la *Deutsche Internierten-Zeitung*, et relative à l'interdiction d'articles concernant la politique des pays neutres, spécialement de la Suisse.

Les internés ont tout ce qu'il leur faut pour vivre, aussi le public a-t-il été informé qu'il ne devait faire aucun prêt à des prisonniers de guerre et que ceux-ci (ordre du 26 juin 1917) ne devaient ni solliciter un don, ni demander un secours ou contracter une dette. L'interné qui se rend coupable d'un fait semblable est puni disciplinairement ; le service de l'internement n'assume aucune responsabilité et ne garantit, en aucune façon, la solvabilité de ses ressortissants ; à deux reprises, il a été fait à ce sujet un communiqué à la presse (26 juin 1917 et 13 mai 1918).

Tout interné qui, pour se procurer des ressources, vend, met en gage ou se défait d'une façon quelconque, d'effets (uniformes, vêtements civils, souliers, etc.) qui lui ont été fournis par son pays d'origine, est déféré devant les tribunaux militaires et risque plusieurs mois de prison.

Beaucoup d'internés avaient obtenu la permission de vivre en famille[1] une sérieuse revision fut ordonnée et l'autorisation a dû être retirée à tous ceux pour lesquels les circonstances qui leur avaient valu cette autorisation avaient changé ou qui se sont montrés indignes de jouir plus longtemps de ce privilège.

Il n'a été rien changé au sujet des peines disciplinaires infligées aux internés[2].

La peine la plus grave est toujours le renvoi en captivité. Cette peine est prononcée par le Département politique sur la proposition du Médecin d'armée. Il semble, à l'expérience, qu'elle devrait être appliquée plus fréquemment.

Renvois en captivité en 1917.

| | Allemands | | | | | |
	venant de France	venant d'Angleterre	Anglais	Belges	Français	Total
Sous-offic. et soldats	6	1	2	—	36	45
Civils	5	—	—	3	9	17
Total	11	1	2	3	45	62

[1] Voir *Premier Rapport*, 1916, p. 86.
[2] *Ibidem*, 1916, p. 89.

Un civil et trois soldats français renvoyés en Allemagne ont été de nouveau renvoyés d'Allemagne en Suisse comme internés. Devions-nous admettre chez nous ces récidivistes de l'internement ? En été 1918, le Département politique a décidé que les internés renvoyés en captivité ne pouvaient plus être de nouveau internés.

Chez les internés, comme dans le reste de l'humanité, la part de la santé est difficile à faire dans l'appréciation des fautes ; le cas s'est présenté d'un interné renvoyé en captivité après avoir subi nombre de peines pour indiscipline et insubordination ; à peine revenu dans l'Etat capteur, il a été reconnu atteint d'aliénation mentale et il a été rapatrié. Evidemment, le médecin traitant n'avait pas fait preuve d'une grande perspicacité, mais c'est un des innombrables faits qui prouvent — si la preuve est encore à faire — que la justice est d'une pratique difficile.

Le mariage des internés a été réglementé administrativement, en revanche le principe du mariage des internés avec des Suissesses a fait l'objet de discussions.

Un jour, un interné qui s'était promené avec une jeune fille suisse, fut grossièrement pris à partie dans une feuille suisse locale : il n'avait pas la peau de la même couleur que le rédacteur du journal en question, c'était son seul tort. Un interné de couleur se promener avec une Suissesse et peut-être l'épouser ! Quelque temps après paraissait, dans le *Journal des Internés,* un article excellent et parfaitement courtois, engageant les Français à réserver leur cœur pour les Françaises, très nombreuses, qui les attendent de l'autre côté de la frontière, et la même petite feuille locale de tonner contre ce journal français qui insulte les Suissesses. Le *Journal des Internés* est, en principe, dans le vrai, quoique nous ne nous permettions pas de blâmer les exceptions très honorables qui ont pu être faites. Nous réservons notre blâme pour les cas, trop fréquents, de ceux qui ont fait des promesses de mariage qu'ils n'ont pas tenues et pour celles qui, avec une légèreté coupable, ont cru à ces promesses et qui ont ainsi amené le déshonneur dans les familles.

Parmi les internés, la cause d'indiscipline la plus grave et la plus générale est l'alcool ; cela ressort avec évidence de tous les rapports mensuels. La Suisse a, à cet égard, une lourde responsabilité; elle ne semble pas toujours comprise et trop nombreux sont encore chez nous, dans toutes les classes de la population, ceux qui estiment qu'un homme qui ne boit pas n'est pas un homme et à plus forte raison pas un soldat, ceux qui fournissent en cachette de l'alcool aux internés et qui ne sont contents que lorsqu'ils sont arrivés à faire perdre tout ou partie de leur bon sens à leurs censés amis. Belle amitié vraiment !

Dans le petit guide des internés allemands[1], l'ordre du Médecin d'armée du 30 novembre 1916 est reproduit, interdisant toute consommation d'alcool pendant la journée; mais la lutte contre sa majesté l'alcool et ses ministres les cafetiers est difficile à mener.

Si le pourcentage est facile à établir des peines infligées pour ivresse notoire, le pourcentage pour alcoolisme est presque impossible à faire parce que l'alcoolisme n'est que cause indirecte, mais le plus souvent efficiente, pour la plus grande partie des fautes, rixes, scandales, rentrées tardives, etc.; on peut dire que les cas d'ivresse représentent le 10 au 25 % des punitions, et que l'alcoolisme et la fréquentation des cafés sont la cause du 30 au 60 % des punitions.

Les peines infligées aux officiers internés (consigne, arrêts, blâme) ont été au nombre de 10 à 20 du côté de l'Entente comme du côté des Puissances centrales.

La statistique des peines disciplinaires infligées aux sous-officiers et soldats des diverses nationalités est la suivante :

[1] *Einführung in die Organisation der Internierung*, p. 5.

7

	Interdiction de fréquenter les auberges, de consommer des boissons alcooliq.				Consigne (en général au lit pour tuberculeux)			Arrêts à la salle de police					Transfert dans établissements pour alcooliques	Transfert à Duillier		Détention à Witzwil, Kalchrain, prison de Berne, etc.					Transfert dans une région écartée	Renvoi en captivité	TOTAL
	pend. 1 mois ou moins	pend. 2 mois 1 u moins	pend. 3 mois ou moins	pendant plus de 3 mois	pour 5 jours ou moins	pour 10 jours ou moins	pour plus de 10 jours	pour 2 jours	pour 5 jours ou moins	pour 10 jours	pour 20 jours ou moins	pour plus de 20 jours	durée en général indéterminée	pour 8 jours	durée indéterminée	pour 20 jours ou moins	pour 30 jours	pour 40 jours	pour 50 jours	pour 60 jours			
Allemands — S.-offic. et soldats	200	29	2	16	411	180	82	348	651	420	123	27	31	—	—	23	9	18	—	15	5	7	2597
civils	6	—	1	1	29	9	9	19	46	35	16	3	1	—	—	—	1	1	—	2	2	5	186
Anglais — S.-offic. et soldats	—	—	—	15	182	92	9	43	118	215	80	30	40	—	—	—	4	1	5	12	22	2	870
Belges — S.-offic. et soldats	1	—	—	—	322	178	54	81	170	188	22	7	4	—	7	40	3	—	—	7	8	—	1092
civils	—	—	—	—	39	16	6	16	56	34	3	4	—	—	6	4	—	—	—	1	—	3	188
Français — S.-offic. et soldats	107	—	2	—	1533	573	93	595	1273	1017	221	61	50	2	118	249	24	—	4	13	41	36	6012
civils	8	—	—	—	191	84	19	114	219	135	21	8	8	—	24	23	5	—	1	—	7	9	876
TOTAL	322	29	5	32	2707	1132	272	1216	2533	2044	486	140	134	2	155	339	46	20	10	50	85	62	11821

D'après le tableau ci-dessus, il y a eu, durant l'année 1917, 11821 punitions infligées à des internés,

Sur ce nombre :

6888 punitions soit le 58,27 % ont atteints des Français
2783   »   »   23,55 %   »   »   » Allemands
1280   »   »   10,82 %   »   »   » Belges
870   »   »   7,36 %   »   »   » Anglais

Pour apprécier justement cette proportion des punitions il faut connaître, d'autre part, la proportion des sous-officiers, soldats et civils de chaque nation ayant séjourné comme internés en Suisse durant l'année 1917 ; elle est la suivante :

Français   51,54 %
Allemands et Austro-Hongrois   35,35 %
Belges   6,5 %
Anglais   6,61 %

Il ne faut pas oublier que les punitions tombent toujours sur les mêmes et que, en réalité, le nombre des punis est infiniment moindre que le nombre des punitions.

Les alcooliques chroniques sont envoyés dans des établissements pour alcooliques : Gimel, Lucens, Signal de Bougy et Felsenheim près Sachseln ; en 1917, on en a fondé un nouveau à Kienthal dans l'Oberland B.

Les alcooliques occasionnels sont envoyés au camp disciplinaire de Duillier ainsi que les indisciplinés et les insoumis. Enfin, ceux dont ces divers stages n'ont pas pu faire façon, sont envoyés à la colonie pénitentiaire de Witzwil (internés de l'Entente) ou à la *Zwangs-Arbeit-Anstalt* de Kalchrain (internés des Puissances centrales).

Etablissements pour alcooliques.

Les établissements pour alcooliques, comme ils étaient organisés en 1916, n'étaient qu'une demi-mesure[1] ; aussi a-t-il fallu fermer la plupart d'entre eux.

[1] Voir *Premier Rapport,* 1916, p. 92-93.

Gimel (Vaud)[1].

L'établissement de Gimel a été ouvert en novembre 1916 ; il ne s'y trouve que des Belges et des Français ; au début, il y a eu quelques Anglais.

Mois	FRANÇAIS			BELGES			Effectif total
	Entrées	Sorties	Effectif	Entrées	Sorties	Effectif	
31 décembre 1916			63			10	73
Janvier 1917	26	29	60	6	9	7	67
Février	13	18	55	4	7	4	59
Mars	20	35	40	8	1	11	51
Avril	9	30	19	4	4	11	30
Mai	5	24	—	—	11	—	—

Gimel n'a été utilisé comme établissement spécial pour alcooliques que jusqu'à la fin de mai.

Les punitions tombaient toujours sur les mêmes. Il n'a pas été fait usage de la salle de police, les punis étaient envoyés à la prison d'Aubonne ou au cachot. La plus grande partie des punitions ont eu pour cause l'ivresse.

		BELGES	FRANÇAIS
Arrêts	5 jours	8	11
	10 »	7	10
	20 »	6	8
	30 »	1	1
Transferts	à Kienthal		3
	à Duillier		1
Prison de Berne 20 jours		10	5

Pour encourager ceux qui se conduisaient bien, on les autorisait à sortir plus tôt le dimanche ; un ordre journalier était établi. Beaucoup d'hommes travaillaient (classe III) chez les agriculteurs des environs ; 4 ou 5 hommes se sont évadés dans le désir de rentrer en France.

[1] Voir *Premier Rapport,* 1916, p. 93.

L'état sanitaire était bon. Les promenades étaient difficiles à organiser, les hommes n'aimant pas marcher.

Il y a eu, environ tous les quinze jours, une conférence organisée par la Commission romande. Des difficultés ont surgi du fait de la cohabitation, dans le même établissement, de Belges et de Français, quoiqu'ils fussent logés à des étages différents.

Le but poursuivi de corriger des alcooliques en les privant d'alcool ne peut pas être atteint dans des établissements de ce genre. Ce ne sont pas tant des alcooliques qui se sont fait du bien à Gimel que de fortes têtes, dont d'autres secteurs voulaient se débarrasser, et qui n'auraient pas dû être envoyés dans celui-ci. Les hommes étant libres dans les limites du village, de 4 à 6 heures 3o, la population indigène en profitait pour faire boire les internés, ces pauvres martyrs que le service de l'internement voulait priver d'alcool !

Lucens (Vaud) [1].

Ce secteur a été occupé par des alcooliques jusqu'à la fin de juin.

Mois	FRANÇAIS			BELGES			Effectif total
	Entrées	Sorties	Effectif	Entrées	Sorties	Effectif	
31 décembre 1916.	—	—	40	—	—	6	46
Janvier 1917 . .	9	10	39	—	1	5	44
Février	18	29	28	3	4	4	32
Mars	12	8	32	1	5	—	32
Avril	6	3	35	—	—	—	35
Mai	15	5	45	—	—	—	45
Juin	17	27	35	2	—	2	37
3o juin	—	35	—	—	2	—	—

Toutes les fautes contre la discipline, les évasions, ont eu pour cause l'alcool ou les femmes. Les hommes capables de travailler étaient occupés, en classe III, chez des particuliers ou à la culture maraîchère. Il avait été établi deux centres de culture ; les

[1] Voir *Premier rapport*, 1916, p. 95-96.

hommes aimaient à y travailler et le travail a eu, comme toujours, une heureuse influence sur la discipline ; ainsi, tandis qu'au mois de février il avait été infligé 38 punitions, il n'y en a plus eu que 16 en mars et 7 en avril ; cette amélioration correspond avec la mise en culture des terrains. Un essai d'atelier de jouets n'a pas réussi. Les promenades, sous la direction d'un sous-officier, ont été la seule récréation appréciée.

A Lucens, il y a eu les mêmes difficultés qu'à Gimel ; la population témoignait la bonté de son cœur envers les internés, les hommes en les faisant boire et les femmes autrement ; scandales, plaintes ; la police locale ne voulait pas sévir, et, le 3o juin, l'établissement pour alcooliques fut fermé.

Signal de Bougy (Vaud) [1].

Cet établissement a été réservé aux Anglais ; jusqu'au 3o juin il était attaché à la région de Montreux ; du 1er juillet au 10 novembre il fut attaché à la région de Château-d'Œx.

Mois	ANGLAIS		Effectif.
	Entrées	Sorties	
1er janvier . .	—	—	49
31 janvier . .	14	5	58
28 février . .	24	24	58
31 mars . . .	3	4	57
3o avril . . .	—	2	55
31 mai . . .	2	8	49
3o juin . . .	—	1	48
31 juillet . .	2	9	41
31 août . . .	17	12	46
3o septembre .	3	12	37
31 octobre . .	1	4	34
10 novembre .	—	2	32

Le 10 novembre, l'établissement a été fermé pour concentrer les Anglais à Château-d'Œx. Les hommes du Signal de Bougy ont été réunis à Rossinière où l'effectif a été :

[1] Voir *Premier Rapport*, 1916, p. 96.

	Augment.	Diminution	Effectif
Au 30 novembre .	—	—	10
Au 31 décembre .	9	10	9

A Bougy, un ordre journalier était établi. La plus grande partie des peines disciplinaires avaient pour cause l'ivresse.

Consigne	5
Salle de police, 5 jours au moins. . .	14
» » 10 » » . . .	39
» » 20 » » . . .	12
Prison, 30-60 jours.	8
Prison d'Orbe, 60 jours	5

Le secteur de Bougy avait environ 800 mètres de circonférence ; les sorties en dehors du secteur se faisaient sous surveillance ; l'entrée dans les cafés et l'accès du village étaient interdits.

Des promenades, des marches militaires, le foot-ball étaient prévus comme récréations et des travaux manuels en cas de mauvais temps. En hiver, les hommes ont été employés aux travaux de déblaiement de la neige, au printemps aux travaux des vignes, des routes, etc. L'état sanitaire était bon. Le but de l'établissement de Bougy était, dit le rapport, d'empêcher les internés de boire *trop* d'alcool. Utopie que cela ! Trop n'est pas une notion philosophique, ce qui est trop pour les uns n'est pas trop pour d'autres. Le seul moyen, pour des alcooliques, de ne pas boire trop d'alcool, c'est de n'en pas boire du tout ; tout alcoolique sincère et dans son bon sens fait cet aveu : « Dès que je mets le nez dans un verre, je redeviens fou. »

A Bougy, la surveillance était très difficile ; les internés achetaient de l'alcool aux civils, et, pour se procurer de l'argent, vendaient même leurs effets militaires.

L'organisation, à Rossinière, est plus satisfaisante ; l'ordre journalier est le même, la surveillance plus facile ; il y a eu, en décembre, trois punitions pour ivresse. Les hommes fréquentent assidûment le foyer du soldat, ils y font de la musique, y trouvent des jeux, de la lecture, du thé, du café, du chocolat et des petits gâteaux ; comme travaux, ils s'occupent surtout à préparer du bois de chauffage. L'état sanitaire est bon, sauf pour quelques buveurs invétérés qui souffrent de leur intempérance ; l'un en est mort.

Kienthal (Berne).

Les établissements pour alcooliques français et belges ayant tous été fermés, parce que n'atteignant pas le but qu'on s'était proposé, un nouvel essai a été tenté : un établissement a été ouvert à Kienthal sur le modèle de ce qui se fait, pour l'Armée, à la ferme de Walten au Hauenstein, sous la direction distinguée du lieutenant Buchter, secrétaire d'Etat-major.

Relever l'alcoolique à ses propres yeux, le persuader qu'il peut vivre sans s'adonner à son vice, l'encourager, lui faire croire à sa force de résistance en lui faisant confiance, joindre à cela une surveillance beaucoup plus stricte, telle était la tâche, délicate entre toutes, qui s'imposait au chef de Kienthal et à ses subordonnés suisses.

Deux conditions étaient nécessaires : le retrait de l'argent de poche aux internés et — condition absolue — l'abstinence totale de tous, Suisses et internés.

L'établissement de Kienthal fut ouvert le 20 mars, sous les plus fâcheux auspices, mais, déjà en août, la marche s'améliora et devint tout à fait normale dès l'arrivée, le 1er octobre, d'un officier remplissant les fonctions de commandant de place. L'installation matérielle était bonne, la discipline également, grâce à une surveillance constante qui s'exerçait aussi sur les sorties.

Aucun travail n'était imposé ; celui qui d'abord ne veut pas travailler finit toujours, l'ennui et l'exemple aidant, par venir demander du travail, c'est alors le moment de l'encourager, de lui donner une tâche qui lui plaise et de réveiller en lui l'amour-propre qui le poussera à bien faire.

Lectures, jeux, courses, soirées musicales, conférences, ont été les récréations habituelles.

L'état sanitaire a été bon, et chez tous les pensionnaires de Kienthal on a pu constater une grande amélioration physique.

Mois		FRANÇAIS Entrées	Sorties	Effect.	BELGES Entrées	Sorties	Effect.	Effectif total
Mars	1917	15	—	15	—	—	—	15
Avril	»	4	—	19	2	—	2	21
Mai	»	3	2	20	6	1	7	27
Juin	»	9	1	28	3	2	8	36
Juillet	»	6	4	30	2	2	8	38
Août	»	2	5	27	2	1	9	36
Septembre	»	6	14	19	—	5	4	23
Octobre	»	7	—	26	—	1	3	29
Novembre	»	4	2	28	2	1	4	32
Décembre	»	6	5	29	—	—	4	33
Janvier	1918	5	4	30	1	2	3	33
Février	»	7	—	37	1	—	4	41
Mars	»	7	4	40	—	1	3	43
Avril	»	5	11	34	—	1	2	36

Si le but poursuivi à Kienthal n'a pas été pleinement atteint, si l'établissement a dû être fermé le 10 juin 1918, il y a à cela des causes profondes. Il aurait fallu que Kienthal ne fût pas un camp disciplinaire, mais uniquement un établissement de relèvement où des alcooliques invétérés pussent faire un séjour très prolongé ; or, un tiers seulement des pensionnaires de Kienthal était de véritables alcooliques ; il n'eût, malheureusement, pas été difficile d'en trouver davantage dans les régions ; en les envoyant à Kienthal les régions eussent été épurées et le service — sinon les cafetiers — y eussent gagné. Il a été envoyé trop souvent à Kienthal des hommes qui n'auraient pas dû y être et trop souvent ceux qui auraient dû y être sont restés dans les régions.

De plus, le travail régulier est le meilleur remède à l'alcoolisme et particulièrement le travail en plein air ; il faudrait qu'un établissement de ce genre fût installé dans une ferme isolée que les internés exploiteraient eux-mêmes, sous une administration suisse. Ce qui a manqué à Kienthal c'est un travail, une exploitation à laquelle tous les pensionnaires s'intéressassent et fussent intéressés ; lorsque l'affaire eût été lancée, que les premiers arrivés auraient pris l'entreprise à cœur, ils auraient eux-mêmes fait l'éducation des nouveaux pensionnaires.

Des établissements dans le genre de ceux de Kienthal et de Walten doivent être considérés comme de première importance et de première utilité pour l'internement comme pour l'Armée.

Il faut arriver à ce que la lutte contre l'alcoolisme soit comprise et tenue en honneur par tout le personnel de l'internement, par toute l'Armée, par la population toute entière ; il faudrait que les moyens employés contre un des plus dangereux ennemis de notre pays, fussent connus, afin d'être employés judicieusement ; il faudrait, avant tout, que cette lutte fût considérée comme un devoir et l'alcoolique comme un malade digne d'intérêt et non pas simplement de punitions ou de mépris.

Weissenburg-Bad.

Au commencement de 1917, il fut décidé de transférer, par mesure disciplinaire, aux bains de Weissenburg où se trouvaient déjà des internés, des internés tuberculeux alcooliques français et belges ; il en fut envoyé de Duillier et de Montana ; quelques-uns ont été aussi envoyés de Goldiwil et de Leysin. La moyenne mensuelle est de six environ.

Les alcooliques n'y sont pas traités différemment des autres internés qui s'y trouvent ; on les fait travailler dans l'établissement ou à l'atelier ; environ les deux tiers de ceux qui ont été pour alcoolisme transférés à Weissenburg ont pu, grâce à leur bonne conduite, être rayés de la liste des alcooliques, pour reprendre leur place, dans l'établissement, parmi les autres internés. Environ un tiers des alcooliques invétérés, après avoir été punis disciplinairement, ont été renvoyés à Duillier.

Ce n'est qu'à un petit nombre de ces alcooliques tuberculeux qu'il a fallu des soins spéciaux ; l'état de la plupart d'entre eux est satisfaisant.

L'établissement des bains de Weissenburg, par sa position écartée, se prête bien à une station disciplinaire ; les autorités militaires chargées de la surveillance logent dans la maison même et peuvent exercer un contrôle continuel.

Felsenheim près Sachseln (Unterwald) [1].

Felsenheim est un établissement pour internés alcooliques allemands ; il y a été envoyé, outre les buveurs et les épileptiques, des neurasthéniques et des tuberculeux à peu près guéris, pour lesquels on pouvait, de la privation totale d'alcool, espérer de bons résultats ; en effet, les résultats ont été satisfaisants.

Ce n'est pas sans difficultés que l'abstinence a été imposée aux pensionnaires de Felsenheim ; encore ici, les civils ont cherché à fournir de l'alcool à ceux qui avaient de l'argent ; des paysans ont été punis pour avoir vendu de l'alcool sans patente ; quelques internés ont cherché à se procurer de l'alcool et à entraîner les autres ; ils ont été transférés à Kalchrain.

Pour les épileptiques, dont la maladie provenait souvent d'effets de terreur ou de traumatisme et certainement aussi de l'alcool, l'abstinence et le séjour paisible à Felsenheim ont eu d'heureux effets, les crises ont beaucoup diminué, chez d'autres elles ont disparu.

Les deux tiers de ceux qui séjournent à Felsenheim peuvent être considérés comme alcooliques, ou candidats à l'alcoolisme de plus ou moins ancienne date. Une partie d'entre eux reconnaissent leur état, acceptent volontiers l'abstinence, d'autres considèrent leur envoi à Felsenheim comme un transfert pour motif disciplinaire, mais finissent par se soumettre. Trois ou quatre seulement peuvent être considérés comme incurables.

[1] Voir *Premier Rapport,* 1916, p. 97.

Les internés civils (peintres, musiciens, dentistes, ouvriers) sont un très mauvais élément. Il a fallu en envoyer plusieurs à Kalchrain, à défaut d'un établissement de guérison pour civils alcooliques, qui serait préférable.

En général, à Felsenheim, on cherche à éclairer le buveur et à le persuader plutôt qu'à agir sur lui par la force. Il est fâcheux que Felsenheim soit considéré, dans les régions d'internement, comme un établissement disciplinaire, cela humilie ceux qui y sont envoyés. Felsenheim est un établissement pour guérir et non pour punir.

Jamais des buveurs ne devraient être, après quelques semaines seulement, transférés en classe IV ; ils succombent facilement à la tentation et recommencent à boire ; quiconque connaît le traitement des buveurs sait qu'il faut bien des mois, pour ne pas dire des années, pour être assuré de leur guérison ; le travail en plein air, à la campagne et dans les bois, est excellent, et à Felsenheim on cherche à employer à ce travail le plus grand nombre possible des pensionnaires.

Mois		Entrées	Sorties	Sous-offic.	Soldats	Civils	Total
				EFFECTIF			
Décembre 1916				3	23	5	31
Janvier	1917	18	18	3	20	8	31
Février	»	12	8	2	27	6	35
Mars	»	11	10	2	26	8	36
Avril	»	11	13	2	26	6	34
Mai	»	2	10	2	21	3	26
Juin	»	3	3	2	21	3	26
Juillet	»	8	9	2	21	2	25
Août	»	13	8	3	25	2	30
Septembre	»	5	13	3	17	2	22
Octobre	»	6	4	4	17	3	24
Novembre	»	5	12	3	13	1	17
Décembre	»	4	4	2	14	1	17

Il y a eu à Felsenheim huit cas d'évasion, mais les évadés sont revenus d'eux-mêmes sans que la police s'en mêlât. La vie est réglée par un ordre journalier. Les promenades sont plus appréciées en hiver qu'en été où l'on vit beaucoup en plein air.

Les peines disciplinaires ont été les suivantes [1] : 9 hommes ont été mis à la salle de police pour 2 à 5 jours, 19 pour 5 à 10 jours, 5 pour 10 à 20 jours et 3 ont été transférés à Kalchrain pour 40 jours.

L'état sanitaire est bon ; il n'y a pas eu un seul cas de maladie grave, malgré le peu de force de résistance de quelques-uns.

Etablissements disciplinaires.

Camp disciplinaire de Duillier (C. D. D.) [2] (Vaud).

Le camp de Duillier, où les premiers pensionnaires sont arrivés le 30 décembre 1916, a subi un développement continuel au cours de l'année 1917. En janvier et février, la plupart des internés ont été occupés à arranger les environs immédiats du camp ou à parachever les installations intérieures. A côté de la seule baraque existante (de 35 m. sur 12 m.) s'élevèrent d'abord deux hangars, l'un pour abriter la lessiverie et la forge, l'autre pour servir de dépôt d'outils. Au début du printemps, deux autres baraques furent élevées ; la première servait d'atelier de menuiserie ; la seconde, contenant cinq pièces, était destinée à recevoir le bureau, le magasin d'habillement, l'atelier des tailleurs et cordonniers, le bureau de poste et, enfin, tous les bagages retirés aux pensionnaires, parce que trop volumineux pour prendre place dans le dortoir. Deux mois plus tard, s'ouvrit encore une nouvelle baraque. Les chambres de sous-officiers, le dortoir de la garde, le corps de garde et l'infirmerie y furent transportés, ce qui permit d'agrandir les pièces de l'ancienne construction et

[1] Elles ne sont pas comprises dans le tableau ci-dessus, p. 98.
[2] Voir *Premier Rapport*, 1916, p. 99 et suiv.

d'installer un nouveau dortoir pour les pensionnaires et une chambre pour loger les quelques libérés que le camp gardait comme employés. L'effectif pouvait ainsi s'élever à 150 au lieu de 104 qu'il était au début.

Les trois cachots, accolés à l'atelier de menuiserie, étaient insuffisants en nombre et en solidité ; les détenus les avaient, en effet, plus d'une fois en partie démolis. Il a été donc construit une maison en béton, dont le rez-de-chaussée offre, de chaque côté d'un couloir central, quatre cellules. Le premier étage, qui pourrait être transformé en locaux d'arrêts, est employé comme entrepôt pour diverses provisions de ménage.

Enfin, en vue des provisions de pommes de terre pour l'hiver, une cave a été creusée, et recouverte d'une dalle de béton sur laquelle pourra s'élever une nouvelle construction, si le besoin s'en fait sentir.

Au point de vue financier, le camp a été construit presque entièrement avec ses propres ressources. L'internement a fait une avance de 20,000 francs qui a permis de payer les premières factures. Le camp, considéré comme un hôtel, a reçu d'abord 4 puis 5 francs par interné, et il a employé les bénéfices à payer les frais de construction et d'installation. Comme les baraques ont été construites successivement en l'espace d'un an, cette manière de faire a permis de payer les factures au fur et à mesure ; en décembre 1917, les dernières notes reçues étaient réglées. Il ne restait plus alors qu'une dette envers l'internement de 20,000 francs, qu'il fallait amortir. Malheureusement, les vivres deviennent de plus en plus chers, des réparations assez onéreuses s'imposent et la situation financière s'en ressent.

Le mouvement des entrées et des sorties en 1917 a été le suivant :

MOIS 1917	Français					Belges					EFFECTIF TOTAL
	Entrées		Sorties		Effectif	Entrées		Sorties		Effectif	
	Soldats	Civils	Soldats	Civils		Soldats	Civils	Soldats	Civils		
Janvier. . . .	68	9	3	—	74	—	—	—	—	—	74
Février . . .	8	—	4	1	77	—	—	—	—	—	77
Mars	25	5	19	1	87	—	—	—	—	—	87
Avril	42	2	20	4	107	—	—	—	—	—	107
Mai.	27	7	15	4	122	—	—	—	—	—	122
Juin	28	11	13	—	148	10	5	—	—	15	163
Juillet . . .	21	1	30	3	137	—	—	2	—	13	150
Août	33	6	66	10	100	—	2	2	2	11	111
Septembre . .	35	2	39	2	96	—	—	5	—	6	102
Octobre . . .	37	7	18	8	114	—	—	—	2	4	118
Novembre . .	16	1	20	3	108	—	—	1	1	2	110
Décembre . .	14	3	21	1	103	1	2	—	1	4	107

Le total des entrées au camp a été de 428. Il faut toutefois tenir compte du fait que certains hommes, libérés du
camp après un premier séjour, ont dû y être ramenés pour
ivresse, indiscipline ou scandale. Le nombre des individus ayant
passé par le camp est ainsi réduit à 333.

La durée moyenne du séjour à Duillier est de 4,7 mois.
Dans ce calcul, les hommes ayant fait plusieurs séjours au camp
sont comptés comme autant d'unités différentes, car il ne serait
pas juste d'augmenter cette moyenne à cause d'une centaine
d'internés qui, se conduisant mal, ont dû être transférés plusieurs fois au camp. Sauf dans certains cas spéciaux, la durée
du séjour n'est pas fixée d'avance. Duillier, en effet, est plutôt
un camp de relèvement qu'un camp de punition et, depuis la
fermeture de Kienthal, il devra de plus en plus être considéré
comme un camp de relèvement. Les internés y sont envoyés pour
y faire une cure ; ils y sont absolument sevrés d'alcool, soumis à
une discipline spéciale et à un travail méthodique au grand air.

Chaque mois, dans une séance à laquelle les cadres du camp, le chef du service juridique et disciplinaire de l'internement et l'officier français président de la commission régionale prennent part, tous les hommes du camp sont passés en revue, au point de vue de leur travail, de leur conduite et de leur mentalité ; ils reçoivent une note qualificative qui est portée sur leur fiche personnelle. Lorsque, après quelques-unes de ces séances, il ressort des fiches qualificatives que l'homme s'est amélioré et qu'il paraît capable de faire un meilleur usage qu'auparavant de sa liberté, il sort de Duillier et rentre dans un établissement de la région ou est transféré en classe IV et placé chez un patron à proximité. Le commandant du camp fait spécialement surveiller les hommes qui ont quitté le camp ; cette surveillance contribue à les maintenir dans la bonne voie et permet, en outre, de prendre les sanctions nécessaires, dès qu'un homme retombe dans ses anciens errements. En effet, les internés du camp sont prévenus que, s'ils se conduisent mal après leur libération, ils y seront ramenés d'urgence. Cette mesure est appliquée avec d'autant plus de sévérité que la rechute est plus rapprochée de la libération. Le commandant de camp agit avec plus de bienveillance et de patience envers celui qui s'est bien conduit pendant deux mois et qui, après cela, retombe par un coup de surprise, qu'envers celui qui s'enivre le soir même du jour où il a été libéré.

Les motifs les plus fréquents de séjour au camp de Duillier sont : ivresse répétée et grave, scandale, injures aux autorités, résistance à la police, voies de fait, habitudes incorrigibles de rentrer en retard et souvent ivre, indiscipline grave, refus d'obéissance, évasions, vols, etc...

Dans la règle, tous les vols devraient faire l'objet d'un jugement du tribunal militaire, mais il est des cas dans lesquels le larcin n'étant pas très grave, ou ayant eu lieu dans des circonstances spéciales, on peut punir l'interné disciplinairement et lui éviter ainsi un casier judiciaire. De même, certaines fautes qui auraient dû relever du tribunal civil, ont aussi été punies d'un envoi au camp disciplinaire de Duillier. Dans la règle, ce ne sont que les multi-récidivistes qui sont envoyés à Duillier, mais il y a eu, toutefois, deux ou trois exceptions lorsqu'il s'agissait de cas d'indiscipline spécialement graves.

Autrefois, les cas graves d'indiscipline étaient envoyés à Witzwil, les cas d'alcoolisme dans des établissements spéciaux (Henniez, Lucens, Gimel). Ces derniers établissements se montrèrent insuffisants et c'est pourquoi il fut décidé de créer un camp disciplinaire qui servît d'intermédiaire entre les établissements pour alcooliques et Witzwil. Puis, les établissements pour alcooliques ayant été supprimés, ils furent remplacés par l'établissement de Kienthal; les plus mauvais éléments de Lucens et Gimel furent envoyés à Duillier, les meilleurs à Kienthal. De même, Witzwil ne recevant plus de Français ni de Belges, Duillier dut recevoir tous les internés qu'on envoyait auparavant à la section disciplinaire du pénitencier de Witzwil. C'est ainsi que le camp de Duillier a pris une extension qui n'avait pas été prévue au début.

On pourrait voir de grands inconvénients, au point de vue moral, à ce mélange, à Duillier, des hommes qui devraient être dans un pénitencier et de ceux qui étaient envoyés dans un établissement pour alcooliques. Il y a certainement là un danger auquel il ne peut être paré qu'en accentuant pour Duillier le caractère d'établissement de relèvement, en distinguant nettement ces deux catégories et en encourageant, par certaines mesures, les éléments les meilleurs, de telle sorte qu'ils puissent, eux-mêmes, exercer une influence sur les éléments plus mauvais.

Le médecin du camp décide dans quelle catégorie de travaux les hommes peuvent être occupés, il distingue:

a) ceux qui sont aptes aux gros travaux;

b) ceux qui sont aptes aux travaux moyens;

c) ceux qui sont aptes aux travaux légers;

d) ceux qui sont inaptes à tout travail.

8

Le principal travail consiste en drainages et assainissement d'un terrain situé près d'un camp. Les hommes de la catégorie *a* sont occupés aux drainages, ceux de la catégorie *b* au remblayage des fossés ou à la culture des terrains assainis, ceux de la catégorie *c* à l'épluchage des légumes, au service de la vaisselle, etc.

Au camp disciplinaire de Duillier, le travail est considéré comme un service commandé et n'est pas rétribué. Toutefois, il a été créé un fonds de « primes d'encouragement » qui permet au commandant du camp d'accorder des primes à ceux qui ont donné satisfaction au point de vue discipline et travail. Pour fixer cette prime, il est tenu compte de la conduite de l'interné et de la durée de son séjour ; l'interné ne reçoit pas d'emblée une prime très élevée. Cette dernière varie de 5 à 25 francs par mois. La plupart des internés fournissent un travail satisfaisant ; pour le 10 % d'entre eux environ, ce travail peut être qualifié de très satisfaisant. Le 30 à 40 % travaille généralement mal au début, mais progresse avec plus ou moins de bonne volonté ; le nombre des hommes travaillant intentionnellement mal n'est pas très élevé ; il s'en rencontre, cependant, plusieurs qui refusent obstinément tout travail ; des cas de sabotage ont été constatés.

Dans la règle, ne sont envoyés à Duillier que des hommes relativement bien portants, c'est-à-dire au sujet desquels le chef du service disciplinaire a eu en mains une déclaration du médecin (éventuellement l'observation de malade) d'où il ressort que l'homme peut travailler et n'est pas tuberculeux. Dans les cas douteux, le dossier est soumis au commandant du camp qui juge de la possibilité de l'admission de l'intéressé. Des blessés incapables de travailler ont été admis au camp, ce sont des non-valeurs, mais ils ne s'y font point de mal et n'en font point aux autres.

Malgré ces précautions, il arrive parfois que des hommes envoyés à Duillier soient reconnus malades. Le médecin du camp, qui suit les internés avec beaucoup d'attention, reconnaît parfois certaines bronchites comme tuberculeuses ou suspectes ; ces cas sont de suite transférés à la section disciplinaire de Weissenburg [1].

D'une manière générale, à Duillier, l'état sanitaire est bon. Souvent, la vie au grand air fait, au début, maigrir un peu les hommes, mais presque tous reprennent vite leur poids, et nombreux sont ceux qui le dépassent ensuite progressivement. Les affections les plus fréquemment constatées au camp sont :

1. Les bronchites, que du reste plusieurs entretiennent artificiellement en fumant, pour faire un séjour à l'infirmerie plutôt que d'aller aux chantiers ;

2. Les affections de l'estomac ; beaucoup d'internés, en effet, ont eu l'estomac délabré par le régime de la captivité ; ils ont été d'abord plus ou moins rétablis en Suisse, mais comme, grâce au travail, ils ont, à Duillier, un plus fort appétit, leur estomac se fatigue de nouveau ; quelques hommes ont dû, de ce fait, être envoyés à l'hôpital ; d'autres ont été mis, provisoirement, dans un établissement de la région, car il n'est pas possible de faire au camp une cuisine spéciale.

Comme accidents de travail un peu sérieux, il n'y a eu qu'une fracture de jambe due à un éboulement.

Les peines disciplinaires ont été les suivantes [2] : 44 hommes ont été mis à la salle de police pour 2 à 5 jours, 22 pour 5 à 10 jours et 9 pour 10 à 20 jours. 6 ont passé par la prison de Berne.

On peut diviser les internés de Duillier en deux catégories : les améliorables et les incorrigibles.

1. Quelques-uns des améliorables se font remarquer, dès l'arrivée au camp, par une attitude correcte et un bon travail ; ce sont ceux pour lesquels le séjour est le moins long ; un grand nombre d'entre eux ont continué à se bien conduire après leur libération ; ceux qui ont dû être ramenés au camp n'ont été qu'une

[1] Voir ci-dessus, p. 106.
[2] Elles ne sont pas comprises dans le tableau ci-dessus, p. 98.

infime minorité. D'autres semblent, au début, pleins de mauvaise volonté ; après deux ou trois mois, ils commencent à donner satisfaction. Chez ceux-ci, les résultats définitifs sont moins bons, chez plusieurs l'amélioration n'est que factice, ils jouent la comédie pour obtenir leur libération. A peu près la moitié sont ramenés au camp dans la suite.

2. Les incorrigibles font, en général, un séjour au camp de cinq à huit mois ; ils sont libérés plutôt par droit d'ancienneté que pour un autre motif ; nombreux sont ceux qui doivent être ramenés au camp, souvent déjà le lendemain de leur libération. Parmi les incorrigibles, il en est quelques-uns qui ont été libérés en désespoir de cause ; ils ne cherchaient pas à s'amender, mais ils étaient découragés, et le meilleur moyen de leur aider était de les libérer, quitte à les faire revenir peu après, en cas de scandale. Car, alors, ils ne peuvent plus accuser le commandant du camp de mauvais vouloir envers eux, ils ne peuvent s'en prendre qu'à eux-mêmes.

Certaines personnes estiment que c'est une erreur d'envoyer des internés à Duillier pour un temps indéterminé ; on dit que cette incertitude est décourageante pour eux. C'est peut-être vrai pour un petit nombre ; mais, pour la plupart, le fait que la durée de leur séjour dépend uniquement de leur conduite est bien plutôt un encouragement à se comporter correctement. De plus, le camp de Duillier étant autant un établissement de relèvement que de punition, le commandant du camp doit, pour la libération, pouvoir tenir compte de la conduite des internés. Si la durée était déterminée d'avance, le commandant serait beaucoup trop limité ; dans la grande majorité des cas, il serait obligé de demander la prolongation ou la diminution de la durée prescrite, cela rendrait absolument illusoire la fixation de la peine, et donnerait, aux mesures prises par le commandant du camp, une apparence d'arbitraire.

Les hommes libérés de Duillier sont souvent envoyés à Saint-Cergue ; là, ils restent sous la surveillance du commandant de la région qui peut les suivre en attendant qu'ils aient trouvé une occupation. Il est arrivé que des hommes sortant de Duillier se soient améliorés une fois en liberté à Saint-Cergue.

D'aucuns ont voulu voir, dans le séjour au camp, un abaissement de la personnalité morale de l'interné. Cette idée est erronée. Un grand nombre, il est vrai, sont honteux d'y être envoyés, mais ceux-ci, en général, se comportent bien et sont amenés à constater qu'ils sont traités comme des hommes ayant un sens moral, et non pas comme des êtres méprisables ou comme des ennemis ; ils se font si bien à la vie du camp que plusieurs d'entre eux demandent à y rester comme employés après leur libération. Ceux qui prétendent qu'il y a abaissement moral sont précisément ceux qui se conduisent mal, qui se mettent souvent en contradiction avec les règlements, et qui, pour cela même, sont punis et se sentent toujours surveillés de beaucoup plus près que les autres.

Il s'agit là d'individus tarés, pour lesquels on ne peut pas parler d'abaissement moral, mais auxquels il faut montrer qu'ils sont sous une main ferme et qu'ils doivent obéir. Il en est, du reste, qui mettent leur amour-propre dans des questions très superficielles : quelques-uns, par exemple, déclarent qu'ils ne veulent pas qu'on leur coupe les cheveux pendant qu'ils sont au camp, et, lorsque survient l'ordre de tailler les cheveux, ils prétendent que c'est la plus grande humiliation qu'on puisse leur imposer.

Actuellement, la moyenne des internés en Suisse semble être, au point de vue disciplinaire, beaucoup meilleure qu'il y a un an. Les transferts au camp sont moins nombreux ; d'après ce qui a été constaté d'une manière générale, cela tient au fait que dans les premiers convois venus d'Allemagne il y avait beaucoup plus d'indésirables que dans les convois suivants. Un grand nombre de ces indisciplinés ont été rapatriés ou renvoyés en captivité, de sorte que l'internement a été épuré. Il est à prévoir que le nombre des candidats au camp continuera à diminuer avec les libérations et les conditions plus larges de rapatriement et que le camp ne pourra plus continuer sur le même pied. Si les effectifs se maintiennent, les travaux pourront être terminés vers le milieu de 1919; l'internement existera-t-il encore à ce moment?

Colonie pénitentiaire de Witzwil[1] (Berne).

L'internement disciplinaire à Witzwil des prisonniers de guerre de l'Entente a pris fin en novembre 1917, le rapatriement des internés qui y étaient ayant pu s'effectuer successivement en septembre, octobre et novembre; ceux qui n'ont pas pu être rapatriés ont été envoyés à Duillier; ils étaient si peu nombreux que cela ne valait plus la peine de maintenir toute une organisation pour ces quelques internés.

	ANGLAIS		FRANÇAIS				BELGES			
	Entrées	Sorties	Entrées		Sorties		Entrées		Sorties	
	Soldats	*Soldats*	*Soldats*	*Civils*	*Soldats*	*Civils*	*Soldats*	*Civils*	*Soldats*	*Civils*
Etat au 31 déc. 1916	8	—	12	7	—	—	3	1	—	—
Janvier 1917	14	8	5	1	7	1	—	1	3	—
Février . .	—	—	2	4	3	3	—	—	—	—
Mars. . .	3	5	6	1	7	6	2	—	—	—
Avril . .	1	4	1	1	1	1	—	1	—	1
Mai . . .	4	6	—	—	4	2	5	1	1	1
Juin . . .	1	2	—	—	3	—	2	1	—	—
Juillet . .	12	4	1	—	1	1	1	1	3	1
Août . . .	2	2	2	—	—	—	1	—	4	2
Septembre.	2	11	—	—	—	—	1	1	—	1
Octobre .	1	3	1	—	3	—	—	1	2	—
Novembre.	—	3	—	—	1	—	—	—	2	2
Décembre.	1	—	—	—	—	—	—	—	—	—
	49	48	30	14	30	14	15	8	15	8
Etat au 31 déc. 1917	1	—	—	—	—	—	—	—	—	—

[1] Voir *Premier Rapport*, 1916, p. 101 et suiv.

Durée du séjour.

1 interné pendant 1 semaine				9 internés pendant 12 semaines					
1	»	»	3	»	6	»	»	13	»
2	»	»	4	»	3	»	»	14	»
3	»	»	5	»	9	»	»	15	»
2	»	»	6	»	3	»	»	16	»
4	»	»	7	»	1	»	»	17	»
7	»	»	8	»	2	»	»	18	»
9	»	»	9	»	1	»	»	19	»
8	»	»	10	»	1	»	»	23	»
10	»	»	11	»					

La durée moyenne du séjour à Witzwil a été de 11 semaines.

Les principaux motifs d'internement disciplinaire sont l'abus de boissons alcooliques, les rixes, les bagarres, etc.

Sur la demande expresse du major de la Harpe, chef de la subdivision britannique de l'internement, un premier soldat anglais a été interné à Witzwil en décembre, puis plusieurs ensuite ; en février 1918, ils étaient au nombre de sept. A cette époque, le nombre des lits disponibles pour internés était de 20. Les internés sont logés dans le pavillon affecté aux soldats suisses en punitions disciplinaires et ils sont soumis au même régime que ces derniers.

Les internés ont été occupés à des travaux faciles : en hiver à la préparation et aux expéditions des légumes, pendant la bonne saison aux travaux des jardins potagers et à quelques petits travaux de réfection. Plusieurs des internés ont montré beaucoup de zèle au travail, aussi leur a-t-on donné de petits postes de confiance, soit pour le jardinage, soit pour le camionnage ; d'autres vont au travail pour faire acte de présence et pour qu'on ne puisse pas dire qu'ils ne font rien.

L'état de santé en 1917 a été plus satisfaisant qu'en 1916 et on a constaté, pendant leur séjour, une augmentation de poids chez la plupart des internés. Pour tous, la vie régulière et la suppression de toute boisson alcoolique ont produit des effets salutaires sur leur état physique et moral.

Cependant, plusieurs hommes ont été atteints de crises épileptiformes assez fréquentes. Toutes les mesures ont été prises pour qu'il n'arrivât pas d'accident ; cela n'a pas toujours été facile, l'établissement de Witzwil n'étant pas aménagé comme un hôpital. Il semble que ces malheureux, auxquels pourraient être adjoints ceux dont l'abus de l'alcool a altéré l'état mental (plusieurs étaient dans ce cas), devraient être groupés dans un établissement où ils seraient soumis à un régime spécial et à une surveillance spéciale pour prévenir tout accident. La visite médicale a lieu chaque semaine et le docteur s'efforce de distinguer ceux qui sont vraiment souffrants de ceux qui ne viennent à lui que dans l'espoir d'obtenir une amélioration à leur régime alimentaire.

« Nous pouvons confirmer en tous points, écrit le distingué directeur de Witzwil, ce que nous disions dans notre précédent rapport [1] au sujet de la bonne influence qu'a, pour la santé des internés, la vie régulière qu'ils sont obligés de mener ici ; malheureusement, nous devons reconnaître qu'il y en a peu qui, à leur sortie, conservent les habitudes de sobriété qu'ils ont été obligés de prendre ici et dont ils se trouveraient pourtant fort bien. Plusieurs, dont la conduite n'avait pas laissé à désirer, se sont si mal conduits par la suite, qu'ils ont dû être renvoyés en Allemagne ; d'autres nous reviennent et nous avons pu constater, comme nous l'avions déjà observé l'an dernier, que l'amélioration qui se produit dans leur état pendant leur séjour à Witzwil, disparaît assez facilement par suite de la vie irrégulière qu'ils mènent de nouveau dès leur sortie. En juin 1917, deux internés qui, pendant un précédent séjour, avaient augmenté de 5 kilos et de 3 ½ kilos, nous sont revenus, après un stage de quelques mois au Signal de Bougy, ayant diminué

---

[1] Voir *Premier Rapport*, 1916, p. 103.

l'un de 5 kilos, l'autre de 4 kilos. Ces chiffres sont assez éloquents pour se passer de commentaires.

« Trois internés ont été transférés en classe IV et travaillent régulièrement, tous les autres ont été placés, à leur sortie d'ici, dans des établissements spéciaux : Gimel, Bougy, Duillier et Kienthal.

« La conduite a été généralement meilleure qu'en 1916, et ce n'est que rarement qu'il a fallu prendre des mesures disciplinaires spéciales.

« Malgré les préoccupations qu'ont tous ces hommes, dont la captivité se prolonge d'une façon pénible par le fait de l'éloignement dans lequel ils se trouvent de leurs familles, leur état moral est bon. Ils supportent avec courage les mauvaises nouvelles qui leur arrivent quelquefois et le manque de nouvelles, qui est la plus cruelle des épreuves.

« En résumé, il n'est parvenu que rarement à la direction de Witzwil des plaintes contre ses anciens pensionnaires. Quelques-uns ont témoigné, par lettres, leur reconnaissance pour la façon dont ils ont été traités ; même parmi les rapatriés, il s'en est trouvé qui ont écrit à la direction de Witzwil.

« Le fait de procurer du travail aux internés est le meilleur moyen de lutter contre la mauvaise conduite qu'entraîne, pour beaucoup, l'oisiveté forcée dans laquelle ils se trouvent. Si, avec cela, notre population voulait bien exercer, à l'égard de nos hôtes, une hospitalité plus en rapport avec leur état de santé, on se rapprocherait davantage du but de l'internement, qui est de rendre à leurs pays respectifs des hommes dont la santé se soit raffermie chez nous. »

Colonie de travail de Kalchrain [1] (Thurgovie).
(Zwangs-Arbeits-Anstalt).

La colonie de travail de Kalchrain reçoit les internés des Puissances centrales ; la discipline, parmi eux, n'a pas rencontré

---

[1] Voir *Premier Rapport*, 1916, p. 104.

de grandes difficultés ; cela tient à ce que les hommes ne peuvent pas consommer d'alcool et à ce que — même le dimanche — ils ne peuvent pas sortir librement ; l'alcool et les sorties sont à l'origine de tous les actes d'indiscipline et la cause de tous les transferts dans des maisons de correction ; un élément important de tranquillité et d'ordre est le travail journalier auquel les hommes sont astreints. On leur fait exécuter des travaux agricoles faciles et légers, proportionnés à leurs forces ; il est vrai que, trop souvent, ils cherchent à s'y dérober sous de faux prétextes de maladie ; mais l'obligation de rester enfermés dans une chambre, l'ennui et, peut-être aussi, une certaine honte vis-à-vis de leurs camarades qui travaillent, ont en général vite raison de ces essais de simulation.

MOIS		ENTRÉES		SORTIES		EFFECTIF
		Soldats	Civils	Soldats	Civils	
31 décembre 1916		—	—	—	—	14
Janvier	1917	7	—	3	1	17
Février	»	1	1	5	2	12
Mars	»	3	1	6	—	10
Avril	»	3	3	4	—	12
Mai	»	5	1	1	—	17
Juin	»	2	3	4	2	16
Juillet	»	8	—	3	3	18
Août	»	3	—	4	—	17
Septembre	»	1	—	1	3	14
Octobre	»	4	—	8	1	9
Novembre	»	3	1	4	—	9
Décembre	»	4	—	3	—	10

CHAPITRE VII

Psychologie des internés.

Maladies. — Opérations. — Traitements [1]

Observations sur la psychologie des internés. — Tuberculeux. — Opérations. — Hôpital de Lucerne. — Hôpital de Fribourg. — Cliniques diverses. — Feuilles d'observation. — Maladies contagieuses. — Malaria. — Maladies vénériennes. — Aliénés. — Cocaïnomanie. — Névrose de tremblement. — Prothèses, appareils orthopédiques. — Prothèses oculaires. — Soins et prothèses dentaires. — Etablissements d'électro-, d'hélio-, de mécano- et d'hydrothérapie.

Si l'on est tenté d'oublier que les internés sont des prisonniers, l'on oublie aussi trop souvent que ce sont des malades. L'on entend dire de toutes parts, par des internés eux-mêmes, qu'ils ne sont pas malades, qu'ils n'ont aucun mal. Suivant le degré d'ignorance ou de propension à l'exagération de tel interlocuteur, ce serait même la plupart des internés qui seraient bien portants et on en conclut que l'internement n'est que du favoritisme. On comprend combien de semblables jugements sont injurieux pour les médecins suisses et pour le service entier

---

[1] Voir *Premier Rapport*, 1916, p. 110 et suiv. — Pour ce chapitre nous avons eu, maintes fois, recours aux *Instructions à l'usage des officiers sanitaires dirigeants et des médecins traitants du Service de l'Internement*, rédigées déjà en 1917 par le Major Vuilleumier, approuvées par le Médecin d'armée et qui n'ont paru, remises au point à mesure que l'impression tardait, qu'en août 1918.

de l'internement qui ne serait qu'un ouvroir de faveurs et par conséquent d'injustices.

On ignore, on veut ignorer ou on oublie que, dès le début de l'internement, il a été établi des catégories de maladies ou de blessures qui seules donnaient droit à l'internement. Ces catégories ont été modifiées, élargies ; à ce point de vue, le fait le plus important a été l'admission, au nombre des maladies motivant l'internement, de la psychasthénie des prisonniers de guerre ; celle-ci est définie dans une note française du 18 mai 1917 : « La dépression morale et physique que produit la captivité indéfiniment prolongée. Elle est accompagnée de désordres objectifs tels qu'amaigrissement, troubles dyspeptiques et intestinaux tenaces, troubles circulatoires et, en particulier, fréquence ou irrégularité du pouls, hypotension artérielle, insomnie ou céphalée persistantes. »

Les internés qui ne sont ni blessés, ni atteints d'une maladie dûment constatée et qui se plaisent ou qu'on se plaît à qualifier de bien portants sont atteints psychiquement ; leur personnalité est altérée plus ou moins profondément et d'une façon plus ou moins durable.

Les prisonniers de guerre et les internés constituent un champ d'étude tout nouveau. Deux médecins, M. le professeur Robert Bing, neurologue, et M. le docteur Adolphe-L. Vischer, de Bâle, ont bien voulu, sur notre demande, consigner et mettre à la portée du public, dans les quelques pages qui suivent, le résultat de leurs observations sur la psychologie des internés. Nous les en remercions sincèrement. Ces pages contribueront à faire comprendre l'internement, parce qu'elles feront connaître l'interné.

Quelques observations sur la psychologie des internés.

Toute condition d'existence sortant de l'ordinaire, et à laquelle des agglomérations humaines se voient contraintes, réagit à bref délai sur la mentalité de celles-ci. Nous voyons alors des influences externes identiques imprimer, à ceux sur lesquels elles s'exercent, certains caractères psychiques d'une similitude souvent frappante.

Nous citerons, à titre d'exemples, les intéressantes observations qui ont été faites parmi les équipages de voiliers pendant des voyages au long cours, parmi les membres d'expéditions arctiques pris dans la banquise durant l'interminable nuit polaire, parmi les déportés des bagnes sibériens. Mais c'est bien la vie des innombrables prisonniers de guerre parqués dans des camps de concentration qui constitue le plus vaste champ d'étude de ce phénomène psychologique.

Ici, il ne s'agit plus uniquement du développement d'une mentalité collective plus ou moins stéréotypée, mais, dans des cas relativement très nombreux — soit en raison de l'intensité et de la durée extraordinaire des influences nocives, soit à cause de la labilité nerveuse de certains captifs — de l'éclosion d'un état maladif, d'une psychonévrose extrêmement caractéristique, pour laquelle on a créé le nom symbolique de « psychose du fil de fer barbelé », en allemand *Stacheldrahtkrankheit*, en anglais *barbed wire disease*.

Cette désignation paraît être née en Suisse, sans qu'on puisse toutefois en indiquer l'origine exacte [1] ; elle s'est si bien accréditée qu'elle figure déjà dans des traités internationaux, par exemple au paragraphe 4 de la Convention germano-britannique de La Haye sur l'internement des prisonniers de guerre en Suisse (juillet 1917).

L'un de nous a consacré, à cet état maladif, une étude monographique détaillée [2]. Nous nous bornerons ici à une esquisse sommaire.

---

[1] Voir, ci-dessus, p. 5, l'origine de ce terme.

[2] A.-L. Vischer, *Die Stacheldrahtkrankheit*, Zurich, 1918, in-8 de 55 p. On peut signaler aussi du Dr A. Repond, *L'hystérie chez les prisonniers de guerre internés en Suisse*, dans les *Archives suisses de neurologie et de psychiatrie*, t. III, fasc. I, Zurich, 1918.

Les trois causes fondamentales qui agissent sur les prisonniers de guerre sont : la privation de liberté, l'entassement des captifs les uns sur les autres et la durée inconnue de leur détention.

On leur limite l'espace par des clôtures et l'emploi de leur temps par des règlements sévères. Ils ne peuvent écrire qu'une fois par semaine, et pas ce qu'ils voudraient ; leur correspondance est lue au départ et à l'arrivée. L'attente toujours renouvelée des lettres et des paquets qui arrivent fort irrégulièrement devient une vraie obsession. N'ayant plus la possibilité de rapports avec l'autre sexe, ils sont en proie à des désirs irréalisables, et il en résulte, très souvent, des aberrations génésiques sur lesquelles nous n'insistons pas.

Condamnés à vivre dans une société toujours semblable, quoique hétéroclite, ils ne peuvent s'isoler et chaque acte de leur vie, si intime soit-il, s'étale aux yeux de tout leur entourage. L'agacement résultant de cette promiscuité grégaire agit particulièrement sur les âmes délicates.

Toutes ces souffrances ont une durée illimitée. Ce n'est pas le cas pour le détenu qui entrevoit la date de son élargissement. Non seulement le prisonnier de guerre suit avec anxiété les communiqués des journaux qui lui semblent promettre la paix, mais il désire également pouvoir bénéficier de l'internement en pays neutre. Tout sa pensée se concentre donc sur cette espérance de salut, dont l'intensité varie selon les chances réelles ou imaginaires qu'il entrevoit.

Au début, les prisonniers cherchent, dans une activité fébrile, un dérivatif à toutes ces tristesses, que viennent encore aggraver le souvenir de tant d'horreurs vécues, toutes sortes de soucis pour l'avenir et la nostalgie des absents qui leur sont chers. Des écoles s'ouvrent, des cercles se forment ; des conférences, des représentations théâtrales, des concerts sont organisés ; la passion du jeu sévit. Mais, petit à petit, le monde extérieur s'efface et disparaît, et les prisonniers vivent dans une sorte de pénombre morne et grise, où toutes les notes sont assourdies et baissées d'un ton. Les sensations s'émoussent et font place à l'apathie. Même les événements de guerre ne sont plus suivis que de très loin et avec un médiocre intérêt.

Tel est le terrain duquel surgissent, chez un très grand nombre de prisonniers, les symptômes d'une neurasthénie *sui generis,* symptômes plus marqués chez les uns, plus discrets chez les autres, mais qu'on peut discerner chez la plupart de ceux qui ont vécu plus de six mois derrière l'enclos barbelé, et qui atteignent une intensité considérable chez le dix pour cent environ des captifs.

Tout d'abord, une irritabilité exagérée se manifeste. Les hommes ne supportent plus la moindre contradiction, deviennent irascibles, raisonneurs et têtus, et font preuve, dans leurs interminables discussions, d'un manque de jugement qui est caractéristique. Les rixes sont fréquentes.

Puis, la concentration intellectuelle devient très difficile. La « fatigabilité » pathologique intellectuelle, qui souvent rend impossible la lecture suivie de quelques pages d'un livre, peut avoir son pendant dans le domaine des fonctions motrices ; dans ces cas-là, le prisonnier renonce délibérément aux petites promenades auxquelles il aurait droit.

Phénomène d'une constance frappante : les prisonniers se plaignent de perdre la mémoire des noms de personne ou de localité, en tant que ceux-ci se rapportent à des faits antérieurs à la guerre. Nous aurons à revenir sur ce point d'un intérêt tout particulier.

Comme symptômes de second ordre, on peut mentionner d'abord l'insomnie ; elle sévit dans un grand nombre de camps, dans d'autres elle ne joue pas de rôle particulier. Quelques prisonniers se plaignent d'une diminution de la vue ; cette asthénopie se manifeste notamment à la lumière artificielle. Beaucoup d'entre eux deviennent extrêmement méfiants. Tous ont une tendance marquée à broyer du noir et à envisager, avec pessimisme, chaque événement de leur vie journalière; les plus atteints restent souvent trois ou quatre jours sans proférer une parole, plongés dans une espèce de torpeur. L'impuissance sexuelle est très fréquente.

Tous ces symptômes, une fois établis, restent en général stationnaires et ne diminuent qu'exceptionnellement, tant que dure la captivité.

Mais ici intervient l'internement en pays neutre, qui permet, pour un nombre malheureusement très restreint de ces malades, d'abréger la durée de la captivité. Nous nous sommes intéressés à l'influence qu'exerce ce transfert sur les anomalies psychiques et nerveuses que nous venons de passer en revue, et nous résumerons ici nos observations à ce sujet. M. le Dr Clément, médecin en chef de l'Etablissement sanitaire pour internés à Fribourg, voudra bien agréer nos meilleurs remerciements pour tout l'intérêt qu'il a porté à nos recherches, et pour l'obligeance avec laquelle, au cours de notre stage à cet hôpital, il nous les a facilitées.

L'internement est quelque chose de tout à fait nouveau ; on pouvait espérer que, par son moyen, se réaliserait ce dicton *cessante causa, cessat effectus* et que tous les troubles psychiques et nerveux dus à la captivité disparaîtraient rapidement en pays neutre. Cet optimisme ne s'est toutefois justifié que dans une certaine mesure, par exemple en ce qui concerne l'irritabilité maladive qui disparaît généralement dès les premières semaines passées sur le sol helvétique.

En revanche, un symptôme qui persiste très longtemps et qui ne s'amende que petit à petit, est l'instabilité intellectuelle et l'insuffisance des facultés de concentration. Les internés britanniques désignent cet état du terme très caractéristique *difficulty to settle down*. Ce n'est qu'au prix des plus grands efforts que beaucoup d'internés parviennent à s'occuper d'une façon suivie, et à se maintenir dans un même ordre d'idées. Et ce n'est pas seulement le travail proprement dit dont il s'agit ici ; très souvent, il leur est même impossible d'assister à une représentation cinématographique, car celle-ci amène bientôt un épuisement qui se traduit par une agitation croissante ; ils ne tiennent plus en place et doivent finalement quitter la salle.

Les troubles de la mémoire, extrêmement fréquents, même chez des internés ayant très longtemps séjourné en Suisse, sont peut-être la constatation la plus remarquable qu'il nous a été donné de faire. Ce symptôme, dont celui qui en est atteint est conscient, est très facile à discerner objectivement à l'examen psychologique ; il se distingue des autres manifestations mentales de la psychonévrose des prisonniers de guerre et des internés, par le fait qu'il est, à l'encontre de celles-ci, tout à fait étranger à la neurasthénie banale et qu'il imprime, par conséquent, un cachet individuel à la variété de nervosisme qui nous occupe.

Nous avons dit, plus haut, que ces amnésies concernent des faits antérieurs à la guerre. En voici quelques exemples, nous pourrions les multiplier :

Un sergent-major a oublié le nom du colonel qui commandait son régiment depuis 1913 et n'a pas pu se le rappeler jusqu'à présent. Plusieurs internés ne parviennent plus à retrouver le prénom de leur père, de leur mère ou d'autres proches parents ; l'un d'eux ne se souvenait même pas du nom de son village. Un autre, avocat dans la vie civile, n'a pas pu répondre à son associé qui lui demandait un renseignement sur une cause dont il s'était beaucoup occupé jadis ; il en avait perdu si complètement le souvenir que le nom même du client en question lui paraissait absolument inconnu. Et tout ça chez des gens qui sont en Suisse depuis un an et demi et plus !

Parmi les symptômes de la psychonévrose de captivité que nous avons qualifiés de secondaires, l'insomnie et l'impuissance virile disparaissent assez rapidement chez la majeure partie de nos internés, tandis que les oculistes des régions d'internement sont assez fréquemment appelés à s'occuper de troubles asthénopiques persistants sans anomalies objectives des yeux ou de leurs annexes.

En dehors des symptômes que nous venons d'analyser isolément, l'impression qui se dégage de beaucoup d'internés est celle d'une personnalité profondément altérée. Leurs familles venues les voir les trouvent changés du tout au tout. Les personnes qui ont affaire à eux se plaignent de leur caractère difficile. Un vieux général qui visitait, il y a quelque temps, ses compatriotes internés en Suisse, résumait ainsi son opinion sur eux : « Voilà quarante ans que je suis au service et je crois avoir appris à connaître à fond les officiers et les soldats de notre armée. Je viens de voir mes camarades internés ; eh bien, je l'avoue, ceux-là, je ne les comprends plus ! »

La vie des camps de prisonniers, avec son horrible monotonie, avec sa succession sempiternelle de petits épisodes qui ne méritent pas le nom d'événements, les a rendus mesquins, souvent égoïstes et même égocentriques. Elle a répandu sur leur existence ultérieure une teinte morne et grise ; ils ne sont plus capables de grandes émotions, ils ne savent plus guère vibrer, admirer, s'émouvoir. Beaucoup restent maussades et tendent à répandre sur d'autres le fiel qui est en eux. La méfiance est un trait très marquant de beaucoup d'internés. Nous en avons connu qui ne voyaient, dans le dévouement désintéressé dont faisait preuve, à leur égard, l'un de nos plus grands chirurgiens, que le désir de faire des expériences sur un « matériel » intéressant ; ils se comparaient volontiers à des « lapins de laboratoire ».

Chez les intellectuels internés se manifeste très souvent une impressionnabilité excessive, qui peut les faire souffrir de choses de minime importance ; ils tendent, malgré eux, à interpréter défavorablement un geste, un jeu de physionomie, le ton donné à une simple phrase, un silence même. Quelquefois, on constate aussi chez eux une certaine sauvagerie, qui les entraîne à désirer cette solitude dont ils ont été si longtemps privés. « Ce n'est pas de la misanthropie, nous disait l'un d'eux, ce n'est ni dégoût des hommes ni méfiance, mais simplement l'absence de tout plaisir, et même un sentiment de malaise à me trouver parmi des gens qui ne sont pas dans un état analogue au mien. »

Cette définition reflète la conscience d'un état anormal, et, chez beaucoup d'internés, cette sensation est même plus développée que pendant leur captivité, où les circonstances extérieures fournissaient une explication, ou, si l'on veut, une excuse plausible à l'altération de leur mentalité. Aussi beaucoup croient-ils que leur nervosité a augmenté en Suisse. Ce n'est certainement pas le cas, et l'étude objective de ces hommes permet même d'affirmer que cette nervosité diminue graduellement, grâce à leur internement ; mais cette erreur d'interprétation n'en est pas moins compréhensible.

Si la vie inoccupée des secteurs où, par la force des choses, une certaine discipline militaire doit être exercée, dans un esprit militaire, sur des hommes qui n'ont pas des occupations militaires justifiant cette discipline, si cette vie a quelque chose de factice qui retarde la réapparition du sens des réalités, nous ne saurions assez insister sur l'*heureuse influence qu'ont les visites des parents*[1] dont certains internés bénéficient. Par ce moyen, se rétablit le contact vivant avec cette base de la vie sociale qu'est la famille.

Destinées au grand public, et non aux milieux médicaux, les quelques remarques que nous avons consignées ici sont très sommaires. La question mérite une étude plus complète et plus documentée. Ces pages suffisent, croyons-nous, à faire ressortir sous un jour nouveau la haute valeur humanitaire de l'institution de l'internement.

---

[1] Ce jugement, venant de médecins, a une grande importance pour l'appréciation des mesures prises à l'égard des familles d'internés par le Département fédéral de justice et police. Voir, ci-dessus, p. 80.

Tuberculeux.

En 1916 déjà, on s'était occupé du rapatriement des tuberculeux cliniquement guéris, c'est-à-dire de tous ceux chez qui le diagnostic de la tuberculose a été sûrement établi — que ce soit tuberculose pulmonaire ou autre — et qui peuvent être considérés comme guéris dans le sens clinique du mot.

Les pourparlers en vue de ce rapatriement se prolongèrent jusqu'en avril 1917, et ce ne fut qu'alors qu'un accord intervint entre l'Allemagne et la France et qu'on commença à rapatrier les tuberculeux cliniquement guéris.

L'Angleterre n'a pas encore accepté cet accord ; par conséquent ni les internés anglais ni les internés allemands ou autrichiens venant d'Angleterre n'en bénéficient.

Nous avons cherché à établir le nombre des tuberculeux ayant séjourné en Suisse durant l'année 1917.

Dans ce tableau, pour chaque nationalité il y a deux colonnes, l'une où est inscrit le nombre *total* des tuberculeux et dans l'autre colonne le nombre de ces tuberculeux qui ont été *guéris*.

Le nombre total des tuberculeux est supérieur à la réalité parce qu'il y a des tuberculeux qui figurent à double, ayant été transférés d'une région à l'autre. De même pour le nombre des guéris.

L'officier sanitaire dirigeant de Genève écrit à ce sujet : « Il est impossible de donner le chiffre des tuberculeux guéris de la région de Genève, vu que, quand un interné (la plupart du temps de la classe IV) se présente, de deux choses l'une : ou sa tuberculose est active et il doit être transféré dans une région de tuberculeux ; ou sa tuberculose est latente et il est considéré comme envoyé guéri de la région où il était auparavant. »

Cette remarque est juste pour toutes celles des régions où il ne doit pas y avoir de tuberculeux.

RÉGIONS	GRADES	FRANÇAIS		BELGES		ANGLAIS		ALLEMANDS		AUTRICHIENS	
		Total	Guéris	Total	Guéris	Total	G^ris	Total	Guéris	Total	G^ris
Genève	officiers	2	—	—	—	1	—	—	—	—	—
	s.-off. et sold.	164	—	13	—	4	—	1	—	—	—
	civils	30	—	3	—	—	—	—	—	—	—
La Côte	officiers	—	—	—	—	—	—	—	—	—	—
	s.-off. et sold.	9	—	—	—	—	—	—	—	—	—
	civils	1	—	—	—	—	—	—	—	—	—
Lausanne	officiers	2	2	1	1	—	—	—	—	—	—
	s.-off. et sold.	100	77	3	3	2	2	—	—	—	—
	civils	19	14	—	—	—	—	—	—	—	—
Montreux	officiers	—	—	—	—	—	—	—	—	—	—
	s.-off. et sold.	—	—	—	—	—	—	—	—	—	—
	civils	—	—	—	—	—	—	—	—	—	—
Aigle - Leysin	officiers	59	25	6	3	22	3	—	—	—	—
	s.-off. et sold.	1629	615	151	44	371	60	—	—	—	—
	civils	107	31	25	2	4	—	1	—	—	—
Valais-Bex	officiers	23	18	3	2	—	—	—	—	—	—
	s.-off. et sold.	905	379	92	34	—	—	—	—	—	—
	civils	92	35	11	—	—	—	—	—	—	—
Fribourg	officiers	1	1	—	—	—	—	—	—	—	—
	s.-off. et sold.	51	39	12	10	1	—	—	—	—	—
	civils	6	5	—	—	—	—	—	—	—	—
Jura	officiers	—	—	—	—	—	—	—	—	—	—
	s.-off. et sold.	7	6	—	—	—	—	—	—	—	—
	civils	8	8	—	—	—	—	—	—	—	—
Berne	officiers	—	—	—	—	—	—	—	—	—	—
	s.-off. et sold.	8	8	1	1	—	—	11	11	—	—
	civils	—	—	—	—	—	—	—	—	—	—
Oberland bernois A	officiers	—	—	—	—	—	—	—	—	—	—
	s.-off. et sold.	41	17	15	8	—	—	—	—	—	—
	civils	—	—	—	—	—	—	—	—	—	—
A reporter		3264	1280	336	108	405	65	13	11	—	—

RÉGIONS	GRADES	FRANÇAIS		BELGES		ANGLAIS		ALLEMANDS		AUTRICHIENS	
		Total	Guéris	Total	Guéris	Total	Gris	Total	Guéris	Total	Gris
Report		3264	1280	336	108	405	65	13	11	—	—
Oberland bernois B.	officiers	10	6	—	—	—	—	—	—	—	—
	s.-off. et sold.	461	215	27	15	—	—	—	—	—	—
	civils	40	16	6	1	—	—	—	—	—	—
Chât.-d'OEx	officiers	—	—	—	—	—	—	—	—	—	—
	s.-off. et sold.	—	—	—	—	51	23	—	—	—	—
	civils	—	—	—	—	—	—	—	—	—	—
Murren	officiers	—	—	—	—	—	—	—	—	—	—
	s.-off. et sold.	—	—	—	—	—	—	—	—	—	—
	civils	—	—	—	—	—	—	—	—	—	—
Suisse centr.	officiers	—	—	—	—	—	—	2	—	—	—
	s.-off. et sold.	7	1	4	—	—	—	43	18	—	—
	civils	—	—	—	—	—	—	1	—	—	—
Bâle	officiers	—	—	—	—	—	—	—	—	—	—
	s.-off. et sold.	—	—	—	—	—	—	26	16	—	—
	civils	—	—	—	—	—	—	2	1	—	—
Zurich	officiers	—	—	—	—	—	—	—	—	—	—
	s.-off. et sold.	—	—	—	—	—	—	6	2	1	1
	civils	—	—	—	—	—	—	—	—	—	—
Saint-Gall	officiers	—	—	—	—	—	—	4	—	—	—
	s.-off et sold.	—	—	—	—	—	—	5	4	—	—
	civils	—	—	—	—	—	—	2	1	—	—
Coire (Lenzerheide)	officiers	—	—	—	—	—	—	3	3	—	—
	s.-off. et sold.	—	—	—	—	—	—	63	50	—	—
	civils	—	—	—	—	—	—	35	26	30	7
Davos	officiers	—	—	—	—	—	—	111	59	—	—
	s.-off. et sold.	—	—	—	—	—	—	1783	709	—	—
	civils	—	—	—	—	—	—	195	78	100	40
TOTAL		3782	1518	373	124	456	88	2294	978	131	48

Ce tableau donne donc plutôt la circulation en Suisse des tuberculeux.

Pour avoir le nombre à peu près exact des internés tuberculeux et, dans ce nombre, ceux qui ont été guéris pendant l'année
1917, il ne faut pas tenir compte des régions où il n'y a qu'acci-
dentellement des tuberculeux mais seulement des régions dans
lesquelles les internés tuberculeux sont en traitement. Ces régions sont : pour l'Entente : Aigle-Leysin, Valais-Bex, Oberland
bernois B (Weissenburg), Château-d'Œx ; et, pour les Puissances centrales, Coire (Lenzerheide) et Davos.

Ainsi on arrive aux données suivantes, qu'on peut considérer
comme à peu près exactes :

	Entente				Puiss. centrales			TOTAL GÉNÉRAL
	Français	Belges	Anglais	Total	Allemands	Austro-Hongrois	Total	
Tuberculeux .	3326	321	448	4095	2190	130	2320	6415
Guéris . . .	1340	101	86	1527	925	47	972	2499
% de guéris .	—	—	—	37,3 %	—	—	42 %	39 %

Donc, sur les 6415 internés tuberculeux se trouvant en Suisse
2499 ont été guéris, soit le 39 %.

Traitements chirurgicaux et orthopédiques.

Nous avons essayé d'établir un tableau du nombre des opérations faites durant l'année 1917 [1].

---

[1] Ce tableau est établi sur un schéma différent de celui du tableau établi
dans notre *Premier rapport*, 1916, p. 114-115.

RÉGIONS :	Genève	La Côte	Lausanne	Montreux	Aigle-Leysin	Valais-Bex	Fribourg	Jura	Berne	Oberland bernois A	Oberland bernois B	Château d'Œx	Murren	Suisse centrale Puiss. Centr.	Bâle	Zurich	Saint-Gall	Coire	Davos	Suisse centrale Entente	A.S.A. Lucerne	A.S.A. Fribourg	Total
																							847
Tête et face	80	2	13	62	81	4	17	14	60	4	4	7	18	95	132	142	25	10	1	15	—	—	786
Opérat. oculaires	—	1	11	1	—	8	1	22	40	72	4	—	18	169	4	8	21	14	3	15	—	—	412
Prothèses »	—	3	—	3	2	13	—	1	1	—	18	34	—	147	3	24	47	22	2	14	—	—	334
Cou	6	—	—	4	76	12	4	1	1	11	4	—	—	14	4	2	2	16	1	—	—	—	158
Thorax	4	—	11	1	3	12	9	2	10	3	5	16	1	30	10	8	1	—	11	—	—	—	137
Abdomen	33	2	17	91	24	94	81	18	38	87	64	19	20	106	28	12	14	21	56	—	—	—	825
Membres supér.	16	2	6	48	4	42	63	7	77	60	20	24	88	254	186	13	52	3	16	2	—	—	983
Membres infér.	27	2	15	73	37	71	95	13	96	60	35	59	56	249	123	6	57	4	15	1	—	—	1094
Total des opérat.	166	12	73	283	227	256	270	78	323	297	154	159	201	1064	490	215	219	90	105	47	567	280	5576
OPÉRATIONS DENTAIRES — nettoyage	—	—	275	—	376	—	54	115	—	34	—	—	2614	—	19	—	48	87	166	—	—	—	
obturation	—	—	434	—	385	—	98	647	—	274	—	—	2855	—	31	—	785	920	3696	—	—	—	
extraction	—	—	264	—	1199	—	229	688	—	901	—	—	1314	—	38	—	770	1886	1879	—	—	—	
appareils et prothèses	—	—	56	—	412	—	19	106	—	180	—	—	298	—	10	—	72	110	172	—	—	—	
Total	392	564	1029	109	2372	2925	400	1556	165	1398	2604	1324	7081	2006	98	1615	1675	3003	5913	1370	—	—	37599
Membres artificiels	26	—	—	3	—	18	—	—	4	5	1	1	1	34	1	—	2	—	—	—	—	—	96
Chaussures orthopéd.	5	5	11	19	4	32	3	5	13	85	12	72	8	1400	36	9	118	—	25	47	—	—	1906
Appareils divers orthopédie pr paralysie	6	—	2	20	17	56	3	—	2	42	2	6	7	470	3	4	21	—	4	9	—	—	674
Total général	595	581	1115	434	2617	3287	676	1639	507	1827	2773	1562	7298	4974	628	1843	2035	3093	6047	1473	567	280	45851

Etablissements sanitaires de l'Armée.

A. Armee-Sanitäts-Anstalt, A. S. A., à Lucerne[1].

L'A. S. A. de Lucerne a dû être fermée le 1er octobre 1917 parce que la *Schweizerische Unfallversicherungsanstalt* avait besoin des locaux qu'elle avait mis à la disposition de l'internement, parce que l'exploitation de cet hôpital coûtait trop cher et que le déficit signalé pour 1916 augmentait en 1917.

Comme il a été dit, l'hôpital de Lucerne était destiné spécialement au traitement orthopédique et neurologique des suites de blessures, telles que fractures mal guéries, lésions articulaires (ankyloses, pseudarthroses, etc.), lésions des centres nerveux et des nerfs périphériques, anévrismes traumatiques, lésions des organes du bassin.

Le nombre des lits en 1917 a été de 200.

Le nombre des patients a été de 460 ainsi réparti :

	Officiers	S.-off. et soldats	Civils	Total
Allemands. . .	—	86	1	87
Anglais	7	52	78	137
Belges	1	6	—	7
Français . . .	4	225	—	229
Total. . . .	12	369	79	460

Un service orthopédique était adjoint à l'hôpital de Lucerne[2].

Voici le détail des 567 opérations qui ont été faites à l'hôpital de Lucerne, du 1er janvier au 30 septembre 1917.

Cerveau et crâne	42 opérations
Face et cou	19 »
Thorax et dos.	17 »
Abdomen et bassin	55 »
A reporter :	133 opérations

---

[1] Voir *Premier Rapport,* 1916, p. 116-118.
[2] Voir ci-après, p. 155.

	Report :	133	opérations
Organes urogénitaux et rectum		8	»
Parties molles des extrémités supérieures .		27	»
Os des extrémités supérieures		80	»
Parties molles des extrémités inférieures .		36	»
Os des extrémités inférieures		84	»
Articulations		35	»
Extractions de corps étrangers		43	»
Nerfs périphériques		112	»
Varia		9	»
Total . . .		567	»

437 maladies ont été traitées à ce même hôpital ; en voici le détail :

Cerveau et crâne.		39	maladies
Face et cou		14	»
Thorax et dos.		24	»
Abdomen et bassin		27	»
Organes urogénitaux et rectum		9	»
Extrémités supérieures. . .		130	»
Extrémités inférieures . . .		126	»
Nerfs périphériques. . . .		62	»
Varia		6	»
Total. . .		437	»

Le chef du service de chirurgie était le capitaine Hans Brun, le chef du service de neurologie était le capitaine O. Veraguth, le chef du service orthopédique le capitaine H. Hössly.

Dans la règle, l'hôpital de Lucerne comptait 5 médecins assistants et 5 sous-assistants, tous suisses, plus 25 Suisses occupés dans les bureaux, à la cuisine et comme ordonnances de chambres.

25 internés occupés comme ordonnances de chambres.

9 sœurs d'Ingenbohl.

Le mouvement a été en moyenne de 10 entrées et de 10 sorties par mois, mais, dès l'été, le nombre des entrées a été en diminuant.

Après que l'A. S. A. de Lucerne eut été fermée, un nouvel hôpital fut ouvert, fin novembre 1917, à l'hôtel Terrasse, à Lucerne, spécialement pour les internés allemands auxquels un traitement chirurgical ou orthopédique était nécessaire : les cas chirurgicaux qui devaient être spécialement traités dans cet hôpital étaient : blessures du système nerveux central ou périphérique, pseudarthroses, ankyloses, plastique des os, fistules ; dans les cas orthopédiques rentraient tous ceux auxquels une prothèse pouvait être fournie par les ateliers de Lucerne et ceux auxquels il fallait un traitement orthopédique qu'ils ne pourraient pas trouver dans les régions, spécialement la rééducation des membres par le travail.

Cet hôpital fait partie de la région Lucerne ; le médecin-chef en est le docteur Brun ; il lui est adjoint, comme neurologue, le capitaine O. Veraguth, et, comme orthopédiste, le 1er lieutenant Muller.

Le matériel de pansement et de bandage qui était en vente à l'A. S. A. de Lucerne a été transporté à l'A. S. A. de Fribourg.

B. Etablissement sanitaire d'Armée, A. S. A., à Fribourg.

Un immeuble spacieux, récemment bâti et destiné à faire partie du groupe des constructions d'un futur hôpital cantonal, existait dans le quartier de Gambach, à Fribourg ; placé dans une magnifique situation, au-dessus de la ville, il attira, dès 1916, l'attention des personnes préoccupées de prodiguer des soins aux victimes de la guerre. Le gouvernement de Fribourg se déclara disposé à mettre ce bâtiment à la disposition du service de l'internement. Le Médecin d'armée l'accepta pour la durée de la guerre, aux fins d'y installer un hôpital pour les internés de l'Entente. Deux dames de Fribourg, la Baronne de

Montenach et la Comtesse de Zurich, rivalisèrent de zèle et de générosité pour meubler, fournir de linge et d'instruments ce vaste bâtiment encore vide ; elles recueillirent des dons importants en France, en Angleterre, en Amérique, en Suisse, grâce auxquels la direction de l'internement a pu aménager confortablement les locaux de ce nouvel hôpital et pourvoir cet établissement des installations chirurgicales et radiologiques les plus modernes.

· Le 2 mai, l'hôpital hébergeait ses premiers malades, au nombre de neuf ; ce nombre s'accrut rapidement[1].

1917	ENTRÉES			SORTIES		
	France	*Belgique*	*Angleterre*	*France*	*Belgique*	*Angleterre*
Mai	65	4	16	5	—	1
Juin	23	—	1	18	1	2
Juillet . . .	35	—	10	15	—	6
Août. . . .	33	1	—	39	—	7
Septembre . .	64	10	1	28	2	7
Octobre. . .	27	8	2	35	5	3
Novembre . .	24	5	5	41	6	7
Décembre . .	35	9	9	39	1	—
Totaux . .	306	37	44	220	15	33
	387 entrées.			268 sorties.		

Effectif au 31 décembre 1917 : 119.

Ont été traités en 1917 :

	Français	*Belges*	*Anglais*	*Total*
Officiers.	9	3	—	12
Sous-officiers et soldats. .	251	21	48	320
Civils.	29	11	—	40
Total . .	289	35	48	372

[1] Dans les chiffres qui suivent les internés employés sont compris.

Internés entrés à l'A. S. A. comme employés sans avoir subi de traitement :

Sous-officiers et soldats français. 12
Civils français. 2
Sous-officier belge 1
Total. . 15

Total général des internés à l'A. S. A. en 1917 : 387.

Le Médecin d'armée désigna, comme médecin-chef et commandant de l'hôpital, le capitaine Clément, chirurgien à Fribourg. On lui adjoignit comme médecins-conseil permanents, un neurologue, le professeur de Montet, de Vevey, et un orthopédiste, le premier lieutenant Dr Nicod, médecin de l'hospice orthopédique de Lausanne. Ces deux spécialistes vinrent à Fribourg régulièrement, dès le début, chaque semaine ou au moins chaque quinzaine, pour contrôler l'état des malades et donner un préavis sur les traitements.

L'administration de l'hôpital fut confiée à un premier lieutenant, hôtelier dans la vie civile, qui fut secondé par un fourrier remplissant les fonctions de comptable.

L'hôpital des internés de Fribourg reçut, dans les premiers temps, les internés de l'Entente, qui ne pouvaient pas trouver place à l'hôpital des internés de Lucerne. Celui-ci recevait les internés des régions de la Suisse centrale, de l'Oberland bernois A et de Murren ; les autres régions de l'Entente envoyaient leurs malades à Fribourg. Lorsque l'hôpital de Lucerne fut fermé (septembre 1917) tous les internés Français, Belges et Anglais qui avaient besoin d'un traitement chirurgical, furent envoyés à Fribourg, ce qui nécessita une augmentation considérable du nombre des lits de malades :

du 1er mai au 15 juin 1917 il y avait 60 lits
du 16 juin au 30 septembre . . . 100 »
à partir du 1er octobre 1917 . . . 125 »

Il y a, en général, quatre médecins occupés habituellement à l'hôpital de Fribourg.

Douze médecins y ont travaillé en 1917. La durée de leur service a varié pour les médecins traitants entre 30 et 112 jours ; pour le médecin-chef, elle a été de 245 jours ; la durée moyenne du service pour les médecins traitants a été de 67 jours.

Presque tous les médecins qui ont travaillé à l'hôpital de Fribourg avaient déjà passé un certain temps dans les formations sanitaires des armées belligérantes et à l'hôpital des internés de Lucerne. Ils ont donc pu mettre à profit l'expérience acquise, en ce qui concerne, en particulier, la chirurgie restauratrice d'artères, la chirurgie osseuse et la chirurgie nerveuse. Certaines opérations, dont les résultats, ailleurs, s'étaient montrés aléatoires, ne furent pas tentées à Fribourg et d'emblée les malades purent bénéficier des perfectionnements techniques réalisés peu à peu à Lucerne.

Le nombre des opérations pratiquées à l'hôpital des internés, à Fribourg, du 1er mai au 31 décembre 1917, a été de 280. En voici la liste :

Greffes craniennes	4
Autres greffes osseuses et opérations de pseudarthroses.	7
Résections articulaires et osseuses	12
Extractions de projectiles	33
Elongation du fémur	1
Curetages osseux et séquestrotomies	70
Libérations de nerfs	11
Sutures nerveuses.	17
Plastiques diverses, greffes tendineuses, excisions de cicatrices.	19
Laparotomies et réfections de la paroi abdominale	10
Gastro-entérostomies	4
Cholécystectomie.	1
Appendicectomies	8
Hernies	45
Excisions de varices.	9
Ténotomies et sutures tendineuses	4

A reporter : 255

Mobilisations non sanglantes.	3
Varicocèles, hydrocèles, etc.	5
Hémorroïdes . . . . : . .	3
Iridectomie	1
Excisions de tumeurs, amputations, désarticulations. . . .	13
	Total. . . . 280

Un certain nombre de malades ont été traités non par des
méthodes opératoires mais par la mécanothérapie, l'électrothérapie, la radiothérapie, le massage, etc., tandis que d'autres ont
subi plusieurs opérations distinctes.

La liste précédente ne donne que le détail des opérations ; il
ne sera pas sans intérêt de donner également la liste des affections traitées à l'A. S. A. de Fribourg, de mai à décembre 1917,
classées d'après le symptôme dominant [1].

Adénites tuberculeuses	2
Anévrisme traumatique	1
Ankyloses articulaires	21
Appendicites	8
Arthrites	3
Causalgies	2
Cicatrices adhérentes	6
Commotion cérébrale	1
Dépression psychique	1
Déviation cloison nasale	1
Ectropion	1
Epaule ballante	1
Epididymite tuberculeuse	1
Epilepsies traumatiques	5
Eventrations	4
Fracture compliquée du rachis	1
» » du bassin	1
» » du maxillaire	1
» » des côtes	1
	A reporter : 62

[1] Dans cette liste sont comprises les 280 opérations énumérées ci-dessus.

Report : 341

Tic nerveux   1
Troubles cardiaques et circulatoires   2
Troubles gastriques, hyperchlorhydrie   3
Tuberculose pulmonaire   2
Tumeurs, exostoses, etc.   6
Tuberculose de la peau   1
Ulcère du duodénum   1
Ulcères de l'estomac   3
Varices   9
Varicocèles   3

Total 372

L'hôpital de Gambach est installé dans des locaux très confortables, très ensoleillés et largement aérés. A part deux grands dortoirs plus spacieux, les chambres des malades ne sont qu'à deux, trois ou quatre lits, ce qui assure aux opérés un grand calme, et, de la part des infirmières, une surveillance attentive. Le rez-de-chaussée est occupé par les locaux de l'administration, les salles à manger, la salle d'opérations aseptique, la salle de pansement, la salle de neurologie et d'électrothérapie, ainsi que les installations pour les rayons X et la lampe de quartz. Aux sous-sols, dans de grandes salles, se trouvent les installations de mécanothérapie, les bains de lumière et les tables pour le massage ; au premier étage, deux salles d'opérations aseptiques, bien éclairées et pourvues d'une instrumentation des plus complètes. Un jardin, très ensoleillé, avec places de jeux, est largement utilisé pour les premières sorties des convalescents et pour le traitement héliothérapique.

Le soin des malades a été confié à des sœurs de Saint-Vincent de Paul et à des infirmières laïques. Les unes et les autres sont de nationalité suisse. Les internés sont également soignés par des appointés et des soldats sanitaires suisses, volontaires ou commandés spécialement pour ce service.

Les régions d'internement qui ne sont pas pourvues d'un service de radiologie, peuvent envoyer leurs malades au service de radiologie de l'A. S. A. de Fribourg, dans les cas où un diagnostic doit être précisé.

Le Dr Julliard, à Genève, a continué à opérer des internés dans le service qu'il avait institué en 1916[1]; il a fait, en 1917, 90 opérations, dont environ 70 opérations de la face et des maxillaires.

Le Dr Machard, à Genève, dans le service qu'il avait ouvert en 1916[2] a opéré, en 1917, 53 cas, il en a examiné et traité en clinique 15 et 25 en consultation.

Sur les 53 cas opérés il y avait 6 hernies, 3 extirpations de tumeurs, 4 autoplasties, 6 greffes adipeuses et aponévrotiques, 8 extractions de projectiles, avec libération nerveuse, 3 séquestrotomies, 4 tarsectomies, etc.

Le Dr Matti, à l'hôpital de Salem, à Berne, a continué également le service qu'il avait ouvert, en 1916, pour le traitement des lésions de la mâchoire et de la face.

En janvier 1917, le professeur Dr de Quervain fut autorisé à traiter et à opérer à la clinique de l'Université de Bâle (Bürgerspital) les cas chirurgicaux qu'il trouvait dans le rayon de la zone où il travaillait comme chirurgien reviseur[3], soit la Suisse centrale, partie allemande. Il a été établi, dans un hôtel de Bâle, une station de convalescence, aussi sous la direction du Dr de Quervain, pour les internés opérés par ce dernier et auxquels un traitement ultérieur dans la clinique même n'était pas nécessaire.

Les médecins traitants doivent établir pour chaque nouvel arrivant en Suisse, sur un formulaire spécial, une feuille d'observation dite histoire de malade et ils continuent, dans les feuilles d'observation apportées par les internés venant d'un autre secteur d'internement, la série des observations déjà faites.

---

[1] Voir *Premièr Rapport*, 1916, p. 118.
[2] *Ibidem*.
[3] *Ibidem*, p. 113.

La feuille d'observation, constamment tenue à jour, doit suivre l'interné aussi longtemps qu'il se trouve dans un établissement d'internés ou dans un établissement sanitaire.

En cas de rapatriement ou de renvoi en captivité, un « résumé
de l'histoire de malade » doit toujours accompagner l'interné.
Ce résumé, qui suit le rapatrié dans son pays d'origine, est la
preuve de la façon dont les prisonniers de guerre confiés à la
Suisse y sont suivis, observés et soignés par les médecins.

C'est donc le bon renom du corps médical suisse et de la
Suisse elle-même qui est engagé dans la tenue de ces feuilles
d'observation et dans l'établissement de ces résumés.

Néanmoins, ces feuilles d'observation ont été tenues, trop souvent, d'une façon très imparfaite ; parfois elles ont été égarées ; à
plusieurs reprises, il a fallu rappeler les médecins traitants à leur
devoir, et même il a fallu sévir.

Le 31 octobre 1917, le Médecin d'armée publiait une *Instruction concernant la tenue et la transmission des histoires de malades (feuilles d'observation)* [1].

La question des maladies contagieuses chez les internés est
un chapitre intéressant de la nosologie [2].

D'une part, un nombre relativement considérable d'internés
ayant séjourné ou fait campagne dans des pays exotiques, en ont
rapporté des maladies — maladies parasitaires surtout — qui,
par leur rareté et leur nouveauté, présentent un intérêt tout spécial pour le corps médical suisse. D'autre part, il était inévitable
qu'un aussi grand nombre d'individus dans la force de l'âge, se
recrutant dans tous les milieux sociaux et ayant parcouru les
champs de bataille de l'Europe, constituassent un certain danger pour notre population.

Dès le début de l'internement, le Médecin d'armée a attiré
l'attention des médecins traitants sur cet état de choses.

[1] Voir, ci-après, *Documents*, n° XVII.
[2] Notes dues à l'obligeance du major Vuilleumier.

Les prescriptions concernant les maladies contagieuses et infectieuses chez les internés, ont été les mêmes que celles qui avaient été édictées pour l'Armée dès le commencement de la guerre [1], tant en ce qui concerne la déclaration aux autorités civiles et militaires que la prévention et la manière de les combattre.

Les maladies éruptives ont été rares et ont certainement été relativement moins fréquentes chez les internés que dans l'Armée.

L'attention des médecins traitants a, dès le début, été attirée sur les porteurs de germes de la fièvre thyphoïde (ordre du 12 septembre 1916, rappelé le 16 février 1917) et il fut prescrit que, lors de chaque nouvelle arrivée d'internés dans un établissement, le médecin traitant devait s'informer de ceux d'entre eux qui, au cours des deux dernières années, avaient eu la fièvre typhoïde. S'il y en avait, leurs selles devaient être examinées au point de vue bactériologique. Pour les cas de présence de bacilles du typhus ou du paratyphus, une série de mesures prophylactiques a été prescrite [2].

Un nombre relativement grand d'internés ayant été atteint de malaria et en subissant encore de fréquentes attaques, et cette maladie étant peu connue de la plupart des médecins suisses, le Médecin d'armée a fait rédiger à leur intention, par le professeur Cloëtta, une petite brochure sur le *Traitement de la malaria chez les internés* (20 juillet 1916 [3]).

Plus tard, au cours de l'année 1917, le Service suisse de l'hygiène publique fit faire par M. le professeur Galli-Valério de Lausanne, un spécialiste en la matière, une étude sur *La distribution géographique des anophélines en Suisse, au point de vue*

[1] *Instructions concernant les mesures à prendre contre les maladies infectieuses,* 30 mai 1916, faisant suite à celles du 23 mars de la même année.
[2] Instructions du 1er novembre 1916 concernant les porteurs de germes. Voir *Premier Rapport,* 1916, p. 112.
[3] *Ibidem* et p. 330 et suiv.

du danger de formation de foyers de malaria [1]. Les conclusions de cet important et très intéressant travail furent communiquées aux médecins des régions par une lettre du 30 mai 1918 et les officiers de triage, à Lyon et à Constance, furent invités à en tenir compte pour la répartition des internés dans les divers secteurs et régions, afin d'éviter le réveil, toujours possible, de la malaria dans des endroits qui en avaient été précédemment infestés.

Pour des raisons faciles à comprendre et sur lesquelles il est inutile d'insister, le chapitre des maladies vénériennes, de la blennorrhagie surtout, prend une place importante dans la nosologie des internés. Il a été reconnu, d'une façon unanime et incontestable, que la présence des internés dans notre pays a beaucoup augmenté la fréquence de ces maladies; aussi des mesures énergiques ont-elles été prises. Ici encore, les mêmes règles ont été adoptées que pour l'Armée, règles qui ont du reste évolué au cours de la mobilisation, depuis l'ordre du 16 septembre 1914 à celui du 20 avril 1918. Des inspections générales ont été ordonnées, la compétence étant laissée aux commandants d'instituer des inspections périodiques, s'ils le jugeaient nécessaire. Les hôpitaux civils ne peuvent pas recevoir tous les cas, parce que la surveillance n'y est pas suffisante; aussi il a été ouvert à Lausanne, pour les internés de l'Entente, une clinique militaire spéciale — la Grenade — qui présente toutes les garanties nécessaires sous ce rapport.

Comme on pouvait s'y attendre, la tuberculose a sévi parmi les internés; ceux qui en ont été atteints ont été concentrés dans des centres spéciaux, centres de réputation mondiale, tels que Davos, Leysin, Montana et Weissenburg.

Les Etats, payant un prix de pension plus élevé pour les tuberculeux que pour les autres malades, l'ordre strict a été donné que tout tuberculeux non guéri soit traité dans un sanatorium

[1] *Bulletin du Service suisse de l'hygiène publique,* 1917, nos 39 et 40.

d'une station pour tuberculeux. Des ordres spéciaux, édictés par les officiers sanitaires dirigeants des dites régions, règlent la discipline spéciale à ce genre de malades. Ce n'est qu'une fois cliniquement guéri que l'interné qui a été tuberculeux peut être transféré dans un autre secteur, de montagne ou de plaine, suivant la décision du médecin traitant.

Lorsque, pour faire place à d'autres, il s'est agi de rapatrier des internés dont l'état de santé s'était suffisamment amélioré, c'est, en premier lieu, aux tuberculeux cliniquement guéris qu'on a pensé ; ils ont été et sont rapatriés en grand nombre, après examen, par une Commission de visite sanitaire.

Les prisonniers atteints d'aliénation mentale doivent être rapatriés.

Il est de la plus haute importance pour les médecins traitants de ne jamais perdre de vue la possibilité d'une constitution psychique morbide chez des internés indisciplinés, afin d'éviter de traiter disciplinairement pendant des mois et de finir par renvoyer en captivité un malheureux irresponsable, comme cela a été le cas une fois. Le bon renom du corps médical suisse est engagé et, afin d'éviter une pareille erreur, les médecins traitants doivent se tenir au courant des punitions infligées à leurs clients internés.

Les cas de cocaïnomanie doivent être portés à la connaissance du Médecin d'armée ; tous les détails utiles et nécessaires doivent être transmis au professeur Maier (Burghölzli, Zurich) qui fait une étude spéciale de ce sujet.

Un grand nombre de cas de la névrose de tremblement ont été observés au cours de la guerre. L'opinion a été émise qu'elle ne pouvait être guérie tant que le danger d'être renvoyé au front n'est pas absolument écarté pour le malade ; c'est donc en Suisse que l'étude de cette maladie et de la façon d'y remédier, pourrait être faite dans les circonstances les meilleures. Il est vrai que la perspective du retour au front est aussi exclue pour les prisonniers de guerre se trouvant dans des camps en pays ennemi ; mais, d'autre part, ces hommes sont exposés à toute espèce d'influences psychiques qui peuvent, sinon empêcher, au moins retarder leur guérison. Pour que cette névrose fût étudiée de façon uniforme un ordre (11 mai 1917) suivi d'un questionnaire, a été envoyé aux officiers sanitaires dirigeants dans la région desquels se trouvent des hommes atteints de cette névrose.

On distingue entre les prothèses dont le port est nécessité par une blessure de guerre, soit prothèse de guerre, et celles qui sont étrangères à des blessures de guerre.

Le blessé ne contribue en rien au paiement des premières ; pour les prothèses non motivées par une blessure de guerre, l'intéressé en paie la moitié, sauf en cas d'indigence.

Les prothèses des membres n'entrent plus en ligne de compte pour l'internement depuis que tous les amputés, officiers et sous-officiers compris, ne sont plus internés mais rapatriés.

Certains appareils orthopédiques pour les internés de l'Entente sont fabriqués à Villars [1].

Les chaussures orthopédiques ou spéciales doivent — lorsqu'il ne s'agit que d'un seul pied — n'être faites que pour ce pied, l'autre restant chaussé de la chaussure d'ordonnance.

Pour les Allemands, une fabrique nationale de chaussures orthopédiques et un atelier national orthopédique furent installés en janvier 1917, à Stansstad [2] ; ils furent, en septembre, transférés à Lucerne ; cette fabrique a le monopole exclusif de la fourniture de chaussures et d'appareils orthopédiques aux internés allemands (ordre du 31 mars 1917). La matière première est fournie par l'Allemagne.

Pour les Anglais, ces chaussures se font soit dans les ateliers

[1] Voir *Premier Rapport,* 1916, p. 18.
[2] *Ibidem,* p. 118.

de cordonnerie des internés à Interlaken ou à Château-d'Œx, soit par des orthopédistes ou bandagistes civils.

Pour les Belges de même.

Pour les Français, l'Ambassade avait étudié la création d'un atelier national central d'orthopédie à Engelberg, mais ce projet n'a pas abouti ; la question a été réglée en avril 1918 : la confection de ces chaussures a été confiée à quatre ateliers à Berne, à Lausanne, à Trois-Torrents et à Spiez.

Les prothèses oculaires ne sont pas fabriquées en Suisse ; elles sont faites sur mesure par des spécialistes étrangers ou bien choisies dans des assortiments que possèdent les oculistes ou les opticiens ; c'est en général à ces dernières, qui sont moins coûteuses, qu'on a recours pour les internés.

D'une enquête faite en 1917, il résulta que le nombre d'internés français et belges, ayant besoin d'yeux artificiels, était de 160 environ et, en avril, un docteur oculariste, M. Coulomb, qui les examina, ainsi que les Anglais, a fourni immédiatement les prothèses nécessaires et a pris des moulages pour les yeux à fournir sur mesure.

Pour les internés allemands les yeux sont fournis par l'Allemagne.

L'internement ne paie que les lunettes dont le port est nécessité par une blessure de guerre, ce qui est plutôt rare ; tout luxe doit être évité.

Un règlement a paru sur le soin des dents, le 1er février 1917 [1].

Le 12 novembre 1917, le Major sanitaire Preiswerk recevait l'ordre du Médecin d'armée de faire l'inspection du service dentaire, tel qu'il était pratiqué pour l'internement, de surveiller ce service et — là où cela était nécessaire — de l'organiser ; il devait consacrer à cette tâche le temps qu'il jugerait nécessaire, il de-

[1] Voir *Premier Rapport*, 1916, p. 123 et 340-344.

vait établir des rapports d'inspection pour la fin de chaque mois et faire, au fur et à mesure, les propositions en vue de l'organisation d'un service.

Le Major Preiswerk, inspecteur du service dentaire, publiait le 15 mai 1918, une *Instruction pour le traitement dentaire des internés*[1] qui modifiait et complétait sur plusieurs points l'ordre du 1er février 1917.

Autant que faire se pourra, les soins dentaires seront donnés dans des *cliniques dentaires* travaillant en régie, cliniques organisées par le service de l'internement, uniquement destinées aux internés et éventuellement aux membres de leurs familles.

On distinguera entre :

1º le traitement proprement dit (extractions, obturations, etc.);

2º les prothèses parmi lesquelles il faut distinguer :

a) celles qui sont nécessitées par des blessures de guerre (lésions des mâchoires);

b) celles qui ne sont pas nécessitées par des blessures de guerre (caries, maladies des racines, etc.).

En ce qui concerne les prothèses dentaires, seul le degré d'intégrité plus ou moins grand des fonctions masticatoires, et non le nombre des dents à remplacer, décide si une prothèse est nécessaire ou non.

Etablissements d'électrothérapie, d'héliothérapie, de mécanothérapie, d'hydrothérapie, etc.

Grâce à l'internement, les médecins suisses ont pu traiter dans leur propre pays, des blessés de la guerre. Toutefois, les blessés qui nous arrivent le sont depuis longtemps ; les blessures sont d'ancienne date ; à part les fistules osseuses, elles ont passé la période de suppuration ; ce sont surtout des blessures du crâne, des extrémités (redressements de fractures en position vicieuse, pseudarthroses), des blessures d'articulations et de leur appareil

---

[1] Voir, ci-après, *Documents,* nº XVIII.

ligamentaire (ankyloses, contractures, articulations ballantes), enfin, en grand nombre, des blessures des nerfs périphériques avec leurs suites.

Tous ces blessés, qu'ils doivent être préalablement opérés ou non, constituent un champ inépuisable où sont pratiqués les traitements orthopédiques, les massages, la mécanothérapie et tous autres moyens thérapeutiques analogues.

La période inflammatoire passée, il faut aux blessés un traitement orthopédique. A cet égard, les internés confiés à la Suisse sont en état d'infériorité vis-à-vis des blessés soignés dans leur patrie ; en effet, ils ont été soignés chez l'ennemi et celui-ci ne les a pas fait bénéficier, comme ses ressortissants, de traitements orthopédiques prolongés ; cela est naturel, car les belligérants ne disposent pas des moyens nécessaires pour faire subir, jusqu'au bout, à tous les blessés qui sont sur leur territoire, qu'ils appartiennent à leurs armées ou aux armées ennemies, ces traitements qui sont toujours longs. Chaque pays belligérant fait le strict nécessaire pour les blessés des puissances ennemies, mais ce n'est que rarement qu'il fait bénéficier l'un d'eux, après une opération, d'un traitement orthopédique de longue durée. Notre devoir, en Suisse, est donc de suppléer pour les internés, par un traitement énergique, à tout ce qui n'a pas été fait pour eux durant leur captivité.

C'est en vue des traitements chirurgicaux et orthopédiques qu'a été fondé l'hôpital de Lucerne, auquel était adjointe une section orthopédique avec installation de mécanothérapie. Un rapport sur cette section a été publié par le capitaine H. Hössly [1] qui y était préposé.

Peu à peu, toutes les régions d'internés ont été munies d'installations orthopédiques.

Nous avons donné dans le *Premier Rapport* [2] une liste aussi

[1] *Die orthopädischen Improvisationen unserer Anstalt* dans le *Correspondenz-Blatt für schweizer Aerzte*, 1916, n° 46 et tirage à part.
[2] P. 119-123.

complète que possible de ces établissements existant en 1916 ; comme, dès lors, il est survenu de nombreuses modifications, nous donnons, ci-après, une nouvelle liste de ces établissements.

Fribourg. — L'hôpital des internés est muni d'installations de ce genre.

Région Valais-Bex. — Au Grand Hôtel d'Aigle, une installation d'électrothérapie a été faite en 1916 ; elle a été fermée en mai 1917 ; 26 hommes y ont subi des massages journaliers.

Les divers établissements, fondés dans cette région en 1916, fonctionnent encore :

Mécanothérapie. — Installation assez complète à Loëche-les-Bains, pour le traitement de la paralysie, de l'atrophie musculaire et de la raideur articulaire ; fréquentation moyenne journalière, 15 à 20 hommes.

A Villars, la salle, installée dès 1916, fonctionne régulièrement tous les matins de 9 à 11 heures ; en 1917, une moyenne de 15 internés ont assisté aux séances.

Héliothérapie. — Les séances ont eu lieu à Villars lorsque le temps le permettait. A Loëche-les-Bains et à Bex il n'y a pas d'installation, mais l'héliothérapie est pratiquée individuellement.

Hydrothérapie et électrothérapie. — Les établissements fonctionnent comme en 1916.

Hydrothérapie. — A Loëche-les-Bains et Bex, bains thermaux généraux prolongés ; bains locaux à haute température ; douches, massage, 5 à 10 hommes par jour.

Electrothérapie. — A Loëche-les-Bains, il avait été organisé, en février 1917, un traitement scientifique des suites de lésions nerveuses ; cette station disposait du nécessaire pour le traitement électrique complet ; l'établissement a été fermé dès le 15 septembre ; 10 à 15 hommes par jour.

A Bex, l'électrisation faradique est appliquée fréquemment.

Les massages à Villars et à Bex sont fréquentés en moyenne par 20 hommes.

RÉGION JURA. — Yverdon. Salle de mécanothérapie ouverte aux internés le 9 novembre 1916. Chaque interné, préalablement examiné, a sa fiche personnelle indiquant le diagnostic et le traitement prescrit ; toute absence est punie. La salle est ouverte de 8 heures à midi ; les internés sont groupés par séries de 10 à 15 hommes et les séries se suivent de 30 en 30 minutes ; on donne aussi des bains de lumière. Durant les dix-huit mois écoulés depuis l'ouverture de la salle, 28 blessés souffrant d'ankylose, de paralysie, d'atrophie musculaire ont été complètement guéris. Durant l'année 1917, en moyenne 51 internés par mois se sont fait traiter, ce qui représente 13,600 séances, le 61 % des cas étaient des ankyloses, le 22,5 % des atrophies musculaires, 8,5 % des paralysies, 8 % des rhumatismes.

RÉGION OBERLAND A. —

	Mécano-	Hélio-	Electrothérapie
Beatenberg	52	—	30
Wilderswil	40	—	18
Grindelwald	29	6	30
Wengen	36	16	27
Bönigen	96	—	—
Brienz	17	—	48
Meiringen	150	95	180
Total des internés traités	420	117	333

En outre dans les *Kurbäder* d'Interlaken ont été traités :

118 internés en 5803 séances dont
- mécanothérapie 3108
- hydrothérapie 610
- électrothérapie 535
- appareil Bergonié 1550

Les Kurbäder d'Interlaken sont pourvus des appareils les plus modernes de mécano- et d'électrothérapie (faradisation, galvanisation, Bergonié, bains de lumière, rayons ultra-violets, bains médicamenteux).

Subdivision anglaise. — Château-d'Œx. Les traitements mécanothérapiques se poursuivent dans la salle improvisée à cet effet. Des appareils très simples permettent d'exécuter tous les mouvements courants pour rendre la mobilité aux membres et aux articulations.

L'héliothérapie se pratique dans presque tous les établissements, mais principalement à la Soldanelle, pour le traitement des fistules osseuses et comme tonique général.

La salle d'électrothérapie de la Soldanelle est fréquentée par 15 internés en moyenne par jour, dont plusieurs viennent du dehors.

Murren. L'institut mécanothérapique s'est enrichi, grâce à un don généreux, d'un appareil électrique pour massages vibratoires ; suivant le nombre des internés se trouvant à Murren, la fréquentation a été de 10 jusqu'à 70 par jour.

Les Kurbäder d'Interlaken sont ouverts aux internés anglais. L'héliothérapie se pratique dans les divers établissements sur des balcons bien exposés ; elle est particulièrement favorable au traitement de fistules osseuses qui sécrètent constamment depuis 1 ou 2 ans et qui ont été guéries en un temps relativement court.

En janvier 1917, il y a eu jusqu'à 112 hommes prenant, journellement, un bain de soleil dans les divers établissements ; ce nombre, à la fin de l'année, était tombé à 4-10.

Région de Lucerne. — Une subdivision orthopédique a été jointe à l'hôpital A. S. A. de Lucerne ; la direction en a été confiée au capitaine H. Hössly, qui en a donné une description détaillée [1].

Après la fermeture de l'A. S. A, en septembre 1917, la presque totalité de ces appareils a été transportée dans le nouvel hôpital des internés à Lucerne, l'Hôtel Terrasse, où l'on traite 40 à 50 internés par jour. Il y a également des appareils électriques pour

[1] Voir, ci-dessus, p. 154, n. 1.

le massage, pour les bains d'air chaud, ainsi qu'une chaise de Bergonié.

Des appareils d'héliothérapie existent à Beckenried, Buochs, Brunnen et Morschach.

A Weggis, il y a eu 81 internés pratiquant l'orthopédie pour ankylose d'articulations, paralysie, atrophie musculaire ; 14 internés ont eu recours à l'électrothérapie.

A Beckenried, il y a des appareils orthopédiques et trois installations pour bains d'air chaud ; on y pratique aussi les bains de soleil.

A Sisikon, 15 hommes ont été traités dans la salle d'orthopédie, qui contient sept appareils pour les exercices des mains, des épaules, du coude et du pied ; 30 hommes ont été massés et électrisés.

A Fluelen, 30 hommes ont été traités dans la salle d'orthopédie et environ 100 ont été électrisés et massés.

A Gersau, divers appareils orthopédiques, ont servi, pendant six mois, à 25 internés par jour ; électrothérapie et massages, 10 internés, 5 fois par semaine.

Morschach. En 1917, l'établissement pour mécano-électro- et héliothérapie, a été beaucoup plus utilisé qu'en 1916 ; en moyenne, 41 internés par mois s'y faisaient traiter ; cet établissement compte au moins 16 appareils différents.

Région de Bale. — A Schinznach-les-Bains, on a compté, environ, pour les internés 3000 bains sulfureux, 35 inhalations, 300 compresses et 960 massages ; 19 appareils orthopédiques sont mis à la disposition des internés.

Région de Saint-Gall. — Sanatorium Oberwaid, salle orthopédique avec 20 appareils ; fréquentation 15 hommes par jour.

A Heiden, salle orthopédique avec 8 appareils.

A Ragaz, orthopédie dans l'établissement des bains, de juin à octobre ; 15 internés en traitement 2 fois par semaine ; 56 internés ont pris les bains à raison de 21 par tête.

Dans la plupart des secteurs de la région, il y a des appareils orthopédiques simples à disposition des internés.

A Oberwaid, Heiden, Ebnat, Waldstatt, Ermatingen, Oberegg et Hérisau, bains de soleil fréquentés.

A Saint-Gall, lampes de quartz.

Hydrothérapie à Oberwaid, Eiden, Ebnat et Saint-Gall.

Il n'y pas eu de nouveaux établissements ouverts en 1917; pour ceux qui existent, il est prévu qu'ils seront ouverts tant que l'internement durera.

RÉGION DAVOS. — Il n'a été fait aucune installation spéciale nouvelle pour l'héliothérapie; les installations existantes dans les sanatoria de Davos et d'Arosa (bains de soleil, lampes de quartz, rayons Röntgen) ont été utilisées; de même pour l'hydro- et l'électrothérapie.

En revanche, il a été ouvert, le 3 mai 1917, un établissement mécano-thérapeutique à Klosters; une vingtaine d'appareils ont été établis, dont plusieurs peuvent subir des transformations et servir à divers emplois; les internés eux-mêmes ont travaillé à l'installation, ce qui en a notablement diminué les frais. Jusqu'à la fin de l'année 1917, il a été traité 29 internés pour 37 maladies.

Dans l'établissement, il y a aussi un appareil de faradisation.

Depuis le 17 février, des bains de soleil ont été imposés aux internés, à Silvretta et à Laret, avec des exercices en plein air, sous la direction d'un sous-officier. Le nombre des participants s'est élevé jusqu'à 145. Les bains de soleil ont pour but de faire bénéficier de l'altitude, de la façon la plus efficace possible, les internés parmi lesquels les malariques forment la majorité.

A la fin de mai, la plupart des internés étant tout le jour en plein air occupés à l'agriculture, les bains de soleil obligatoires furent suspendus, sauf pour quelques internés encore faibles. Ils furent repris, à la fin de novembre, pour les nouveaux arrivés, après quelque temps d'acclimatation.

CHAPITRE VIII

Etudes.

*Internés étudiants. — Service des études. — L'Œuvre
universitaire. — Les études dans les régions d'internement.*

Dans le courant de l'été 1917, la subdivision pour internés étudiants a cessé d'être, comme elle était au début[1], une subdivision à part, étendant ses ramifications sur toute la Suisse.

Avec la nouvelle organisation des régions, d'après l'ordre du 25 juin 1917, tous les internés étudiants font partie de la région où ils poursuivent leurs études au même titre et dépendant des mêmes autorités que les autres internés; aussi les commandants de place universitaires disparurent; la subdivision des internés étudiants fut transformée en une inspection des internés étudiants et le commandant de la subdivision devint « Inspecteur des internés étudiants »[2].

Les tâches dévolues à ce nouvel organe de l'internement sont les suivantes :

1° Rapports directs, au nom du Médecin d'armée, avec l'Œuvre universitaire suisse d'une part et, d'autre part, avec les établissements d'instruction où sont inscrits des internés.

2° Inspection de ces écoles, des cours d'instruction fréquentés par des internés, et des établissements où ceux-ci logent.

L'inspecteur des internés étudiants est officier adjoint, chef de service, du Médecin d'armée. Le colonel Georges de Montmollin, qui était chef de la subdivision des internés étudiants, est resté chef du service des Etudes.

---

[1] Voir *Premier Rapport*, 1916, p. 57 et suiv.
[2] D'après l'ordre du 8 mars 1918, le titre officiel est « chef inspecteur du service des Etudes ».

Pour les vacances de printemps 1917, l'ordre fut donné que les internés restassent dans les localités où ils avaient étudié ; on devait pourvoir à les occuper par des répétitions, des conférences, des excursions ; un ordre prescrivait d'employer, durant les vacances d'été, aux travaux agricoles et spécialement aux récoltes, le plus grand nombre d'internés possible ; on a pris, aussi, parmi les internés étudiants ceux qui présentaient pour ces travaux quelque aptitude, mais sans user, dans ce choix, d'une grande rigueur.

Pour les semestres d'été 1917 et d'hiver 1917-1918, il a été apporté le plus grand soin à ce que ne fussent inscrits, dans les écoles et spécialement dans les universités, que des internés capables de profiter des études pour lesquelles ils s'inscrivaient et qui, dans leurs secteurs, s'étaient montrés disciplinés et dignes de confiance. Deux tendances, en effet, se sont manifestées, l'une d'augmenter le nombre des étudiants, l'autre de le diminuer. La première tendance est représentée surtout dans le monde universitaire, tandis que les autorités de l'internement et l'Œuvre universitaire, appuyés par l'Ambassade et les Légations, tiennent beaucoup à ce que les simili-étudiants soient éliminés.

Dans certains milieux universitaires suisses, on ne se souvient pas toujours que les internés sont des militaires prisonniers de guerre, et l'on revendique pour eux la liberté académique ; l'internement, d'accord avec l'Œuvre universitaire, insiste, en revanche, sur la discipline d'une part et sur la nécessité que les étudiants soient au titre ; il estime que ce serait faire tort aux études et aux étudiants que de laisser envahir nos établissements d'instruction publique par un demi-monde universitaire qui les discréditerait.

La question est délicate, mais puisque les représentants de ces deux tendances ont à cœur le bon renom des études, on devait arriver à s'entendre.

L'opposition entre ces deux tendances a été assez marquée durant l'année 1917.

Le 15 octobre 1917, le président du Comité central de l'Œuvre universitaire, M. Louis Maillard, écrivait au Chef du Département politique qu'il était urgent d'établir, pour autant que cela n'était pas déjà fait, un plan d'ensemble des besoins et des ressources scolaires aux divers degrés de l'enseignement, des illettrés aux étudiants, et de remettre l'organisation systématique des études des internés à une direction unique et civile, sous la dépendance directe du Département politique.

Le Médecin d'armée répondait, le 30 octobre 1917, au Chef du Département politique; il justifiait d'abord le service de l'internement de certaines allégations, il affirmait que « dès le début, le service de l'internement avait reconnu l'importance primordiale du travail » ; puis il continuait :

« Pour en venir au travail plus spécialement intellectuel, il y est pourvu de trois manières :

« 1º Dans les établissements d'instruction existant déjà dans notre pays (universités, écoles, etc...) ; c'est dans ce domaine que, selon moi, doit s'exercer, très spécialement, l'activité de l'Œuvre universitaire.

« La surveillance technique des internés fréquentant ces écoles, le contrôle des examens d'admission, de la marche des études, de la délivrance des diplômes, est le vrai champ d'action de l'Œuvre universitaire ; c'est ainsi qu'elle a rendu et qu'elle est appelée à rendre de très grands services.

« Je voudrais exprimer le vœu que l'Œuvre universitaire se montrât toujours plus sévère pour l'admission des internés dans ces établissements, qu'elle empêchât d'y entrer tous les éléments indignes ou qu'elle demandât leur expulsion, et cela pour deux raisons : d'abord, pour ne pas discréditer les internés étudiants et ne pas créer parmi eux un prolétariat intellectuel ; puis, pour ne pas prêter à des réclamations : on a déjà dit, trop souvent, que les étudiants suisses sont lésés, que les places auxquelles ils ont droit en premier lieu sont prises ; enfin, il ne faudrait pas que les internés affluant dans les villes, y augmentassent la pénurie de logements. Il y a déjà eu des plaintes sérieuses, nous en sommes préoccupés. L'Œuvre universitaire doit s'en préoccuper également.

« 2° L'instruction est donnée aux internés dans des écoles dites nationales. Nous avons établi des ateliers nationaux, nous avons établi aussi des écoles nationales : par exemple, la *Technische Schule* de Zurich[1], une Ecole anglaise de mécanique à Vevey, une Ecole de commerce à Vevey, une Ecole de notariat à Lausanne, une Ecole belge des arts et métiers à Clarens, etc.

« Ces écoles nationales ne me semblent pas être un domaine où l'Œuvre universitaire doive exercer son activité ; ce n'est pas nécessaire, car ces écoles sont installées, organisées et payées par l'Etat auquel elles ressortissent, toujours, cela va sans dire, sous le contrôle du service de l'internement. Ces écoles n'ont jamais donné lieu à aucun désagrément et ne nous coûtent rien ; les Etats en sont entièrement responsables, à tous les points de vue ; ils établissent les programmes comme cela leur convient, d'après leurs propres méthodes d'enseignement, méthodes que les internés sont appelés à suivre plus tard.

« 3° Les écoles d'illettrés ont été établies, dès l'origine, là où elles étaient nécessaires, par des commandants de place ou de région ; elles ne peuvent pas avoir une marche très régulière parce que les internés ne les fréquentent que lorsqu'ils ne peuvent être employés à des travaux pressants d'agriculture ou autres. Les maîtres enseignant sont pris parmi les internés eux-mêmes. Toutes ces écoles rentrent dans le service proprement dit de l'internement.

« La Commission romande avait eu l'intention de faire une grande organisation de cours pour illettrés et autres ; l'autorisation lui a été refusée, mais le service de l'internement sera heureux de la voir fonder certaines organisations locales ou collaborer à d'autres déjà existantes, selon les besoins de chaque région.

[1] Transférée à Saint-Gall.

« J'estime que l'Œuvre universitaire ferait fausse route en voulant s'ingérer dans ce domaine où elle risquerait de ne pas faire une œuvre vraiment utile et de susciter de pénibles frottements.

« Au point de vue tout à fait général de l'organisation de l'internement, je verrais un grand danger à ce que l'Œuvre universitaire dépendît directement du Département politique, qu'elle pût entrer directement en rapport avec l'Ambassade ou les Légations, et que le service de l'internement ne puisse plus exercer sur elle une surveillance immédiate. Toutes les organisations dépendant de l'internement, par exemple la Direction générale des ateliers, la Commission centrale du travail, etc., pourraient prétendre à la même autonomie et ce serait l'anarchie. »

Enfin, le Médecin d'armée chargeait le Colonel de Montmollin, Chef inspecteur des études, qui, disait-il, est l'agent de liaison entre l'Œuvre universitaire et lui, d'examiner les propositions du professeur Maillard et de lui faire rapport.

Le Colonel de Montmollin procéda à une inspection de tous les centres d'études ; au commencement de mars 1918, il faisait son rapport et concluait que l'Œuvre universitaire devait prendre sa place dans les cadres de l'internement et non pas travailler à côté de ce service ; la faculté devait lui être laissée, dans des circonstances particulières, de recourir directement au Département politique.

Dans son rapport, le Colonel de Montmollin proposait une voie du service dans laquelle il servait d'intermédiaire : l'Œuvre universitaire lui soumettrait les questions qu'il trancherait, à moins qu'il n'estimât devoir les soumettre au Médecin d'armée qui lui, dans certains cas, en référerait au Département politique ; il insistait sur la nécessité, pour les relations entre l'internement et l'Œuvre universitaire, qu'il existât une certaine entente, basée sur le tact et la confiance mutuelle, entre les commandants de région et de place et les présidents des comités locaux de l'Œuvre universitaire et que ces derniers fussent tenus au courant — comme ça avait été prescrit par le Médecin d'armée —

de certains faits pouvant les intéresser tels que transferts, cas disciplinaires, etc.

Le Colonel de Montmollin disait qu'il serait désirable qu'un contact fût établi entre certaines écoles dites nationales et dépendant de l'Ambassade ou des Légations et les universités et institutions pour internés dépendant directement, au point de vue pédagogique, de l'Œuvre universitaire.

Il demandait que la question des vacances fût réglée, la question des admissions de même, afin que tel interné, refusé, pour des causes disciplinaires ou autres, par le Chef inspecteur des études, ne pût pas se faufiler dans une école ne dépendant pas de ce dernier ; la question des professeurs internés devait aussi être étudiée.

Il restait bien entendu que l'internement était seul responsable de la discipline des internés. Le Colonel de Montmollin prévoyait que l'activité de l'Œuvre universitaire devrait demeurer limitée aux universités et polytechnicums et serait déchargée de ce qui concerne les études secondaires, tout en accordant son patronage à certaines écoles spéciales.

Le Colonel de Montmollin insistait sur la nécessité d'uniformiser le contrôle exercé sur les internés étudiants au point de vue de la fréquentation des cours : « Il est de toute évidence, disait-il, que les cours doivent être considérés comme un service commandé et que la « liberté académique » n'existe pas pour les internés ; il faut que les inutiles, c'est-à-dire ceux qui se sont fait transférer pour se trouver dans des centres et pour lesquels les études n'ont été qu'un prétexte, soient renvoyés dans d'autres régions, pour y exercer d'autres activités. Il insistait sur la nécessité d'une sévérité toujours plus grande présidant au choix des internés étudiants, et que l'on évitât les soi-disants auditeurs qui, trop souvent, sont des paresseux désirant être internés dans des centres universitaires sans autre but que de jouir des avantages de la grande ville. »

Il terminait enfin en insistant sur l'appui qu'il avait rencontré auprès de l'Œuvre universitaire et très spécialement de son Président central.

Le Colonel de Montmollin se plaît à rendre hommage à la bonne volonté qu'il a rencontrée aussi bien auprès du Président central qu'auprès des différents présidents locaux de l'Œuvre universitaire.

En résumé, les deux tendances divergentes ont convergé grâce aux efforts de l'agent de liaison, le Colonel Georges de Montmollin, et c'est naturel puisqu'aussi bien les universitaires que les militaires tendent au même but, le bon renom des études dans notre pays.

On en restait à l'organisation des études et des écoles telle que l'avait présentée le Médecin d'armée. Cette organisation se montrera d'autant plus féconde qu'elle reposera, selon le vœu du Colonel de Montmollin, sur des rapports auxquels présideront le tact et la confiance mutuelle.

Etant donnée la nouvelle organisation, on ne trouvera pas dans ce rapport, comme dans le précédent, des détails spéciaux et statistiques sur les étudiants au point de vue discipline et santé ; nous nous bornerons à passer en revue les divers centres d'études pour internés dépendant directement de l'inspection des internés étudiants, soit qu'il s'agisse des centres déjà existants, soit qu'il s'agisse d'écoles nouvelles ou nationales [1].

Pour toutes les écoles fondées dans l'internement même, l'autorisation du Médecin d'armée est nécessaire.

RÉGION GENÈVE. — A Genève ont été inscrits comme étudiants à l'Université :

	Semestre d'été 1917	Semestre d'hiver 1917/18
Français	149	191
Belges	25	43
Anglais	—	1
	174	235

[1] Il sera parlé, ci-après, au chapitre X, des écoles primaires et pour illettrés.

Outre l'Université les internés fréquentent les écoles suivantes :

	SEMESTRE D'ÉTÉ 1917			SEMESTRE D'HIVER 1917/18		
	Français	*Belges*	*Anglais*	*Français*	*Belges*	*Anglais*
Ecole des Beaux-Arts	37	3	—	35	3	1
Ecole Rochat-Burdin				8	—	1
Berlitz School	3	—	2	57	5	—
Institut J.-J. Rousseau	20	—	—	20	—	—
Ecole des Arts et Métiers	13	1	—	13	2	—
Ecole de commerce	—	—	—	4	—	—
Ecole dentaire	2	—	—	1	—	—
Ecole d'horlogerie	3	—	—	5	1	—
Geneva School	—	—	—	7	—	—
Totaux	78	4	2	150	11	2

RÉGION LAUSANNE. — A Lausanne, le nombre suivant d'internés ont été inscrits aux cours de l'Université :

	Semestre d'été *1917*	Semestre d'hiver *1917/18*
Français	157	196
Belges	83	82
Anglais	8	9
Total :	248	287

Outre l'Université, une demi-douzaine d'internés fréquentent le Conservatoire. Le Lycée Jaccard a été fermé en septembre 1917.

Il existe à Lausanne deux écoles spéciales qui ont été fondées pour les internés :

1° **Des cours primaires et primaires supérieurs de perfectionnement.** L'initiative de cette école, dite de Mauborget, a été prise par deux soldats internés. Elle a été fondée le 1er octobre 1917 et, durant le premier semestre de son existence, elle a compté 50 Français, 20 Belges et 1 Anglais. Elle a pour but de donner une instruction commerciale élémentaire et de compléter l'instruction primaire des internés de la place de Lausanne ; pour suivre ces leçons, il suffit d'une bonne instruction primaire. Les professeurs sont rétribués par l'Ambassade de France ; il y a, par semaine, 40 à 50 heures de cours qui portent sur la comptabilité, la sténographie, l'arithmétique, la grammaire, l'histoire, la géographie, le français, l'anglais, l'allemand, l'italien, le flamand.

2° L'Ecole de notariat, fondée en avril 1917, sur l'initiative d'un capitaine français interné et sous la direction de l'Ambassade. Cette école a pour but de permettre aux internés clercs de notaire de revoir et de compléter leurs connaissances théoriques et pratiques, de permettre, en général, aux internés que leurs maladies ou blessures ont rendus impropres à la vie active, de se créer une nouvelle situation, et de remédier ainsi, dans une certaine mesure, aux vides créés par la guerre dans le notariat.

L'école de notariat ne reçoit que des internés français ; une bonne instruction primaire suffit pour y entrer.

Durant le semestre d'été 1917, elle a compté 29 élèves et 88 durant le semestre d'hiver 1917-18.

Les cours théoriques portent sur le droit civil, le droit fiscal, le droit commercial, la procédure civile. Il y a, en outre, des cours pratiques de deux heures chacun. Les élèves sont répartis en quatre groupes, suivant leur culture générale et leurs connaissances notariales.

Cette école compte quinze professeurs, dont un interné civil, et un capitaine, tous les autres sont des sous-officiers ou des soldats.

Il faut mentionner encore à Lausanne un **Cours d'humanités belges** suivi par une demi-douzaine d'internés belges.

RÉGION MONTREUX. — Une **Ecole de commerce des internés** a été fondée à Vevey, le 12 avril 1917, de concert avec l'Ambassade de France. Elle a pour but la rééducation professionnelle des internés autrefois employés dans le commerce et l'industrie et l'éducation commerciale des élèves des écoles commerciales dont les études ont été interrompues par la guerre. Pour y entrer, il suffit d'un certificat d'études primaires.

28 élèves français ont suivi les cours du semestre d'été 1917, et 102 élèves, dont un Belge, ceux du semestre d'hiver 1917-18.

L'école comptait dix professeurs à la fin de 1917; on y enseignait l'allemand, le français, l'anglais, l'arithmétique, le droit civil, le droit commercial, la comptabilité, l'algèbre, la physique, la chimie et l'économie politique; 36 heures par semaine.

Un **Centre d'études pour officiers français** a été établi à Vevey en mars 1917; il compte deux divisions, la première a pour programme celui de l'entrée à l'Ecole de guerre, la seconde celui de l'entrée à Saint-Cyr; 8 professeurs, 42 élèves.

Une **Ecole franco-belge des arts appliqués** a été fondée à Montreux le 19 décembre 1917; elle a pour but d'occuper les internés des classes de travail I, II, III et V, désireux d'apprendre l'art décoratif, spécialement dans ses applications à l'industrie; elle s'est ouverte avec quatre élèves et il y a une vingtaine d'heures de cours par semaine.

L'Ecole belge d'arts et métiers à Clarens, ouverte le 12 avril 1917, a pour but d'assurer la rééducation des internés ayant un métier en rapport avec l'industrie du bâtiment et de former des contre-maîtres. Durant le semestre d'été, elle a compté 64 élèves et 56 durant le semestre d'hiver 1917-18 ; cinq professeurs et deux chefs-d'atelier donnent 35 à 40 heures de leçons par semaine. L'enseignement est essentiellement pratique, il porte spécialement sur l'architecture, la ferronnerie, la menuiserie, l'imprimerie, l'arithmétique, le dessin, la géométrie, la comptabilité, l'hygiène du bâtiment, etc.

Une **Ecole d'apprentissage d'automobile et de motoculture** (A. M. I. F.) a été fondée pour les internés français, le 15 décembre 1917, à Tavel sur Clarens.

L'Ecole belge d'aviculture, ouverte le 3 janvier 1917, à Blonay, a pour but de donner aux cultivateurs internés belges et français originaires des pays envahis, un enseignement qui leur permette d'exploiter rationnellement les volailles, les lapins et les abeilles. Il y a eu 31 Français et 34 Belges inscrits pour le

semestre d'été 1917, 68 Français et 28 Belges pour le semestre
d'hiver 1917-18 ; à côté des travaux pratiques, il est donné deux
heures de cours par jour sur l'aviculture, la cuniculture, l'api-
culture, l'agriculture générale et spéciale, le génie rural, l'économie rurale et la zootechnie.

RÉGION FRIBOURG. — A Fribourg ont été inscrits comme
étudiants à l'Université :

	Semestre d'été 1917	Semestre d'hiver 1917/18
Français	48	59
Belges	18	27
Anglais	1	1
Total :	67	87

Des internés fréquentent également les écoles suivantes :

	SEMESTRE D'ÉTÉ 1917			SEMESTRE D'HIVER 1917/18		
	Français	Belges	Anglais	Français	Belges	Anglais
Technicum	26	13	—	31	23	—
Collège Saint-Jean	4	—	—	7	—	—
Collège Saint-Michel	5	3	1	16	12	5
Ecole d'agriculture Grange Neuve	10	—	—	6	1	—
Total :	45	16	1	60	36	5

Outre les institutions suisses il y a, à Fribourg, une **Ecole normale primaire des internés belges** ; elle a été fondée, le 18 avril
1917, sur l'initiative de la Légation de Belgique. Le but en est de
préparer les élèves à l'examen d'instituteurs devant le jury central belge ; 14 Belges étaient inscrits pour le semestre d'été 1917
et 12 pour le semestre d'hiver 1917-18. Sept professeurs donnent
environ trente heures de cours par semaine.

A Bulle, il a été ouvert, le 23 octobre 1917, une **Ecole de mécanique pour internés belges** ; elle est placée sous le contrôle
du Gouvernement belge. Les élèves n'ont rien à payer, ils
reçoivent des gratifications qui varient, d'après leur travail,
entre 25 et 40 centimes par heure. Il y a, en moyenne 18 élèves,

plus 6 spécialistes ou moniteurs. En général, les élèves vont aux cours théoriques le matin pendant quatre heures et une semaine sur deux. Ces cours comprennent deux heures de théorie (mécanique, technologie, mathématiques, etc.) et deux heures de dessin. Le reste du temps est consacré aux exercices pratiques à l'atelier.

Le personnel enseignant de l'école se compose d'un directeur, d'un directeur d'atelier, d'un professeur pour cours théoriques, d'un professeur de dessin, tous soldats belges.

RÉGION JURA. — A Neuchâtel ont été inscrits comme étudiants à l'Université :

	Semestre d'été 1917	Semestre d'hiver 1917/18
Français	64	77
Belges	18	22
Anglais	3	2
Total :	85	101

En outre, les internés fréquentent les écoles suisses suivantes :

	SEMESTRE D'ÉTÉ 1917			SEMESTRE D'HIVER 1917/18		
	Français	Belges	Anglais	Français	Belges	Anglais
Gymnase	10	7	—	10	6	—
Ecole supérieure de commerce classes spéciales	66	20	4	53	29	5
Ecole des Beaux-Arts	2	—	1	2	—	1
Ecole mécanique	2	—	—	2	—	—
Technicum (Bienne)	1	—	—	1	—	—
Total :	81	27	5	68	35	6

A l'**Ecole supérieure de commerce** les internés ne suivent pas les cours habituels ; il a été créé pour eux, en novembre 1916, par l'Œuvre universitaire suisse, trois classes spéciales ayant pour but de développer leur culture générale et de les préparer aux carrières commerciales et administratives.

Il y est donné, par des professeurs internés au nombre de douze, des cours de comptabilité, d'arithmétique commerciale, de mathématiques et de français, de langues modernes, de droit commercial, de sténographie et de dactylographie, environ 60 à 70 heures par semaine, les trois classes comprises.

A Neuchâtel, il y a en outre trois écoles nationales pour internés français :

Une **Ecole spéciale préparatoire aux administrations civiles** a été fondée le 1er mai 1918.

Une **Ecole normale,** fondée sur l'initiative de l'Œuvre universitaire ; elle a pour but de former des instituteurs en faisant passer l'examen du brevet élémentaire. Cet examen est organisé par le directeur de l'école, interné civil, qui convoque, à cet effet, une commission suisse.

Le nombre des élèves a été, durant le semestre d'été 1917, de 55 et de 52 durant le semestre d'hiver 1917-18. Il y a deux classes où sont enseignés l'histoire, la géographie, les mathématiques, l'algèbre, les sciences naturelles, le français et l'allemand ; tous les professeurs sont des internés et donnent une soixantaine d'heures de cours par semaine.

Il a été fondé, le 1er janvier 1917, une **Ecole spéciale militaire** ayant pour but de préparer des candidats officiers ; cette école a vu successivement rapatrier tous ses directeurs ; elle comptait comme élèves, durant le semestre d'été, 30 Français et 2 Belges et, durant le semestre d'hiver, 25 Français et 2 Belges ; elle a été fermée à Pâques 1918.

RÉGION BERNE. — A Berne même il n'y a pas d'écoles nationales. Ont été inscrits à l'Université :

	Semestre d'été 1917	Semestre d'hiver 1917/18
Allemands	—	48
Français	—	11
	Total	59

OBERLAND BERNOIS B. — Une **Ecole de commerce des internés français** a été fondée, le 1er décembre 1916, à Thoune. Le but

en est de lutter contre l'oisivité des employés de commerce
difficilement utilisables pour des travaux manuels, de permettre
à ces employés d'acquérir des connaissances théoriques leur
faisant défaut, enfin d'offrir aux blessés et mutilés qui, après la
guerre, ne pourront plus continuer leur métier, l'occasion de
trouver, lors de leur rapatriement ou de la signature de la paix
un emploi rémunérateur dans la banque, le commerce ou l'industrie. Lorsque cette école a été fondée, il n'existait pas d'écoles
pour les internés n'ayant qu'une instruction primaire.

Sont admis à cette école, les candidats ayant une instruction
primaire correspondant à celle du certificat d'études primaires.

Nombre d'élèves :

	Semestre d'été 1917	Semestre d'hiver 1917/18
Français	69	45
Belges	6	3
Total	75	48

La diminution du nombre des élèves a deux causes : le grand
nombre des élèves rapatriés, la concurrence faite par l'Ecole de
commerce de Vevey qui, se trouvant dans une région de langue
française, attire les internés français. On peut se demander s'il
n'est pas fâcheux qu'il existe deux écoles de commerce pour
internés et s'il ne vaudrait pas mieux concentrer sur une seule
le meilleur des forces.

Les huit professeurs sont tous des internés français ; ils donnent environ 40 heures de leçons par semaine ; le programme
comporte : commerce et comptabilité, mathématiques commerciales et financières, droit commercial et civil, législation in-
dustrielle et ouvrière, géographie économique, langues modernes,
sténo- et dactylographie.

Région Chateau-d'Œx. — La Légation britannique a créé, dès
janvier 1917, des cours correspondant aux classes d'instruction
qui existent dans l'armée britannique. Cette école, **Army School,**
dépend directement de la Légation britannique et du *War Office.*
Elle a été fondée en septembre 1916. Les cours sont gratuits

pour les militaires anglais; ils sont organisés de façon à tenir compte des traitements médicaux, les heures sont modifiées suivant les circonstances.

L'instruction porte sur les branches suivantes : comptabilité, sténographie, dactylographie. Pour ces branches et pour l'obtention du certificat dit *Royal Society of Arts*, 29 candidats se sont présentés aux examens de fin décembre 1917; 21 les ont passés avec succès. L'enseignement des branches : mathématiques, histoire, géographie, langue anglaise et langue française, amène à l'obtention du certificat dit : *Army School Certificate*. Sur 148 candidats à la fin de décembre 1917, 124 ont passé leurs examens avec succès.

A la tête de l'*Army School* a été placé par le *War Office*, un directeur anglais; les professeurs *(Army Schoolmasters)* sont au nombre de deux, de nationalité anglaise. Ils ne sont pas internés et travaillent à titre civil. Ils sont occupés 6 à 7 heures par jour.

L'*Army School* a été fréquentée en tout, durant l'année 1917, par 12 officiers et 335 sous-officiers et soldats anglais.

RÉGION LUCERNE. — A Lucerne, 36 internés environ ont fréquenté des écoles suisses :

	Allemands	Austro-Hongrois
Kantonsschule	14	—
Kunstgewerbeschule	19	3
Total :	33	3

Il a été fondé à Lucerne pour les internés allemands, en 1918, une **Deutsche internierten Fachschule.**

RÉGION BALE. — A Bâle, l'Université a été fréquentée par le nombre suivant d'internés :

	Semestre d'été 1917	Semestre d'hiver 1917/18
Allemands	28	31
Austro-Hongrois	1	1
Français	—	2
Total :	29	34

Il a été inscrit à la Berlitz School 2 Allemands pour le semestre d'été 1917 et 10 Allemands pour le semestre d'hiver 1917-18, à la Widemann'sche Schule 1 Français pour le semestre d'hiver 1917.

Il a été fondé deux écoles spécialement pour internés :

La **Fortbildungsanstalt für Volksschullehrer** a été ouverte le 15 mai 1917, elle a pour but de préparer, en six mois, des candidats au 1er et au 2me examen d'instituteur ; le certificat est valable dans tous les Etats de l'Allemagne.

Le nombre des élèves exclusivement allemands a été, pour le semestre d'été, de 49 et de 21 pour le semestre d'hiver 1917-18.

L'**Ecole des postes** a pour but, comme le nom l'indique, de préparer des employés et des secrétaires postaux. Le nombre des élèves pour chacune de ces deux classes a été de 5.

Région Zurich. — A Zurich, 42 internés allemands ont suivi les cours de l'Université durant le semestre d'hiver 1917-18.

En outre, des internés ont fréquenté les écoles suivantes :

	Allemands	Austro-Hongrois
Ecole polytechnique	75	2
Reformgymnasium	1	1
Kunstgewerbeschule	1	1
Malerschule Schmidt-Engweiler	1	—
Gademanns-Handelsschule	5	—
Konservatorium	6	—
Landwirtschaftschule	3	—
Total :	92	4

La **Technische Schule** [1] a été transférée à Saint-Gall à la fin de l'année 1917.

Région Saint-Gall. — Dans cette région les établissements suisses suivants ont été fréquentés par des internés :

Handelshochschule	100
Gewerbeschule	8

[1] Voir, *Premier Rapport*, 1916, p. 65 et, ci-après, p. 176.

Verkehrsschule   3
Handelsschule des Instituts Dr Schmidt   20
Handelsschule des kaufmännischen Vereins   8
Lehrerseminar Rorschach
Eidgenössische Webschule, Wattwil

Le nombre des internés étudiants, à Saint-Gall même, a été :

	Semestre d'été 1917	Semestre d'hiver 1917/18
Allemands	124	189
Austro-Hongrois	2	4
Total :	126	193

Il y a, en plus, les écoles nationales suivantes :

1° **Technische Schule** ; elle compte cinq subdivisions :

a) Motorschule, à Saint-Gall, qui a pour but de former des mécaniciens pour moteurs et des chauffeurs de camions automobiles.

	Semestre d'été 1917	Semestre d'hiver 1917/18
Allemands	26	40
Autrichiens	2	2
Total :	28	42

Cette école compte 4 professeurs internés qui donnent 33 heures de cours par semaine.

b) Subdivision pour marins, qui a pour but de former des mécaniciens de marine, fondée en août 1917, à Saint-Gall même. Les élèves, tous Allemands, étaient pour le semestre d'hiver au nombre de huit. Il y a 5 professeurs allemands donnant 59 heures de cours par semaine.

c) Subdivision pour constructeurs de machines, fondée à Walzenhausen le 10 janvier 1917. On y enseigne une technique moyenne à ceux qui, par leurs blessures, ont été rendus incapables de remplir un autre poste que celui de surveillant.

Nombre des élèves :

	Semestre d'été 1917	Semestre d'hiver 1917/18
Allemands	35	47
Autrichiens	—	2
Total :	35	49

9 professeurs allemands donnent plus de 100 heures de leçons par semaine.

d) Subdivision pour gaz et chauffage, fondée à Walzenhausen, en juin 1917, pour former des mécaniciens pour gazomètres et appareils de chauffage.

Au semestre d'été, il y avait 32 élèves et au semestre d'hiver le même nombre; 5 professeurs allemands donnent 62 heures de leçons.

e) Subdivision pour constructions, fondée le 10 janvier 1917, pour former des hommes de technique moyenne auxquels leurs blessures ne permettent qu'un travail de surveillance. Cinq classes. 23 élèves ont suivi, chaque semestre, les cours donnés par 8 professeurs; 40 heures par semaine et par classe.

2° **Landwirtschaftliche Schule deutscher Internierter**, au château de Hard, Ermatingen ; cette école a pour but de donner des connaissances théoriques d'agriculture ; elle a été fondée en novembre 1916[1]. Elle comptait, durant le semestre d'été 1917, 30 élèves et 33 pendant le semestre d'hiver 1917-18; 4 professeurs allemands et 2 professeurs suisses y enseignent la culture des champs et des plantes, l'élevage, l'industrie du lait, l'économie politique, le commerce, la comptabilité, la culture maraîchère et des vergers.

3° Dans la même localité, également au château de Hard, se trouve une **Forstschule** pour internés allemands; elle a pour but de former des forestiers.

Nombre des élèves :

	Hiver 1916/17	Été 1917	Hiver 1917/18
Allemands	22	16	15

[1] Voir *Premier Rapport,* 1916, p. 147.

18 à 20 heures de leçons par semaine y sont données par un seul professeur allemand; il y a, en outre, des exercices pratiques et des excursions. Cette école est sous le patronage du prince Alphonse de Bavière.

Région Coire. — Un interné allemand est inscrit à l'école cantonale de Coire, un autre suit le séminaire catholique. Il y a, dans cette région, trois écoles nationales pour internés :

L'Ecole de commerce, fondée le 2 mars 1917 ; le nom de cette école suffit à en indiquer le but qui est du reste exposé dans une brochure [1].

Nombre des élèves :

	Semestre d'été 1917	Semestre d'hiver 1917/18
Allemands	38	54
Total :	38	54

L'école comprend une classe inférieure et une classe supérieure ; dans chacune, il est donné 20 à 30 heures de leçons par semaine. Les cours durent six mois.

La **Deutsche Internierten-Bergschule** a pour but de donner aux élèves les connaissances pratiques moyennes, nécessaires à la carrière de mineur ; elle a été fondée le 11 novembre 1916[2] et comptait 48 élèves allemands, pour le semestre d'été 1917, et 27 pour le semestre d'hiver 1917-18. Elle se divisait en deux principales classes une « Vorschule » de 29 élèves et une « Hauptschule » de 8 élèves ; le 15 mars 1917, 11 nouveaux élèves s'étant présentés, on créa une nouvelle section pour la Vorschule ; de ces 48 élèves, 37 étudiaient spécialement l'exploitation des mines de charbon. A la Hauptschule, il était donné 23 heures de leçons par semaine et à la Vorschule 26 heures.

Le directeur ayant été rapatrié et les élèves ayant été requis pour les moissons, les tourbières et autres exploitations, les cours furent interrompus le 7 juillet, pour une durée indéterminée.

---

[1] *Deutsche Internierten-Handelsschule in Chur,* brochure in-8 de 20 p.
[2] Voir *Premier Rapport,* 1916, p. 147.

Le 24 octobre 1917, l'école put être réouverte, mais la répartition des classes dut être changée et les programmes restreints.

Région Davos. — Nous avons déjà signalé le centre d'écoles pour internés allemands qui se trouve à Davos[1]; à cette activité, déjà mentionnée, sont venues s'en ajouter d'autres :

Une **Ecole de commerce** pour internés, fondée le 27 février 1917, compte deux sections :

	Semestre d'été 1917	Semestre d'hiver 1917/18
Allemands	92	94
Austro-Hongrois	3	2
Total :	95	96

Un professeur suisse et 4 internés allemands donnent environ 22 heures de leçons.

Dans le **Fridericianum** de Davos, gymnase allemand qui existait avant la guerre, il se donne deux séries de cours par des professeurs allemands; l'une a pour but de préparer au volontariat d'un an; ces cours, inaugurés en septembre 1916 et donnés par des professeurs allemands, sont suivis par une trentaine d'élèves; l'autre, *Vorbereitung auf die Kriegsreifeprüfung* a commencé à la fin de janvier 1917; elle a été suivie pendant le semestre d'hiver 1917-18 par 25 Allemands et 2 Autrichiens.

Pour s'éclairer sur le détail de ces deux séries de cours au Fridericianum, on peut consulter deux brochures de M. Bach, intitulées : *Die Vorbereitung der deutschen Internierten in der Schweiz auf die Kriegsreife- und Einjährigen Prüfung, August 1916-Mai 1918*[2] et *Die Ausbildung der deutschen Internierten in der Region Davos*[3].

Au milieu d'avril 1917, s'est ouverte, à Davos, la **Militär-**

[1] *Premier Rapport,* 1916, p. 149.
[2] Davos, 1 brochure de 36 pages publiée sous les auspices de la Légation d'Allemagne.
[3] Davos, 1917, 1 broch. de 56 p.

anwärterschule qui compte aussi deux sections, l'inférieure pour former de jeunes sous-officiers et la supérieure pour préparer des sous-officiers plus âgés à une carrière civile. Cette école compte 4 professeurs; durant le semestre d'été, elle avait 24 élèves allemands et 10 durant le semestre d'hiver 1917-18; 18 heures de leçons par semaine.

Enfin, le 4 novembre 1917 s'est ouverte, également à Davos, une école pour coloniaux allemands, **Lehranstalt für internierte Kolonialdeutsche.** Le nombre des coloniaux allemands internés, atteints de malaria, étant devenu assez grand en Suisse, le projet surgit, en septembre 1917, d'ouvrir pour eux une école à Davos, l'altitude de cette localité (1500 m.) étant favorable à ceux qui souffraient des suites d'un séjour sous les tropiques. Cette école fut installée dans le Sanatorium Seehof et ouverte, le 4 novembre 1917, avec 84 élèves. Cette école a dû être fermée à la suite des rapatriements de juillet 1918.

Il ne faut pas terminer la revue de ce qui a été fait pour les études des internés, sans mentionner le message adressé par le vice-chancelier de l'Université de Cambridge; renseigné exactement sur les grandes facilités offertes par les universités suisses à ceux des internés anglais qui veulent étudier, il a, au nom des « fellows » et des étudiants anglais, transmis au Médecin d'armée l'expression de sa reconnaissance pour tout ce que la Suisse fait pour tant de gens qui souffrent.

CHAPITRE IX

Travail des internés.

Travail en général.— Ateliers en général.— T. I. M.— Direction générale des ateliers. — Ateliers nationaux allemands. — Ateliers nationaux français. — Statistiques des internés occupés. — O. S. I. A. — Ateliers anglais. — Ateliers belges. — Classe IV. — Commissions de travail. — Travaux et exploitations. — Tourbières.

Travail en général.

Le Médecin d'armée écrivait, le 30 octobre 1917 : « La Suisse ne doit pas rendre aux belligérants, comme on l'a dit, « une masse amorphe d'incapables et de fainéants » ; j'ai toujours envisagé l'internement comme un essai de sauvetage des prisonniers de guerre.

« L'internement est une institution sans précédents ; elle était à créer ; l'organisation qui y a été donnée a fait ses preuves ; elle n'a pas été parfaite dès le début, mais elle s'est développée au fur et à mesure de l'extension qu'elle prenait et des besoins qui surgissaient : nombre d'internés, par exemple, ont été employés, cette année, à l'agriculture, aux tourbières et dans l'exploitation forestière ?

« Il nous a fallu veiller avec soin à ce que la main-d'œuvre étrangère ne fît pas une concurrence nuisible au travail suisse.

« Il y a eu, cela va sans dire, des à-coups, des frottements, des surprises, mais comment n'y en aurait-il pas eu, lorsque tout était à créer, lorsque le travail, dans son ensemble et dans ses détails, était absolument nouveau pour tous ceux, sans exception et du haut en bas de l'échelle, qui avaient à s'occuper de l'internement ?

« Dès le début, le service de l'internement a reconnu l'impor-

tance primordiale du travail [1] et il ne se lasse pas dans ses efforts
pour faire travailler les internés ; le fait est reconnu par l'Ambassade et les Légations.

La répartition des internés en six classes [2] selon leur capacité
de travail n'a pas été modifiée durant l'année 1917.

Ateliers en général.

Il faut distinguer, comme on l'a dit [3], entre les ateliers autonomes, les ateliers suisses et les ateliers nationaux.

« Un grand nombre d'internés, est-il dit dans les *Directions* du
12 mars 1917 [4], se sont mis dans la tête que le travail qu'on exige
d'eux, tant dans les bureaux du service de l'internement que
dans les divers ateliers, etc., est un travail facultatif et volontaire auquel il dépend de chacun de se soumettre ou non et qui
surtout doit être rétribué le plus largement possible. Il n'en est
aucunement ainsi. L'interné ne travaille pas dans notre intérêt,
ni à notre profit, mais bien pour lui-même et, en tout premier
lieu, en vue de sa propre rééducation et pour se mettre en état
de reprendre une activité féconde dès la fin de sa captivité. »
Déjà dans l'ordre du 8 juillet 1916, sur l'organisation des occupations des internés, le travail était proclamé obligatoire [5].

On peut appliquer aux ateliers en général, et spécialement aux
ateliers nationaux, ce qu'écrivait le directeur des ateliers nationaux français à la fin de son rapport : « Le travail dans les ateliers nationaux n'a pas seulement permis la rééducation professionnelle d'un grand nombre d'internés, il a encore contribué,
dans une large mesure, à leur assurer, avec une vigueur physique
chaque jour plus accentuée, une santé morale que l'oisiveté pro-

---

[1] *Premier Rapport,* 1916, p. 126.
[2] *Ibidem,* p. 128.
[3] *Ibidem,* p. 132 et suiv.
[4] *Directions pour les officiers sanitaires dirigeants et les comptables des
régions, ateliers et autres exploitations.* Voir, ci-après, *Documents,* n° XIX.
[5] *Premier Rapport,* 1916, p. 130 et 348.

longée avait nécessairement compromise. On ne travaille pas, régulièrement et pendant assez longtemps, sous une direction militaire, sans reprendre, même à son insu, des habitudes de discipline dont la répercussion sur la conduite et la tenue en dehors de l'atelier est certaine et apparente ; c'est pourquoi les punitions infligées aux ouvriers et employés occupés par l'Office du travail ont été très peu fréquentes. Beaucoup d'entre eux, en particulier ceux qui sont originaires des pays occupés, ont eu à cœur d'économiser une partie de leur salaire et ont pu ainsi venir en aide à leur famille ; un certain nombre ont même réussi à la faire vivre auprès d'eux. »

Ateliers autonomes.

Nous avons déjà mentionné l'entreprise autonome TIM [1] (Travail Internés Militaires) ; elle a continué à travailler, durant l'année 1917, fabriquant des objets en bois : planchettes à rouler les étoffes, tourets, bobines pour câbles électriques, jouets ; en 1917, on a fabriqué spécialement des baraques et des pièces de mobilier pour pays envahis et des baraques hôpital.

Le nombre des ouvriers a été en 1917 :

	Français et Belges
Février [2]	78
Mars	100
Avril	91
Mai	100
Juin	92
Juillet	80
Août	64
Septembre	77
Octobre	118
Novembre	103
Décembre	103

[1] *Premier Rapport*, 1916, p. 136.
[2] Janvier est déjà mentionné *ibidem*.

Sur ce nombre d'internés employés mensuellement, il y a eu en moyenne d'une dizaine de Belges.

Le plus grand nombre momentané d'ouvriers employés à la fois a été de : 98 Français et 16 Belges, soit 114 internés.

Les ventes se sont élevées :

durant le premier semestre de 1917 . . . . . à fr. 26.468 39
»   second   »   » . . . . » 63.387 67

Les salaires se sont élevés :

durant le premier semestre de 1917 . . . . à fr. 15.028 43
»   second   »   » . . . . » 15.877 27

Les bénéfices ont été :

pour le premier semestre 1917 . . . { brut . fr. 4625 87 / net . » 559 93

»   second   » . . . { brut . » 8295 21 / net . » 3701 34

La discipline à l'atelier a été excellente. Un seul homme a dû être changé de secteur, pour inconduite, au cours de l'année 1917.

Il faut compter au moins trois mois avant que l'homme ait repris suffisamment le goût du travail pour fournir un rendement normal. Quelques ouvriers ont appris un nouveau métier; les résultats ont été satisfaisants, spécialement pour les tourneurs.

La majorité des travaux effectués à тıм sont des travaux faciles, pour lesquels on employe habituellement de « petites mains », c'est ce qui explique que les bénéfices n'aient pas été plus importants. L'atelier occupe tous les hommes qui témoignent du désir de travailler, quelles que soient leur profession et leurs aptitudes.

Direction générale des ateliers.

Comme il a été dit dans le précédent rapport[1], le département de l'occupation des internés a été, en décembre 1916, complètement séparé de « Pro Captivis »; il a été placé sous les ordres

[1] *Premier Rapport*, 1916, p. 135.

du Médecin d'armée, chef de l'internement, et prenait le nom de « Direction générale des ateliers ». Mme de Sprecher en conservait la direction technique. Au commencement de 1917, la Direction générale des ateliers a été militarisée et n'a plus rien à faire avec les sections de la Croix-Rouge suisse.

En février 1917, les grosses industries furent reprises par les ateliers nationaux ; la Direction générale s'étant montrée disposée à disparaître, pour motif d'économie, le Médecin d'armée s'y opposa formellement par une lettre du 2 février 1917.

Par décision du Médecin d'armée du 26 mars 1917, la culture de la terre par les internés fut rattachée, au point de vue commercial et financier, à la Direction générale, et forma la subdivision « Travail de la terre » *(Bodenbearbeitung)*. Un 1er lieutenant fut chargé de cette organisation et un sergent de la tenue des livres.

Cette nouvelle entreprise avait pour but de procurer une activité saine et à l'air libre à des internés peu vigoureux et de contribuer à augmenter ainsi les ressources du pays. On ne compta pas, dès le début, sur des revenus, car les emplacements cultivés étaient peu étendus, dispersés et le contrôle était coûteux et presque impossible.

En 1917, l'étendue totale des terrains cultivés était de 368,306 m² et le nombre des internés occupés à cette culture de 380 environ [1].

A la fin de l'année, on prévoyait un gros déficit pour certaines de ces cultures, aussi, pour rétablir un peu l'équilibre, il fut décidé (4 octobre 1917) que le nombre des travailleurs et la durée du travail seraient réduits à un strict minimum. Les commandants de place étaient invités à exercer sur ces exploitations un contrôle très sévère. Enfin, il ne devait être vendu, des produits récoltés, que ce qu'il serait absolument nécessaire de vendre ; la

---

[1] Voir, ci-après, *Documents*, n° XXI, la liste des localités où se trouvent des emplacements cultivés, avec l'étendue de ceux-ci.

plus grande partie des produits devait être soigneusement con-
servée, comme provisions, dans des locaux secs et bien ventilés,
et surveillée afin qu'elle ne se gâtât pas.

La Direction générale partait du principe que les ateliers et
les occupations des internés ne sont pas organisés pour gagner
de l'argent, mais afin de fournir à des hommes inoccupés et,
par ce fait même, voués à la démoralisation, la possibilité de
s'habituer ou de se réhabituer à un travail régulier.

L'internement se prolongeant, ce principe dut être modifié ;
l'occupation de l'interné ne pouvait plus rester le but unique et
principal du travail, il fallait que ce travail fût dirigé de telle
façon qu'il fût utile à l'homme qui le faisait en vue de sa carrière
future.

A cet effet, une nouvelle organisation fut faite (août-septem-
bre 1917), à la base de laquelle fut placée l'autorité militaire chargée, comme dans tous les autres domaines de l'internement, de
la discipline. Il était rappelé (17 septembre 1917) aux commandants de région qu'ils devaient surveiller les ateliers dépendant de
la Direction générale et que cette surveillance devait s'étendre au
personnel, à l'observation des heures de travail, à l'ordre dans les
ateliers, à la conservation des matières premières et des objets
manufacturés ; ils devaient s'occuper du loyer, du chauffage, de
l'éclairage, des accidents, bref, de tout ce qui concerne l'organisation des dits ateliers. Toute la partie administrative fut remise
à un capitaine attaché à la Direction générale ; les grands com-
merces (vannerie, sabots, brosses) auxquels il fallait une direction technique et commerciale, étaient organisés en vue d'un
meilleur rendement.

L'activité des dames directrices de district, dames patronesses, directrices de cours [1], était maintenue ; leur collaboration

[1] Voir sur les directrices de district, *Premier Rapport*, 1916, p. 133 et 353.
— Voir, ci-après, *Documents*, n° XXII, la liste des directrices de district,
des dames patronesses, des directrices de cours en 1917.

volontaire était reconnue précieuse et indispensable, surtout pour la fabrication des objets artistiques et de luxe; elle a évité à l'internement de grands frais.

Les ateliers pour la fabrication d'objets artistiques et de luxe ne nécessitent aucune avance de capital et l'écoulement de ces objets a toujours été facilitée par la vente à des particuliers et par des expositions. Après la guerre, ces jolis objets, revêtus de la marque de fabrique de l'internement continueront à avoir, en Suisse et à l'étranger, leur intérêt et leur valeur.

En 1917, il existait [1] : pour les internés de l'Entente 38 ateliers occupant 564 hommes, pour les internés des Puissances centrales 30 ateliers occupant 228 hommes.

Les ateliers dépendent directement, au point de vue administratif, de la Direction générale à Berne qui nomme, pour chaque atelier, un comptable responsable. Le comptable de la Direction générale fait aux comptables des ateliers les avances nécessaires; la Direction générale tient la comptabilité des ventes faites par chaque atelier.

Sur l'ordre du Médecin d'armée (25 avril 1917) aucun nouvel atelier n'a été fondé. Il fallait réserver à l'agriculture toutes les forces disponibles tout en permettant aux ateliers déjà existants de continuer à fonctionner; on a pensé aussi à fermer certains ateliers pour fournir des bras à l'agriculture; mais, dans bien des endroits, les commandants de place ont désiré que les ateliers restassent ouverts, car c'était une manière commode d'employer les internés en temps de pluie.

Au commencement de l'hiver, on se remit à travailler dans les ateliers avec un zèle nouveau; heureusement, les différentes expositions donnèrent du travail.

D'après les règlements du 12 mars et du 1er juin 1917 [2], les ouvriers sont payés tous les dix jours. Les apprentis reçoivent 50

---

[1] Voir, ci-après, *Documents*, n° XXIII, la liste détaillée des ateliers dépendant de la Direction générale.

[2] Voir, ci-après, *Documents*, nos XIX et XX.

centimes par jour, net, sans retenue. Les ouvriers touchent 20 centimes par heure de travail moins la retenue qui est par homme de :

a) ateliers français et belges 20 % pour le pays d'origine ;

b) ateliers allemands 20 % pour la caisse de secteur ; 20 % pour l'homme (dans un livret de caisse d'épargne).

Tout salaire qui ne dépasse pas 5o centimes et les premiers 5o centimes d'un salaire plus élevé sont libres de toute retenue.

Au 3o novembre 1917, en chiffres ronds, les ateliers allemands avaient un boni de 16,600 fr. et les ateliers français un boni de 52,600 francs.

Les bureaux de la Direction générale (46, rue du Marché, Berne) sont toujours ouverts et on peut y faire des achats.

Expositions et ventes. — La Direction générale des ateliers doit, par égard pour l'industrie et le commerce suisses, s'abstenir de toute réclame et de toute organisation permanente de vente ; elle ne peut avoir recours, pour écouler sa marchandise, qu'aux gens qui s'intéressent aux ateliers et aux institutions de bienfaisance.

Les expositions ont été, pour les ateliers, un précieux débouché ; elles fournissent au public la preuve que les internés travaillent d'une façon intelligente et qu'ils sont arrivés, quoique ne disposant souvent que de moyens de fortune, à fabriquer des objets utiles et artistiques.

La Direction générale a envoyé, au printemps 1917, les objets fabriqués dans les ateliers suisses par les internés allemands à une grande exposition organisée à Francfort.

La Direction générale a aussi pris part à la grande exposition itinérante organisée par l'Office du travail [1] ; elle y a exposé pour une valeur de fr. 51.145,85 ; il a été vendu pour fr. 35.129,25 et fait pour fr. 14.000 de commandes.

En juillet 1917, il s'est constitué une commission Suisse-Amérique, sous la présidence de Mme Stowall, femme de S. E.

[1] Voir, ci-après, p. 196-197.

M. le Ministre d'Amérique à Berne ; le but était d'envoyer et d'écouler en Amérique la trop grande abondance des travaux des internés de l'Entente. Mme Grouitch, femme de S. E. M. le Ministre de Serbie à Berne, partit pour l'Amérique comme déléguée officielle ; elle était accompagnée de deux demoiselles, et le service de l'internement lui adjoignit un caporal suisse pour convoyer les marchandises. De grandes difficultés surgirent que Mme Grouitch, S. E. le Ministre de la Confédération suisse à Washington M. Sulzer et Mme Sulzer et de nombreux Suisses, s'efforcèrent de surmonter. Un film a été envoyé en Amérique ; une brochure devait être publiée en anglais pour faire connaître l'internement.

A propos de cet effort tenté en Amérique, M. le Ministre Sulzer, écrivait le 21 mars 1918 : « Inutile d'insister sur le fait que, si le résultat financier de la vente dans son ensemble n'a pas répondu aux espérances, l'entreprise elle-même et spécialement la façon habile et énergique dont Mme Grouitch a su la présenter au public américain, ont été, au plus haut degré, utiles à la Suisse. Partout les dispositions sont excellentes pour notre pays et cette entreprise est, pour une bonne part, dans la faveur dont il jouit. »

Du 15 au 29 décembre 1917, une exposition de Noël a été organisée dans les bureaux de la Direction générale des ateliers à Berne ; des objets fabriqués en Suisse dans plus de 40 ateliers étaient exposés et la vente a rapporté plus de 8500 francs ; d'autres expositions locales ont donné d'heureux résultats financiers.

Ateliers nationaux allemands et Section IV.

L'organisation des ateliers nationaux allemands a été déjà exposée [1].

La Section IV du travail des internés à la Légation d'Allemagne a la surveillance générale des ateliers nationaux ; elle

---

[1] Voir *Premier Rapport*, 1916, p. 137.

fournit à ceux-ci la matière brute, leur transmet les commandes, en surveille l'exécution, veille à l'écoulement des objets manufacturés et contrôle la comptabilité.

Pour chaque atelier un officier de travail, qui représente l'atelier à l'extérieur, en a la surveillance à l'intérieur, et adresse un rapport mensuel à la Section IV sur l'activité de l'atelier auquel il est préposé. La direction technique est confiée à un chef d'atelier et la comptabilité à un comptable.

Presque toute la matière première vient d'Allemagne où est expédié, également, tout ce qui sort des ateliers.

Du 14 au 18 mars 1917, une exposition des travaux des internés a eu lieu à Francfort-sur-le-Main à l'ouverture de laquelle, le Médecin d'armée a été invité et s'est rendu. Cette exposition a eu une pleine réussite, il y avait été envoyé des objets pour une valeur de 100.000 francs environ et la vente a produit 90.000 francs.

En 1917, il y avait 36 ateliers nationaux allemands occupant environ 30 officiers et 900 sous-officiers et soldats [1].

A la fin de l'année 1917, deux ateliers ont été fermés : celui de Brunnen qui faisait des cotonnades imprimées, qu'il a fallu fermer à cause du manque d'ouvriers ayant les connaissances spéciales pour ce travail, et celui de Morschach qui fabriquait des meubles et des fournitures pour maisons et cuisines, le transport de ces articles étant devenu trop difficile.

La Section IV du travail des internés à la Légation d'Allemagne a établi la statistique des internés occupés et non occupés.

En décembre 1917, il y avait en Suisse 10022 officiers, sous-officiers et soldats allemands internés [2].

---

[1] Voir, ci-après, *Documents*, n° XXIV, la liste des ateliers nationaux allemands.

[2] Ces chiffres ne concordent pas avec ceux des rapports d'effectif journalier indiqués ci-dessus p. 36; ces derniers sont exacts pour le dernier jour de chaque mois, dans le courant du mois ils subissent, par le fait des rapatriements ou des arrivées d'internés, de grandes variations.

	Officiers	Sous-offic. et soldats	Total	%
Incapables de travailler ⎱		1605	1605	
⎰	450		450	
Inoccupés disponibles ⎱		950	950	
Occupés	342	6675	7017	70 %
Total :	792	9230	10022	

Les 342 officiers occupés l'étaient de la façon suivante :

126 aux écoles et universités,
90 aux services suisses officiels,
40 à la Section IV du travail des internés,
83 aux services officiels allemands,
3 artistes,
———
342

Les sous-officiers et hommes occupés étaient répartis de la façon suivante :

800 dépendaient de la Section IV,
1030 étaient occupés chez des particuliers,
3428 étaient occupés dans les secteurs, dans les services officiels suisses, chez des paysans, comme artistes etc.,
598 aux services officiels allemands,
819 aux écoles et universités,
———
6675

Un orchestre des internés allemands a été fondé, en mars 1917; il dépend également de la Section IV du travail des internés à la Légation d'Allemagne.

Ateliers nationaux français et Office du travail.

A la fin de 1916, très nombreux étaient, dans les établissements, les internés insuffisamment guéris pour être placés en classe IV. Pro Captivis et certaines organisations privées s'employèrent avec beaucoup de zèle et d'intelligence à leur fournir du travail ; mais il fallait que cette œuvre de rééducation fût établie sur une base plus large et poursuivie d'une façon plus complète.

C'est pourquoi le Gouvernement français, d'accord avec les autorités suisses, créa, à Berne, un Office du travail des internés français en Suisse ; le règlement, approuvé par le Médecin d'armée, date du 8 janvier 1917[1]. Il a pour objet la rééducation des internés, la fourniture à la France de produits pouvant lui être utiles, dès maintenant, et il prépare, pour plus tard, une main-d'œuvre exercée.

L'Office du travail fonctionne depuis le 1er janvier 1917, en juillet, il comprenait 118 ateliers divers, dont 69 ateliers nationaux, 32 ateliers suisses (section française) et 17 ateliers privés.

On trouvera aux *Documents* le tableau des ateliers nationaux français fonctionnant en 1917[2]. Le nombre des employés et ouvriers dont la rééducation professionnelle a été ainsi assurée dépasse de beaucoup le total indiqué dans ce tableau, car beaucoup de rapatriés ont, dans le courant de l'année, été remplacés par d'autres ; dans ces chiffres ne figurent également pas les nombreux internés occupés dans les bureaux, les inspecteurs du travail, etc. Plusieurs milliers de travailleurs ont recouvré, grâce à cette œuvre, leur complète capacité professionnelle.

Dans un pays riche en forêts, l'industrie du bois tient la première place. L'Office du travail possédait, en juillet 1917, 7 scieries et 19 ateliers de menuiserie qui avaient expédié déjà à fin d'août :

65 wagons de madriers, planches et bastings.

28 baraquements démontables.

3 wagons de meubles et encore, en plus, de la menuiserie et du mobilier.

---

[1] Voir *Premier Rapport*, 1916, p. 138-139 et 369.
[2] Voir, ci-après, *Documents*, nº XXV.

Le tout pour une valeur de 284,600 francs.

Douze ateliers de vannerie, dont une école d'apprentissage à Interlaken, avaient encore, en plus, à la même époque, expédié deux wagons. La vannerie permet d'employer de nombreuses catégories de mutilés qui acquièrent rapidement de l'adresse pour un métier utile.

Il faut mentionner encore, à Interlaken, deux ateliers de serrurerie avec forge, qui fournissent toutes les ferrures nécessaires aux meubles et aux baraquements; un atelier de tailleurs à Vevey, une imprimerie dans la même ville.

Les 17 ateliers privés, dirigés directement ou indirectement par des internés français, sont également placés sous le contrôle de l'Office du travail; ils fabriquent des baraquements démontables, de la menuiserie et de la vannerie.

L'Office du travail a établi, pour trois époques différentes de l'année 1917, la statistique des internés français occupés et non occupés.

Le 10 avril 1917, il y avait, en Suisse, 14956 internés français (officiers, sous-officiers et soldats)[1].

	Officiers	Sous-offic. et soldats	Total	%
Incapables de tout travail	16	2199	2215	—
Vivant à leurs frais	—	154	154	—
Inoccupés disponibles	375	4544	4919	—
Occupés	302	7366	7668	51
Total	693	14263	14956	—

En juillet 1917, il y avait 15637 officiers, sous-officiers et soldats français internés, non compris les nouveaux arrivés (2103) et les rapatriés (4000).

[1] Il faut, pour ces chiffres, faire la même remarque qui a été faite ci-dessus, p. 190, n. 2.

	Officiers	Sous-offic. et soldats	Total	%
Incapables de tout travail	16	1816	1832	—
Inoccupés disponibles	375	3364	3739	—
Occupés	303	9763	10066	64
Total	694	14943	15637	—

Les 303 officiers occupés étaient répartis ainsi :

Ecoles et universités	171
Services officiels suisses	49
Relevant de l'office du travail	38
Services officiels français	35
Occupations diverses	7
Artistes	3

Les 9763 sous-officiers et soldats occupés étaient répartis ainsi :

Relevant de l'Office du travail	2285
Employés chez des particuliers	2103
» dans les secteurs	1897
» chez des agriculteurs	1140
Ecoles et universités	882
Services officiels suisses	464
Divers	433
Artistes	319
Services officiels français	240
	9763

Il nous a été fourni, pour la même époque, un état, par professions, des internés disponibles (classes III et IV) et de ceux occupés chez les particuliers (classe IV).

	Effectif	Disponibles	Occupés	% d'occupés
Agriculteurs	1671	531	1140	68
Ouvriers	2488	1201	1287	51
Divers	885	501	384	43
Avocats	5	3	2	40
Employés	1026	634	392	38
A reporter.	6075	2870	3205	—

	Effectif	Disponibles	Occupés	% d'occupés
Report.	6075	2870	3205	—
Journalistes	7	5	2	28
Patrons chefs d'ateliers	35	28	7	20
Industriels	13	11	2	15
Professeurs	36	31	5	14
Commerçants	311	289	22	7
Fonctionnaires	130	130	—	—
	6607	3364	3243	Moyenne 49 %

Enfin, en novembre 1917, il y avait en Suisse 12343 internés français (officiers, sous-officiers et soldats).

	Officiers	Sous-offic. et soldats	Total	%
Incapables de tout travail	176	2254	2430	—
Inoccupés disponibles	73	2168	2241	—
Occupés	176	7496	7672	62
Total :	425	11918	12343	—

Les 176 officiers occupés étaient répartis ainsi :

Ecoles et universités.	47
Services officiels suisses.	49
Relevant de l'Office du travail.	45
Services officiels français.	35
	176

Les 7496 sous-officiers et soldats français occupés étaient répartis ainsi :

Relevant de l'Office du travail.	1369
Employés chez des particuliers.	1885
» dans les secteurs.	1897
» chez des agriculteurs.	965
Ecoles et universités.	583
Services officiels suisses.	464
Artistes.	55
Services officiels français.	278

En novembre 1917, 42 officiers et 1565 sous-officiers et soldats étaient occupés dans 106 ateliers divers dont 63 ateliers nationaux, 29 suisses, 14 privés.

Il faut mentionner, comme dépendant de l'Office du travail, l'Orchestre Symphonique des Internés Alliés [1] (O. S. I. A.) qui se recrute parmi les musiciens, professionnels et amateurs de toutes les régions de l'internement. L'interné Marc de Ranse, professeur à la Schola Cantorum de Paris en est le directeur et M. Auguste Sérieyx, professeur à la même école, en est l'administrateur général. Cet orchestre donna une première audition privée le 18 février 1917 ; le 1er avril, il se faisait entendre pour la première fois en public à Genève et, le 3 avril, à Montreux. Le 16 avril, à l'occasion de l'Exposition du travail des Internés alliés à Berne, il donnait un concert d'inauguration ; jusqu'à la fin de l'année, cet orchestre s'est fait entendre 34 fois, entre autres à Genève, Montreux, Berne, Fribourg, Chaux-de-Fonds, Zurich, Neuchâtel, Bâle, Vevey, Lausanne, Aigle, Thoune, Interlaken, Lucerne, Villars-sur-Ollon, Territet, Villeneuve.

L'O. S. I. A. compte 70 musiciens ; un second chef, M. Cuelenære, seconde M. Marc de Ranse. Chaque matin, l'orchestre répète à l'hôtel Carlton, à Villeneuve.

Exposition. — L'Ambassade de France et l'Office du travail organisèrent, au printemps 1917, une exposition itinérante qui eut lieu à Berne (14-18 avril), à Genève (23-28 avril), à Zurich (5-9 mai) et à Bâle (19-23 mai).

L'adjudant Edouard Rasson fut chargé de l'organisation, il fut aidé par le lieutenant Singery.

La Direction générale des ateliers suisses, les internés travailleurs privés, l'Entr'aide artistique exposèrent, les concerts de l'O. S. I. A., les danses écossaises attirèrent un public nombreux et le succès couronna les efforts des organisateurs.

---

[1] Voir *Premier Rapport,* 1916, p. 139.

	Entrées	Thé Recettes brutes	Ventes au comptant	Commandes payées	Dons et Divers	Commandes non payées	Commandes de tapis non payées	Entr'aide artistique	TOTAL
	Fr.	Fr.	Fr.	Fr.	Fr.	Fr.	Fr.	Fr.	Fr.
BERNE . . .	2773.—	3991.85	13798.05	—	—	2096.80	1950.—	6045.—	30654.70
GENÈVE . .	5945.—	6108.—	17154.95	4927.50	114.—	4464.65	2160.—	8356 —	49230.10
ZURICH . . .	4117.—	8361.50	18974.50	7011.50	612.—	3263.90	3580.—	42259.35	88179.75
BALE	2691.70	6663.45	15041.65	2148.35	633.50	2193.55	1825.—	19322.50	50519.70
	15526.70	25124.80	64969.15	14087.35	1359.50	12018.90	9515.—	75982.85	218584.25

Ateliers anglais.

Seeburg, près Lucerne. — Lorsque l'A. S. A. pour l'Entente fut transférée à Fribourg, le service britannique de l'internement demanda au Médecin d'armée l'autorisation d'installer, à Seeburg, des ateliers de rééducation et d'apprentissage pour les internés anglais[1], dans le but de leur apprendre, pour l'après-guerre, un nouveau métier. Les Anglais cherchèrent quels étaient les métiers dans lesquels des internés rapatriés auraient le plus de chance de gagner leur vie et ils s'arrêtèrent aux suivants :

1º Construction des pianos (cadres, boiseries, etc.).

2º Travaux sur cuir (sacs pour dames).

3º Electricité (installations électriques, éclairage, etc.).

4º Réparation d'horlogerie, montres.

5º Peinture artistique.

6º Leçons de langues.

Le travail a commencé à Seeburg en décembre 1917. La grande fabrique de pianos Brinsmead & Cº a envoyé à Seeburg deux maîtres ; un professeur venu d'Angleterre enseigne l'électricité, un autre le travail sur cuir, un autre l'horlogerie. Pour cette dernière partie, une grande maison suisse a donné un fort appui aux Anglais.

La fabrication des pianos est spécialement importante pour les Anglais parce que, jusqu'à la guerre, la presque totalité des pianos employés en Grande-Bretagne venaient d'Allemagne.

A Meiringen une institution du genre de celle de Seeburg a aussi été créée par le service britannique de l'internement.

Il y existe deux ateliers assez importants, l'un de tailleurs, l'autre de travail sur cuir : porte-monnaie, portefeuilles, objets divers de petite dimension.

L'atelier de tailleurs est installé d'une façon très moderne, avec machines à coudre dernier modèle, mues par l'électricité,

---

[1] Voir, ci-dessus, p. 64-65.

machines à couper, etc. Un certain nombre d'internés y sont occupés constamment et arrivent, après six semaines d'apprentissage, à pouvoir faire des uniformes d'une coupe tout à fait correcte et bien finis. Cet atelier fournit des uniformes au service britannique de l'internement. Il s'occupe aussi de réparations des uniformes des internés.

Il est à remarquer que les ateliers de Meiringen et de Seeburg sont placés sous la direction technique et financière de la Croix-Rouge britannique, c'est elle qui fournit les fonds, paie les maîtres, etc.

A part le bois nécessaire à la construction des cadres et des parois de pianos, toute la matière première utilisée dans ces ateliers est envoyée d'Angleterre : cuir, drap, fil, etc.

Un atelier de fabrication de tapis a été créé à GUNTEN, dès 1916, par l'initiative intelligente et dévouée de deux dames de la colonie britannique, Mrs Cook-Daniels et Miss Martin. Une trentaine d'internés anglais y sont occupés et font un travail aussi artistique qu'utile, qui a eu beaucoup de succès dans les différentes expositions de travaux d'internés. La laine est fournie par l'Angleterre.

Ateliers belges.

Nous avons déjà mentionné [1] des écoles belges qui sont analogues à des ateliers.

Un atelier proprement dit est l'atelier belge d'apprentissage et de menuiserie à Interlaken. Il doit servir à la rééducation des ouvriers et à la formation d'apprentis et d'ouvriers ; il a commencé à fonctionner en mars 1917 ; le 1er septembre, cet atelier avait fabriqué 150 châssis de fenêtres et 100 portes, des bancs et des tables, d'autres meubles, des jeux de construction pour les petits réfugiés belges, des cadres et des coffres pour internés belges et anglais. Cet atelier ne doit pas vendre en Suisse les objets qu'il fabrique.

[1] Ci-dessus, p. 169.

Classe IV.

Il n'y a pas eu, en 1917, de grands changements pour les internés travaillant en classe IV.

Les internés de la classe IV sont autorisés (ordre du 23 janvier 1917) à porter, pendant le travail, des habits de travail, même des habits civils, à la condition qu'ils ne mêlent pas la tenue civile et la tenue militaire. Le port de l'uniforme est exigé en dehors des heures de travail. A partir du 1er décembre 1917, ils doivent porter le bouton à leurs couleurs nationales.

Les internés classe IV étant, en général, occupés en dehors des cadres de l'internement et des régions, il a fallu prendre des mesures spéciales (ordre du 10 février 1917) pour leur traitement médical.

A propos des commissions de travail, il y a eu des plaintes sur la lenteur de la transmission des demandes de travail; le rouage semblait trop compliqué.

Après une conférence. (1er mars 1917) entre le président de la Commission centrale et les présidents des commissions régionales, le Médecin d'armée adressa au président de la Commission centrale des instructions[1] d'après lesquelles la faculté de détacher des internés en classe III était réservée aux commandants de région, les commissions régionales conservant cependant un certain contrôle sur les internés travaillant en classe III. Certaines mesures étaient prises également pour abréger les délais ; ainsi, dans certains cas et sous certaines conditions, il était admis que, sur la proposition d'une commission régionale, un commandant de région pouvait détacher un interné en classe IV.

En revanche, la proposition de créer une commission régionale de travail à Genève, vu le nombre élevé des internés classe IV dans cette ville, fut repoussée, mais un accord intervint avec la

[1] Voir, ci-après, *Documents*, n° XXVI.

Chambre du travail à Genève qui, dans certains cas, peut servir d'intermédiaire entre les patrons et la Commission régionale de Lausanne.

Au commencement de l'année 1917, il a été découvert, au cours d'une inspection d'atelier, que des déserteurs travaillaient non seulement chez le même patron, mais dans le même atelier que des internés. Le Département politique, nanti du fait, répondit : « C'est avec surprise que nous avons appris qu'un office du travail aurait envoyé des déserteurs à une maison qui occupe déjà des internés. On ne peut pas demander à des internés, qui ont été blessés ou sont tombés malades en faisant leur devoir pour leur patrie, de travailler avec ceux qui ont déserté leur drapeau. Nous avons, de suite, signalé la chose à la Commission centrale pour l'occupation des internés; nous lui avons demandé son intervention et lui avons offert notre appui, si c'est nécessaire, pour aplanir les difficultés. Cette Commission partage notre opinion : cette promiscuité est inadmissible. C'est pourquoi, elle a écrit aux commissions régionales qui sont en relations avec les offices du travail et avec leurs patrons. En outre, elle doit expliquer la situation à la maison X... et la mettre en demeure de choisir : ou bien elle renverra les déserteurs ou bien elle se verra retirer de suite les internés.

« Nous espérons que, de cette manière, il sera possible d'éviter, à l'avenir, de pareilles affaires. Si, toutefois, elles devaient se répéter, la Commission devra faire tout son possible pour y porter rapidement remède. »

Des instructions formelles furent données, dans ce sens, aux commandants de région.

La besogne des commissions de travail a beaucoup augmenté en 1917 : comme on pourra s'en rendre compte en comparant le tableau suivant et celui de 1916 [1].

---

[1] Voir *Premier Rapport*, 1916, p. 145.

Nombre des demandes adressées par des patrons
pour occuper des internés :

	Total	Agréées	Refusées	Ajournées
Jusqu'au 31 décembre 1916	1171	995	144	32
Du 1er janvier au 31 décembre 1917 . . .	6612	6299	263	50
Total pendant les deux années 1916 et 1917	7783	7294	407	82

· De ces demandes :

la Commission régionale de la Suisse occidentale en a examiné	4962
»　　　　　　»　　　　　»　　　　centrale　　»　　　»	1071
»　　　　　　»　　　　　»　　　　orientale　　»　　　»	1750
Total	7783

Ce total représente le nombre des demandes examinées par la Commission centrale à Berne.

Tandis qu'en 1916 sur 995 demandes agréées 741 avaient eu une suite et 254 étaient restées sans suite, en 1917 sur les 6299 demandes agréées 5442 ont eu une suite et 857 sont restées sans suite.

En 1916, les 25,5 % et en 1917 les 13,6 % des demandes agréées étaient restées sans suite, parce que les internés réclamés faisaient défaut ou parce que l'interné était incapable d'exécuter le travail demandé.

Du 1er janvier au 31 décembre 1917, il y a eu 4729 internés détachés en classe IV[1] : le tableau suivant en indiquera la répartition par mois et par nationalité.

---

[1] Ce chiffre est celui des internés détachés en classe IV ; il ne concorde pas avec le chiffre de 5442, indiqué ci-dessus pour les contrats de travail ; la raison en est que de nombreux internés détachés en classe IV, en 1917, ont, durant le courant de cette année, changé plusieurs fois de patron et que, par conséquent, pour un seul interné il y a eu plusieurs contrats de travail.

1917	Français	Belges	Anglais	Au-trichiens	Alle-mands	Totaux par mois
Janvier . .	154	21	—	—	78	253
Février . .	166	27	1	7	105	306
Mars . . .	304	32	2	8	150	496
Avril. . .	429	40	3	7	213	692
Mai . . .	542	70	9	7	152	780
Juin . . .	321	39	4	13	105	482
Juillet . .	180	35	8	7	90	320
Août. . .	167	39	3	8	108	325
Septembre .	145	15	17	5	105	287
Octobre .	227	31	3	8	80	349
Novembre .	145	25	26	6	70	272
Décembre .	91	12	2	3	59	167
Totaux par nationalités	2871	386	78	79	1315	4729 détachés en 1917 :

Le total des internés détachés en classe IV, y compris ceux détachés en 1916, était au 31 décembre 1917 :

Français	. . . .	3332
Allemands.	. . . .	1601
Belges	. . . .	468
Anglais .	. . .	79
Autrichiens	. . .	76
	Total .	5556

Un tableau, qui se trouve ci-après[1], montre la répartition, durant l'année 1917, entre les diverses professions, des travailleurs classe IV.

[1] Voir, ci-après, *Documents*, n° XXVII.

Travaux agricoles, terrassements, exploitation des tourbières.

En date du 10 février 1917, le Département militaire suisse donnait des ordres pour augmenter la production agricole nationale et améliorer ainsi la situation économique du pays. Dans ce domaine, les internés, eux aussi, pouvaient et devaient fournir à la Suisse une aide précieuse ; c'était la meilleure réponse à faire à ceux de nos Confédérés qui, n'étant pas capables de se placer à un point de vue supérieur, reprochaient aux internés de manger leur pain.

Le 9 mars, le Médecin d'armée adressait aux chefs des régions d'internement les instructions suivantes :

« Tous les internés, pour peu qu'ils y soient aptes, ceux surtout de la classe III, doivent en tout temps, mais surtout pour des travaux urgents (foins, etc.) être mis, par les commandants de place d'internement, à la disposition des agriculteurs, sur la demande de ceux-ci, et contre une rétribution convenable.

« Les commissions de travail, par contre, continueront à fonctionner, comme par le passé, lorsqu'il s'agira de l'emploi prolongé d'hommes de la classe IV chez des agriculteurs. J'ai autorisé les commissions régionales, afin d'activer, dans la mesure du possible, le placement des travailleurs, à s'adresser, en pareil cas, directement aux commandants de région.

« Ceux-ci sont autorisés à procéder directement, eux-mêmes, au placement d'hommes de la classe IV sur la proposition des commissions régionales.

« Les commandants de région veilleront à ce que, dans tous les secteurs d'internement, et sous la responsabilité des commandants de place, des parcelles de terrain en friche ou non suffisamment cultivé soient, autant que possible, consacrées à la culture des pommes de terre ou des légumes, qu'elles soient louées, affermées ou affectées d'une façon quelconque à ce but. Ces travaux de culture doivent être faits, en tout premier lieu, par les internés de la classe III. En cas de besoin, on peut, une ou plusieurs fois par semaine, fermer les ateliers qui occupent les gens de cette classe, pour employer à ces travaux tous ceux d'entre eux qui y sont propres.

« Pour des travaux agricoles de plus grande envergure, tels qu'améliorations foncières, plantations faites sur une grande échelle, etc., il faut, autant que possible, mettre à la disposition des cantons, districts, communes, corporations ou associations, des détachements d'internés plus importants ; trois catégories d'internés sont prévues pour faire partie de ces détachements :

« *a)* Hommes de la classe IV qui — abstraction faite du fait qu'ils sont internés — peuvent être considérés comme des travailleurs libres et qui seront payés suivant les conditions usuelles de salaire ;

« *b)* Détachements composés d'alcooliques modérés et capables de travailler, pour lesquels il est prévu comme salaire — outre une partie des frais de logement et de subsistance supportés par les employeurs intéressés — non point le taux usuel des salaires, mais une prime au travail, dont le montant dépendra de la somme de travail effectif fourni par chacun individuellement ;

« *c)* Détachements disciplinaires placés sous surveillance étroite, pour lesquels les employeurs n'auraient à leur charge que la prime au travail, le règlement des frais de logement et de subsistance se faisant après entente spéciale. »

Le 26 mars, des instructions complémentaires étaient données, dans lesquelles il était question non seulement de travaux de culture, mais encore de travaux de terrassement faits par les internés. Il était prévu :

« 1. Des travaux ou cultures de grande envergure, en collaboration avec les cantons et communes, après concentration des internés sur les terrains qui devront être transformés. Le Médecin d'armée décidera si de tels travaux peuvent être entrepris.

« 2. Des terrassements ou cultures dans les régions sous la surveillance des commandants de place d'internement, après décision du commandant de région. »

Pour l'exécution de cette seconde catégorie de travaux, des dispositions étaient prises pour l'organisation, la location de parcelles de terrain, le commandement au travail, les avances de fonds, la comptabilité, l'outillage, les semis, les comptes et la vente des produits.

En mars 1917, un marchand de combustibles, la main-d'œuvre lui faisant défaut, demandait au Médecin d'armée de mettre à sa disposition une soixantaine d'internés pour une exploitation de tourbe malaxée aux Ponts-de-Martel.

La question du combustible étant, pour le pays, de première importance, le Médecin d'armée décida d'établir aux Ponts un nouveau secteur d'internement qui dépendrait de la région Jura-ouest, et où seraient employés des internés de la classe III, sans aptitudes spéciales, mais de préférence des terrassiers ou des manœuvres. Chaque région devait fournir une douzaine de travailleurs. L'exploitation devait commencer vers le milieu d'avril.

Le 2 juin, paraissait un ordre insistant sur l'importance qu'avaient, pour toute la Suisse, les grands travaux agricoles et l'exploitation de la tourbe [1].

Comme la main-d'œuvre faisait défaut, il était nécessaire d'utiliser, pour ces travaux, la main-d'œuvre fournie par les internés, ce qui serait, en outre, très profitable à la santé de ces derniers. Pour cela, ordre était donné de restreindre, autant que possible, le nombre des internés occupés aux ateliers, à l'enseignement et à la culture des terrains affermés par les régions d'internement, et de n'employer à cette culture que les hommes qui devaient être ménagés.

Le transfert d'internés en classe IV, en vue d'entreprises industrielles, commerciales, d'assainissement, de terrassements, etc... devait aussi n'avoir lieu que dans des cas urgents. Tout particulièrement, les internés de la classe III qui, à défaut d'autre em-

[1] Voir, ci-après, *Documents*, n° XXVIII.

ploi, étaient occupés dans des fabriques ou autres exploitations, devaient en être retirés et mis à la disposition de l'agriculture et de l'exploitation de la tourbe.

Une série de mesures étaient prescrites afin d'assurer l'exécution rationnelle de cet ordre, en vue de l'agriculture et de l'exploitation des tourbières : les internés transférés à l'exploitation des tourbières doivent l'être par groupes ; le placement des internés a lieu, dans ce cas, par l'Association suisse pour l'exploitation des tourbières adjointe au Département politique fédéral ; c'est à cette association que les entrepreneurs qui désirent des internés doivent s'adresser.

Comme complément à cet ordre paraissait, le 9 juillet, un ordre d'après lequel les internés, élèves de divers établissements d'instruction supérieure et secondaire, devaient aussi être utilisés pour l'agriculture, spécialement pour les récoltes.

L'ordre du 2 juin était suivi d'un tableau montrant quelle voie les agriculteurs des divers cantons devaient suivre pour obtenir, des internés, la main-d'œuvre qui leur était nécessaire.

On trouvera aux *Documents* [1] le tableau des internés occupés par détachements aux travaux agricoles, d'utilité publique, aux travaux forestiers et à l'exploitation de la tourbe. Dans ce tableau ne sont pas compris les internés de la catégorie III qui ne sont pas détachés et qui travaillent sans avoir quitté leur établissement.

[1] Voir, ci-après, *Documents,* nᵒ XXIX.

CHAPITRE X

Ecoles et cours.

Ecoles et cours pour internés des Puissances centrales.
Ecoles et cours pour internés de l'Entente.

A côté des écoles nationales fondées pour les internés en Suisse par l'Allemagne, l'Angleterre, la Belgique et la France et qui se trouvent sous le contrôle de l'inspecteur des études du service de l'internement, il a été fondé, dans la plupart des régions, des écoles primaires, de perfectionnement ou des écoles spéciales. L'Ambassade ou les Légations en font les frais.

Ecoles et cours pour internés des Puissances centrales.

Toutes les écoles, dont l'énumération va suivre, ont été fondées sous les auspices de la Légation d'Allemagne, qui fait les frais de la plupart d'entre elles.

Tous ces cours sont gratuits.

RÉGION SUISSE CENTRALE. — La Légation d'Allemagne avait organisé, en 1917, des écoles dans presque toutes les localités de la région ; durant l'été, ces écoles ont été fermées parce que les internés ont été employés à l'agriculture.

Gersau. Une école a été ouverte le 1er septembre 1917 ; l'enseignement porte spécialement sur l'allemand, le calcul, la géographie, l'histoire, la sténographie et la tenue des livres. Chaque interné est astreint à 15 heures de cours ; l'enseignement est donné par quatre instituteurs allemands militaires internés ; l'école compte 29 élèves. En novembre 1917, l'école a été fermée parce que tous les internés étaient occupés aux ateliers de jouets qui venaient d'être fondés.

Buochs. Ecole élémentaire tenue par un instituteur pour 8 soldats allemands.

Stans. Deux écoles, ouvertes au printemps et en été 1917 à l'établissement Burgfluh, ont été fermées, tous les internés étant occupés aux ateliers ou à l'agriculture. Le soir, des conférences très appréciées, ont été données.

A Stans même il a été donné, par un instituteur interné civil allemand, un enseignement régulier de 8 à 10 heures par semaine : tenue de livres, comptabilité commerciale.

Stansstad. Des cours ont été ouverts le 15 décembre 1917.

Wolfenschiessen. Des cours ont été ouverts en janvier 1917 : français, anglais, calcul, histoire, tenue de livres ; 10 à 15 heures par semaine données par trois commerçants, un instituteur et un ingénieur allemands ; le nombre des élèves a varié de 5 à 30, tous internés civils ; l'enseignement a dû être suspendu en juillet 1917, les internés ayant pour la plupart été détachés aux travaux agricoles.

Weggis. Il existait une école dès octobre 1916 ; il n'en a pas été fondé de nouvelle en 1917 ; deux instituteurs internés allemands enseignent l'allemand, la géographie, l'histoire, le calcul ; 6 à 12 heures de leçons par semaine. Le nombre des élèves a beaucoup varié à cause des transferts et des travaux agricoles qui ont obligé à réduire les cours au nombre indiqué ci-dessus.

Brunnen. Des cours étaient donnés déjà en juillet 1916 par 7 professeurs internés allemands, mais ils ont dû être supprimés, en été 1917, vu le manque d'élèves. Programme : allemand, calcul, tenue de livres, dactylographie, anglais ; en mars 1917, on a ajouté des leçons de français, de correspondance commerciale, de géographie, de sténographie, de dessin, d'éducation civique, etc. En mars 1917 ; il y avait 116 élèves et en avril 103.

Sisikon. Une école de perfectionnement a été ouverte le 1er février 1917 ; deux internés allemands donnent 15 heures de leçons par semaine : allemand, calcul, géographie, éducation civique, tenue de livres et sténographie; 15 élèves. A la fin de décembre 1917, l'école a dû être fermée, les internés étant, tout le jour, occupés ailleurs.

Morschach. Des cours de perfectionnement ont été donnés du 1er février au 1er juillet, puis suspendus pendant l'été et repris en novembre. Les sujets traités sont : allemand, calcul, géographie, français, anglais, sténographie, tenue de livres, éducation civique, dessin; 11 professeurs soldats internés; 242 élèves internés.

Beckenried. Des cours analogues ont été inaugurés en février 1917; quatre professeurs, 20 à 25 élèves; l'enseignement est suspendu pendant l'été.

Fluelen. Des cours analogues ont commencé en décembre 1916; mais ils n'ont pas pu être poursuivis régulièrement; il y a eu de fréquents changements dans le personnel enseignant et dans les programmes; le nombre des élèves a beaucoup varié; en été, les cours ont été suspendus. De nombreuses conférences ont été données.

Région Bale. — Schinznach-les-Bains. Une école de perfectionnement a été fondée, en janvier 1917, pour soldats allemands; en automne, elle a été fermée à cause des travaux agricoles auxquels les élèves ont été transférés. Le matériel a été fourni par l'Union chrétienne de Zurich. Il a été donné des cours d'allemand, de tenue de livres, d'éducation civique, de géologie; en moyenne 2 heures par semaine et 10 élèves pour chaque cours. En octobre 1917, de nouveaux cours facultatifs de langues (anglais, français, italien, espagnol, russe) et de sténographie ont été ouverts, avec une moyenne de 5 à 10 élèves pour chacun.

Région Zurich. — Linthal. Une école a été ouverte le 14 novembre 1917; 12 heures de leçons par semaine y sont données par un interné civil allemand; sujets enseignés : allemand, mathématiques, géographie, histoire, droit civil et public; 17 élèves.

Schwanden. Une école a été ouverte le 11 novembre 1917 ; 15 heures de leçons par semaine données par un interné civil allemand ; sujets traités : allemand, mathématiques, droit civil et public, géographie, histoire, géométrie, sténographie ; 43 élèves au début, 30 à la fin de l'année.

Weesen. Une école a été ouverte en mars et n'a duré que quatre semaines ; même programme ; 10 à 12 heures de leçons par semaine, données par trois internés allemands ; 20 élèves.

Mitlödi. Une école élémentaire a été fondée en novembre 1917 ; elle comptait, durant le semestre d'hiver 1917-1918, trente élèves. Un instituteur suisse et un interné donnaient 15 heures de leçons par semaine.

Région Coire. — Churwalden. Une école a été ouverte le 1er février 1917. Tout interné qui n'est pas employé dans des ateliers ou chez des particuliers doit suivre au moins quinze heures de cours par semaine. Les branches enseignées sont : calcul, géographie, histoire, tenue de livres, change, sténographie, dessin, éducation civique, français, anglais, espagnol ; environ 40 heures par semaine données par dix internés. Le nombre des élèves varie entre 80 et 100 ; le nombre des branches enseignées est de 14.

Lenzerheide. Un premier cours a été ouvert le 8 janvier 1917 ; depuis lors, d'autres ont suivi, donnés par des internés. Les internés militaires qui ne sont pas occupés ailleurs doivent suivre au moins 10 heures de cours par semaine ; ils peuvent choisir les cours qu'ils veulent suivre ; un seul, *Staats- und Bürgerkunde*, est obligatoire pour les internés militaires. Les internés civils ont pleine liberté. Le nombre des branches enseignées est de 16 à 19. Le programme comprend :

1° cours généraux : littérature, tenue de livres, *Staats- und Bürgerkunde*, histoire, géographie, mathématiques, calcul, sténographie, orchestre ; chaque cours est de 2 ou 3 heures par semaine ;

2° cours pratiques : culture des fruits et des jardins, 2 heures, dessin à main levée, 4 heures, dessin géométrique, 4 heures, dactylographie, 6 heures ;

3° langues modernes, 2 à 4 heures pour chacune ; 28 internés allemands, 4 internés civils autrichiens et 3 internés civils hongrois étaient chargés, durant l'année 1917, des cours qui sont suivis par 278 internés sous-officiers, soldats et civils.

Thusis. Durant l'hiver 1916 à 1917, il a été donné des cours de perfectionnement qui ont commencé le 11 septembre 1916 et ont été clos le 31 mai 1917, à cause du transfert des internés aux travaux agricoles. Les principales branches enseignées ont été : allemand, éducation civique, calcul, tenue de livres ; 12 professeurs, 83 élèves dont 4 officiers, 5 sous-officiers et 74 hommes de troupe. Le nombre des branches enseignées est de 9.

Disentis. Il a été ouvert, le 15 septembre 1917, un cours d'artisan pour préparer les internés à leur *Meisterprüfung* à Davos ; 24 heures par semaine et un cours d'enseignement général. Ce cours est obligatoire ; 5 internés sont chargés des cours. Le cours d'artisan compte 10 élèves.

Un enseignement général est aussi donné à Disentis portant sur 15 branches.

En janvier 1918 ces deux cours ont été fermés, celui pour artisan parce que les élèves avaient été transférés à Davos et celui d'enseignement général parce que la grande majorité des élèves étaient occupés ailleurs.

Il a été organisé aussi un enseignement général à Curaglia portant sur 5 branches et à Rabius sur 11 branches.

En tout, il est donné entre les différentes écoles 70 cours dans la région de Coire. Ce nombre a subi d'assez grandes variations, suivant le nombre des professeurs et des élèves qui étaient disponibles.

RÉGION DAVOS. — Il a été ouvert en 1917, à Davos-Platz, quatre écoles ou cours :

1° l'*Abiturienten-Kursus,* au commencement de mars ;

2° l'Ecole de commerce, en mars 1917 ;

3° l'Ecole d'agriculture, en octobre 1917;

4° la *Militäranwärterschule,* en mars 1917 [1].

L'organisation de ces écoles est exactement celle des écoles correspondantes en Allemagne ; on trouvera tous les détails dans une brochure illustrée de M. Bach : *Die Ausbildung der deutschen Internierten in der Region Davos* [2]. Il est donné 23 à 28 heures de leçons par semaine par une quarantaine de professeurs allemands.

L'*Abiturienten-Kursus* est divisé en deux sections dont les cours ne durent qu'un semestre et en deux sections dont les cours durent une année, chaque section compte entre 10 et 25 élèves.

L'école de commerce compte environ 73 élèves. L'école d'agriculture 52 élèves.

Quant aux écoles qui existaient avant 1917, elles se sont en général développées, elles comptent en moyenne 25 à 35 élèves ; aucune n'a été fermée. On prévoit encore la fondation d'une école hôtelière.

De ces quelques détails on peut conclure que Davos est le centre d'études le plus important pour les internés des Puissances centrales.

Ecoles et cours pour internés de l'Entente.

La Commission romande avait établi le projet d'une organisation scolaire générale, mais le Médecin d'armée, tout en reconnaissant la nécessité de l'œuvre scolaire pour et par les internés, a estimé que, plutôt que d'être régies par une organisation générale, ces écoles devaient être établies dans chaque région, après étude spéciale, d'accord avec le Commandant de région, selon les besoins et les moyens dont disposait la région [3].

---

[1] Nous avons déjà parlé de la *Militäranwärterschule,* ci-dessus, p. 179-180.

[2] Une brochure de 36 p. in-4, Davos, septembre 1917.

[3] On trouvera ci-après, *Documents,* n° XXX, la liste des écoles et cours pour les internés et leurs enfants, institués par la Commission romande.

RÉGION LA CÔTE. — Des cours ont été ouverts, à Gimel, le 1er décembre 1917 et ont pris fin le 1er avril 1918; l'un était pour les internés n'ayant pas le certificat d'études primaires et l'autre pour les illettrés; tous les jours 2 heures de leçons le matin et 2 heures le soir; 15 élèves, tous français.

RÉGION AIGLE-LEYSIN. — Le Commandant de la région écrit : « Vu les nombreuses mutations et le grand nombre de travailleurs pour les secteurs de non-tuberculeux, il a été très difficile d'organiser des cours dans ma région. Des essais ont été faits à Aigle et aux Diablerets, mais n'ont donné aucun résultat. A Leysin seulement, malgré les nombreuses mutations et avec beaucoup de bonne volonté, des cours ont pu être organisés, mais malheureusement pas d'une façon stable. Soucieux du bien-être moral des hommes, nous fondons des cours qui durent tant que professeurs et élèves restent à Leysin; quand ils partent, il faut réorganiser.

« Des cours ont été réorganisés, au début de février 1917, sous la direction d'un lieutenant français interné, destinés aux illettrés et à ceux dont l'instruction est inférieure au niveau du certificat d'études primaires. Le programme de ces cours est très élémentaire.

« Une école de commerce a été créée vers le 15 avril 1917, sous la direction d'un lieutenant interné français, pour permettre aux internés de Leysin de continuer ou de perfectionner leur éducation technique. Le programme des cours comprenait : comptabilité, langues vivantes (anglais, espagnol, allemand) mathématiques, dessin, géographie économique, droit commercial et technologique, sciences.

« Sous la direction du même lieutenant français interné, il a été organisé, vers le 15 avril 1917, une série de conférences destinées aux internés et servant à exposer la situation de la France après la guerre.

Au Foyer du Soldat anglais, des cours de français et d'italien ont été donnés dès le 15 avril 1917.

« Les cours dépendent du commandant de place, qui a chargé un officier français de l'organisation et de la direction. La Commission romande a fourni le matériel. Professeurs et élèves étaient des volontaires. L'organisation paraissait parfaite à un moment donné, l'émulation et la bonne volonté étaient grandes parmi les internés, mais malheureusement, après quelques mois, les rapatriements ont tout compromis. »

Les cours d'illettrés sont, en général, d'une heure par jour le matin. La comptabilité comprend trois cours, chacun d'une heure par semaine. L'enseignement de l'anglais comprend trois cours : un élémentaire, un moyen et un supérieur, chacun d'une heure 2 fois par semaine ; le cours d'espagnol 1 ½ heure 2 fois par semaine ; le cours d'allemand de même ; le dessin : 3 fois 1 heure par semaine ; le droit commercial : 2 leçons, 3 fois par semaine. Il y a habituellement deux fois par mois des conférences. Deux fois par semaine, il y a des leçons de langues pour les Anglais.

Les professeurs pour les cours destinés aux internés français étaient tous, en 1917, des internés français : 1 adjudant, 1 aspirant, 2 sergents, 1 caporal-fourrier, 5 soldats. Ce sont des dames qui se sont chargées des cours pour les soldats anglais.

Les cours ont été suivis par 18 soldats anglais, 5-6 soldats belges, 40-50 soldats français.

« La plupart de ces cours existaient en 1916, car, à Leysin, dès le début de l'internement, des cours furent organisés, mais, dit le Commandant de région, dans notre secteur, une organisation stable ne peut subsister et il faut, de temps en temps, tout réorganiser. »

Région Valais-Bex. — Morgins. Cours primaires suivis par internés, enfants d'internés et quelques enfants du pays, moyenne 15 élèves ; deux heures de cours par jour ; l'instituteur est un interné français.

Champéry. Une école, fondée le 25 mai 1916, se divisant en deux cours, l'un pour illettrés, l'autre cours de perfectionnement, 18 heures de cours par semaine ; matériel fourni par la

Commission romande; 26 internés sous la direction d'un soldat interné.

Trois-Torrents. Ecole pour enfants d'internés, ouverte en octobre 1917, sous la direction d'un instituteur sergent interné; matériel fourni par la Commission romande; 23 heures de cours par semaine. Cours élémentaire moyen et supérieur jusqu'au niveau du certificat français d'études primaires; en moyenne, 12 élèves dont 9 Français.

Villars. Cours supérieur élémentaire donné par un soldat français interné; deux leçons par semaine, 6 élèves.

Salvan. Cours pour illettrés (8 heures par semaine) et de perfectionnement (6 heures par semaine) fondés en juillet 1917; 25 élèves. En novembre 1917, un cours d'allemand et un cours d'anglais (3 heures par semaine) ont réuni 4 élèves; 3 professeurs internés: un soldat, un civil, un sergent. La Commission romande fournit le matériel.

Montana. Il existait déjà en 1916 des cours pour illettrés et de perfectionnement soit: un cours préparatoire avec 6 élèves, professeur un soldat français; un cours élémentaire, 6 élèves, professeur un caporal français; un cours moyen, 6 élèves, professeur un soldat français.

Ces cours sont obligatoires pour tous les internés illettrés. Ils continuent.

« Au début de décembre 1917, écrit le Commandant de région, à la suite d'une note du président de la Commission régionale invitant à multiplier les efforts pour que les internés ne restent pas oisifs et profitent de l'occasion exceptionnelle que leur procure l'internement pour accroître leur instruction générale, il a été fait appel à toutes les bonnes volontés pour compléter l'organisation des cours primaires déjà existants, et pour créer les cours d'enseignement supérieur suivants : allemand, comptabilité, économie politique, algèbre et géométrie. Ces cours, qui ont commencé à fonctionner normalement dès le 15 décembre 1917, ont été, dès le début, suivis avec beaucoup d'empressement et les élèves sont, chaque semaine, plus nombreux. Malheureusement, nous n'avons pu consacrer à chaque matière qu'une heure et demie par semaine, étant donné qu'un seul local est à notre disposition pour tous les cours, et que, d'autre part, les internés du secteur étant tous en traitement, les heures de cure doivent être respectées.

« Les cours sont gratuits; les fournitures, livres et cahiers, etc., sont mis à titre gracieux à la disposition des élèves par la Commission romande, dont le but est, comme on le sait, de favoriser toutes les organisations qui contribuent à élever le niveau intellectuel des internés et à maintenir leur bon moral ; nous ne saurions lui être assez reconnaissants pour l'empressement avec lequel elle répond aux demandes de fournitures.

« Le bon fonctionnement et la surveillance des cours sont assurés par un chef de secteur français, sous les ordres du commandant de place. Les professeurs sont tous des internés français qui se sont offerts spontanément pour faire profiter leurs camarades de leur savoir et, dans un rapport récent, ils reconnaissaient avec satisfaction les efforts légitimes faits par la majorité des élèves pour profiter de l'enseignement donné. »

Le programme général des cours de Montana a pu être établi comme suit :

a. Cours d'allemand : professeur un interné civil français ; divisé en 2 groupes : 1°, cours pour les commençants et internés n'ayant que quelques notions de la langue, 2°, cours pour les internés ayant déjà une certaine connaissance de la langue.

b. Comptabilité : cours donné par un caporal-fourrier interné : comptabilité en partie simple, double, notions de comptabilité de banque, droit commercial, correspondance commerciale.

c. Economie politique : cours donné par un caporal interné. Ce cours est donné de telle manière qu'un nouvel élève peut le suivre utilement à n'importe quel moment de l'année ; chaque question traitée fait l'objet d'une séance et est indépendante de celle qui précède et de celles qui doivent suivre.

d. Algèbre : cours donné par un soldat interné français : notions préliminaires, équations du premier et du second degré.

e. Géométrie : cours donné par un soldat interné français : les sept premiers livres de géométrie.

Nombre des élèves suivant ces cours :

	Belges	Français	
	soldats	sous-officiers	soldats
Allemand	—	1	11
Comptabilité. . .	—	—	13
Economie politique	—	—	4
Algèbre	1	2	8
Géométrie. . . .	1	—	5

Etant donné l'éloignement de l'hôtel d'Angleterre à Montana-Village et les difficultés, pour les internés qui y sont, de venir chaque jour à la station, des cours primaires indépendants sont donnés par un soldat français interné dans cet établissement, depuis le 15 décembre 1917 : français, arithmétique, histoire, géographie. Ces cours sont donnés tous les jours, sauf le jeudi et le dimanche. Le nombre des inscriptions est de 14.

Il existait déjà à Montana, avant le 1er janvier 1917, des cours pour les internés illettrés et ceux qui désirent se perfectionner. Ces cours ont continué à fonctionner jusqu'à ce jour et sont au nombre de trois ; matières enseignées : français, arithmétique, géographie. 1º Cours préparatoire : professeur, un soldat ; 6 élèves. 2º Cours élémentaire : professeur, un caporal ; 6 élèves. 3º Cours moyen : professeur, un soldat ; 6 élèves.

Ces cours sont obligatoires pour tous les internés illettrés.

La création d'autres cours a été envisagée, mais la difficulté est de trouver des professeurs ; d'autre part, les cours existant peuvent disparaître du jour au lendemain, par suite du rapatriement du professeur ; pour la même raison, le nombre des élèves est très variable d'un mois à l'autre.

Loëche-les-Bains. Il a été fondé en 1917 :

Cours pour enfants d'internés, ouvert le 30 avril 1917. La Commission romande des internés fournit le matériel nécessaire ; professeur : un instituteur, caporal français interné. Tous les enfants d'internés, âgés de cinq ans et plus, sont tenus d'y assister ; 9 élèves.

Cours pour internés illettrés, ouvert le 3 janvier 1917, terminé le 15 juillet et repris le 1er décembre 1917. La Commission romande fournit le matériel nécessaire ; professeur : un instituteur français interné. Cours obligatoire pour tous les internés reconnus illettrés à la suite d'un examen passé devant le commandant de place ; 5 jours par semaine, 1 heure par jour ; professeur : un caporal français interné, puis un soldat français interné ; nombre d'élèves 6, tous soldats français.

Cours de perfectionnement pour internés ; même organisation que pour le cours pour illettrés ; fréquentation moyenne : 20 internés soldats.

Cours d'histoire, de géographie et d'anglais pour internés, ouverts le 22 janvier 1917, ont cessé en avril 1917, par suite du départ des professeurs.

Tous ces cours ont été fondés par un lieutenant français interné ; ils sont accessibles à tous les internés désireux de se perfectionner dans les branches du programme. Le programme comportait en plus un cours de français, de sténographie, de mathématiques : 5 heures par semaine.

Tous les professeurs étaient français : 2 lieutenants, 1 sergent, 3 caporaux et 1 soldat.

Ces cours divisés en cours supérieur et cours élémentaire, réunissaient, le premier, 32 élèves, le second 22 élèves, sous-officiers et soldats français.

Région Fribourg. — La majorité des internés travaillent dans les ateliers nationaux, en classe III ou en classe IV. Dans ces conditions, les cours n'ont pas pu prendre un grand développement. Il en existe cependant à :

Charmey :	Cours primaire	12 élèves français env.			
»	Cours de dessin linéaire	8	»	»	»
»	Cours de dactylographie	15	»	»	»
Montbovon :	Cours primaire	7	»	»	»
»	Cours de dessin linéaire	7	»	»	»
»	Cours d'anglais	6	»	»	»
Gruyère :	Cours primaire	8	»	»	»
»	Cours de dessin	8	»	»	»
Châtel-Saint-Denis :	Cours de dessin	8	»	»	»
»	Cours d'anglais	12	»	»	»

Ces cours ont été créés, pour la plupart, en 1917 ; quelques-uns existaient déjà, cependant, en 1916. Ils dépendent du président de la Commission régionale, les fournitures et le matériel sont envoyés par la Commission romande. Les professeurs sont des internés, instituteurs pour la plupart ; quelques-uns employés de commerce ou sous-officiers de carrière.

Les cours sont donnés, à Charmey, par un sergent-major, un sergent et un soldat français ; à Montbovon, le cours primaire est donné par un sergent français et le cours d'anglais par un sergent belge ; à Gruyère par deux sergents français ; à Châtel-Saint-Denis, les cours de dessin sont donnés par un caporal français et les cours de langue anglaise par un sergent anglais interné, transféré spécialement de la subdivision anglaise.

Ces différents cours sont suivis assidûment, surtout l'hiver ; pendant l'été, ils sont suivis moins régulièrement ou même suspendus, afin de permettre aux internés d'aider la population suisse aux travaux de moisson et de fenaison.

RÉGION OBERLAND BERNOIS A. — Meiringen. Cours d'enfants d'internés ; 17 élèves français en septembre 1917.

Cours élémentaires de l'école primaire pour internés, fondés le 10 janvier 1918. 12 élèves ; un lieutenant français en a la direction ; instituteur, un caporal français.

Brienz. Ecole de soldats internés et d'enfants d'internés, ouverte le 19 février 1917 ; matériel fourni par la Commission romande. Il y est donné un cours préparatoire et un cours élémentaire et moyen (1re année). Un lieutenant français est chargé de la direction avec un sergent comme adjoint; 18 adultes et 5 enfants ont passé dans cette école en 1917.

Interlaken. Il a été fondé, en 1917, cinq écoles ou cours :

1° une école primaire ouverte en février 1917, pour enfants d'internés, deux classes; dans chacune 20 heures de leçons par semaine données par deux internés français; 60 élèves : 1 Anglais, 11 Belges, 48 Français.

2° Cours d'illettrés, fondé en février 1917; deux internés français instituteurs donnent 7 1/2 heures de leçons par semaine à 15 soldats français internés.

3° Cours de sténographie, fondé en mars 1917. Deux cours, l'un élémentaire, l'autre supérieur, donnés par un interné civil français, chacun de trois heures par semaine; 5 élèves français.

4° Cours d'allemand, fondé en août 1917; deux cours, chacun de deux heures par semaine, donnés par un interné civil français; 8 élèves.

5° Cours d'espagnol, fondé en octobre 1917 : espagnol commercial, 9 heures par semaine, données par un soldat français interné; 7 élèves.

6° Cours d'anglais : anglais classique; 3 heures par semaine, données par un caporal français; 12 élèves au premier semestre.

7° Exercices physiques : escrime, 14 officiers, 12 sous-officiers et hommes de troupe; gymnastique, 8 élèves; union sportive, 25 membres actifs; foot-ball, etc.

Région Oberland bernois B. — « Dans la plupart des secteurs écrit le Commandant de région, la Commission romande des internés a déployé tout son zèle pour fonder différents cours pour illettrés, enfants d'internés, cours d'anglais, d'allemand, etc. ... La Commission romande devrait être non seulement encouragée mais remerciée chaleureusement pour tout ce qu'elle a fait et fondé dans la région de l'Oberland bernois B.

« En plus des différents cours, nous tenons également à signaler le bien que fait la Commission romande par ses conférences fréquentes dans les secteurs. Par des causeries et des projections lumineuses, la Commission romande a obtenu des résultats très bons et, tout en instruisant et en intéressant les internés, elle a réussi à les détourner de plus en plus des cafés, cabarets, etc. ».

Adelboden. Une école pour internés illettrés de toute la région a duré du 6 février au 10 octobre 1917; elle a été fréquentée, en moyenne, par 19 élèves; il y en a eu jusqu'à 30; 2 heures par jour pendant 5 jours; les leçons ont été données par un instituteur interné civil français; un règlement spécial a été fait par le bureau de la région pour cette école.

Gstaad. Il n'y avait pas d'écoles en 1917; il en a été créé deux en 1918.

Spiez. Cours d'anglais élémentaire et supérieur fréquentés chacun par 6 à 8 élèves, en tout quatre leçons par semaine données par des internés français.

Cours de comptabilité élémentaire et supérieure; 4 heures par semaine en tout, données par deux internés français; 5 à 6 élèves chacun.

Ecole d'enfants d'internés; leçons d'instruction primaire données par quatre internés français; 40 élèves inscrits; 5 jours par semaine de 9 à 11 heures et 2 à 4 heures.

Aeschi. Cours pour illettrés, fondés en octobre 1917 par la Commission romande; 6 heures par semaine; 2 professeurs belges et 5 élèves soldats belges.

Oberhofen. Ecole primaire et d'illettrés, ouverte en février 1917, avec le concours de la Commission romande. Les cours sont donnés par un caporal français, 2 heures le matin et 2 heures le soir, sauf le mercredi et le samedi après-midi; depuis Pâques, l'horaire est réduit à 2 heures par jour; 19 soldats français suivent ces cours.

Brigue. Ecole pour enfants d'internés, ouverte fin septembre 1917. La Commission romande a fourni le matériel; 5 élèves;

un instituteur français interné donne les cours et un aumônier français interné l'instruction religieuse.

SUBDIVISION BRITANNIQUE. — Dans la région Montreux, à Vevey, il existe, pour les Anglais, une *School of Motor Mechanism.* Cette école, soutenue par la Croix-Rouge anglaise, avait débuté modestement à Murren en été 1916. Comme elle ne pouvait pas s'y développer, elle fut transférée à Vevey en mars 1917. Elle a pour but de donner aux élèves les connaissances théoriques et pratiques que doit avoir un chauffeur-mécanicien d'automobiles pour pouvoir conduire et réparer une machine ; il est donné aussi un cours sur l'électricité et l'emploi de celle-ci dans les automobiles. Un premier cours, plutôt élémentaire et théorique, dure quatre mois ; puis quelques mois sont consacrés plus spécialement à la pratique. Les élèves sortant de l'école, peuvent trouver du travail soit comme chauffeurs-mécaniciens soit en classe IV dans les fabriques d'automobiles.

Château-d'Œx. Il a déjà été parlé de l'*Army School*[1].

Murren. Des cours de langues, de tenue de livres, de sténographie ont été fondés à Murren, en octobre 1916, et, en octobre 1917, à Interlaken où il fut aussi ouvert une *Army School.*

A Murren et Interlaken les élèves sont divisés en trois classes selon leur degré d'instruction ; le nombre des élèves à Murren a varié entre 25 et 80, à Interlaken entre 14 et 30 ; pour les cours de langues, à Murren, il y a eu 27 à 70 élèves ; à Interlaken 10 à 40.

A Seeburg[2], cours de menuiserie, réparation de pianos, travaux d'électricité, tenue de livres et français.

A Meiringen, il est donné aussi un enseignement à côté des travaux pratiques faits dans les ateliers nationaux.

[1] Voir, ci-dessus, p. 173.
[2] Voir, sur Seeburg et Meiringen, ci-dessus, p. 198.

CHAPITRE XI

Foyers. — Bibliothèques. — Conférences. — Commissions des Unions chrétiennes. — Soins spirituels.

Foyers dans les différentes régions. — Bibliothèque centrale allemande. — Commission romande des internés. — Commission des Unions chrétiennes de la Suisse allemande. — Unions chrétiennes anglaises et américaines (Y. M. C. A.). — Services religieux et soins spirituels pour les internés catholiques, protestants et juifs.

Foyers. [1]

Les foyers sont en général très appréciés par les internés de l'Entente ; les internés s'y rencontrent et apprennent à se connaître ; ils s'y sentent chez eux et sont à l'abri des tentations du café. Ainsi les foyers collaborent à la lutte contre l'alcool ; ils sont organisés à peu près tous sur le même plan : des lectures, du papier à lettres, des consommations non alcooliques sont mises à la disposition des internés ; des soirées récréatives ou musicales y sont données, souvent une bibliothèque est adjointe au foyer.

RÉGION MONTREUX. — Le foyer de Blonay-Saint-Légier, fondé en septembre 1916, poursuit « sainement » son but : instruire et distraire les internés par des matinées récréatives, des conférences et par des lectures fournies par une bibliothèque attachée au foyer. Ce foyer a déployé une réelle activité en 1917 ; il est très apprécié dans le secteur.

A Montreux, il a été fondé un Cercle militaire pour officiers.

RÉGION GENÈVE [2]. — Le foyer des internés fondé à Genève à la

---

[1.] Voir, *Premier Rapport*, 1916, p. 69-70, 153 et suiv.
[2] *Ibidem*, p. 69-70.

fin de 1916, à l'Ecole du Grutli, est toujours très fréquenté. Les internés y trouvent des journaux suisses, belges et français, du papier à lettres et ils peuvent y consommer du thé, du café et du chocolat.

Un cercle des officiers alliés a été ouvert, dès 1916, à la rue Saint-Ours.

Les salles de l'Union chrétienne et de l'Association des étudiants chrétiens sont ouvertes aux internés.

Il n'a été fondé de nouveaux foyers, en 1917, ni à Genève, ni à Lausanne, ni à Neuchâtel[1].

RÉGION VALAIS-BEX. — Le foyer des internés de Villars-Chésières, existant déjà en 1916, a été réorganisé en mai 1917 et installé dans un chalet : « Les Clochettes » à Chésières-sur-Ollon. On y trouve une bibliothèque avec un grand choix de livres, des journaux illustrés, des revues diverses, un gramophone, un piano, du matériel de correspondance et des jeux divers. Chaque soir, des internés servent à leurs camarades des boissons chaudes telles que café et thé. Avec le concours des internés, il a été organisé des séances récréatives.

La marche du foyer des internés de Villars-Chésières est très satisfaisante, un grand nombre d'internés sont heureux d'y venir tous les soirs et, depuis plusieurs mois, le nombre des habitués tend à augmenter.

Un foyer a été ouvert à Salvan, le 17 novembre 1917. Les fonds nécessaires pour la création et l'exploitation sont fournis par les Unions chrétiennes américaines de jeunes gens et la Commission romande des internés est chargée de la direction générale. Un concert y est donné chaque vendredi. Il y est servi du thé, du café et du chocolat. Ce foyer a rendu des services très appréciables, surtout pendant la saison d'hiver.

Un foyer pour les internés a été fondé à Sierre, en février 1917. Un sous-officier avait commencé par réunir quelques livres pour

[1] Voir *Premier Rapport*, 1916, p. 70.

les internés ; il en fit venir une partie de France et d'autres furent mis à sa disposition par des personnes de la localité. Un local fut ensuite loué comme salle de lecture et le foyer a été organisé ; on y sert du café. Un comité directeur de trois membres, présidé par un officier, se réunit deux fois par mois.

Les finances ont été assez prospères pour permettre aux internés de faire, pendant l'année, des envois à quelques-uns de leurs camarades restés dans les camps en Allemagne, pour une valeur d'environ 300 francs. Une petite somme a été envoyée aux sinistrés d'Euseignes. Pour se procurer des fonds, les internés ont donné, pendant l'hiver, quelques soirées théàtrales.

Il existait un foyer du soldat, à Montana, pour les soldats suisses hospitalisés au sanatorium de Clairmont. Ce foyer a été utilisé également par les internés ; il rend de réels services. En effet, comme la consommation de boissons alcooliques nuirait au rétablissement des malades, il est interdit à ceux-ci d'entrer dans les établissements publics avant 7 heures du soir ; c'est au foyer qu'ils se rencontrent dans la journée.

A Champéry, il existe un foyer, très fréquenté, organisé comme celui de Villars.

Région Aigle-Leysin. — Dans le secteur de Leysin, il y a deux foyers :

Le foyer du soldat des internés français et belges a été fondé en 1916 par les soins du « Bien du soldat ». Il est composé de plusieurs pièces, ce qui ne favorise pas l'organisation d'attractions ; ce foyer n'est pas très fréquenté.

Le foyer du soldat anglais a été créé en février 1917 par l'Union chrétienne anglaise des jeunes gens (Y. M. C. A.). C'est une construction en bois, isolée, très bien comprise, aussi est-il très fréquenté. Ce foyer est ouvert à tous les internés alliés.

Ces deux établissements, en procurant aux hommes un lieu de réunion, une salle de lecture, des distractions variées ainsi que des boissons hygiéniques et des mets divers, rendent de grands services dans un centre d'internement comme Leysin, où pour des raisons de santé, les établissements publics sont interdits aux internés.

Dans les deux autres secteurs de la région, qui ne comptent que deux ou trois établissements d'internés, une salle d'un des hôtels a été mise à la disposition des internés et tient lieu de chambre de lecture et de correspondance ; il s'y trouve également des jeux.

RÉGION FRIBOURG. — Trois foyers ont été fondés dans cette région durant l'année 1917 :

Le foyer de Bulle a été ouvert par les soins de la Société française et avec subvention de l'Ambassade de France, ceux de Châtel-Saint-Denis et de Charmey avec les ressources fournies par des soirées musicales et littéraires données par les internés ; ils sont très appréciés des internés, particulièrement pendant l'hiver, car ils ont toujours été chauffés.

A Bulle et Châtel-Saint-Denis, un café fournit aux internés à des prix réduits des consommations strictement limitées à des boissons non alcooliques.

Le foyer de Fribourg [1], fondé en 1916 par la Société française de Fribourg, fonctionne à l'entière satisfaction du commandant de place et rend de très grands services.

RÉGION JURA. — Un foyer pour internés a été fondé, en 1916, à Neuchâtel, lors de la création du secteur universitaire de cette ville. Il est fréquenté par 25 à 30 internés par jour. Un orchestre d'étudiants internés y donne, de temps en temps, des auditions ; une salle est réservée pour cours, leçons particulières et répétitions. Ce foyer est fermé le dimanche et jours fériés.

Un foyer a été ouvert en octobre 1917 à la Chaux-de-Fonds. Il a été mis par le Cercle français à la disposition des internés classe IV, détachés dans cette localité ; il permet à ceux-ci de se rencontrer après le travail et de passer ensemble leurs moments de loisir.

---

[1] Voir *Premier Rapport*, 1916, p. 69.

Région Oberland bernois A. — Un foyer des Alliés a été fondé à Interlaken, Hôtel Horn, le 1er décembre 1917, sous les auspices de la Commission romande et de l'Union chrétienne américaine des jeunes gens (Y. M. C. A.). Il est très fréquenté. Des conférences y sont données régulièrement chaque semaine sur des sujets divers.

Région Oberland bernois B. — En plus des foyers existant déjà en 1916 et dont aucun n'a été fermé, il a été créé, en 1917, quatre foyers qui fonctionnent très bien et rendent de grands services : « Dans les localités où ces foyers existent, écrit le commandant de région, les punitions pour ivresse ont diminué sensiblement, et la tâche du commandant de place est très facilitée. » A Erlenbach, un Cercle des Alliés a été installé dans la salle d'attente du dentiste de la région ; les internés peuvent ainsi lire ou consommer des boissons non alcooliques et passer dans cette salle un moment plus agréable que celui qu'ils passeront dans la salle voisine. L'idée ne manque pas d'originalité!

A Gunten, un cercle des alliés de Gunten, institution purement privée, dû à la générosité de deux dames anglaises, a été fondé en 1916. La location, l'ameublement, tous les frais résultant de l'administration du cercle, le chauffage, l'éclairage etc., restent entièrement à la charge des membres fondateurs. Les locaux du cercle sont ouverts de 9 à 11 ½ h., de 1 h. à 6 h. et de 7 ½ à 9 h. Aux divers ateliers installés au foyer même est venu s'ajouter cet hiver, en raison de la crise du chauffage, l'atelier de tapis installé, précédemment, dans un local du Park Hôtel à Gunten.

Depuis décembre 1916, une salle de consommation de boissons non alcooliques a été ouverte, dans ce foyer, à tous les internés alliés du secteur. Les bénéfices réalisés sur la vente des boissons, sont mis dans une caisse à part, et seront versés, à la fin de l'internement, à un comité de secours ou à des nécessiteux. Il a été vendu, de décembre 1916 à janvier 1918, 18,540 cafés, 200 limonades et 434 sirops.

A Gstaad, le foyer de Gstaad-Saanen a été ouvert le 21 novembre 1917. Il a été créé par les internés du secteur aidés par les officiers français, le commandant de place et des membres honoraires. Les membres actifs (internés) paient une cotisation de 10 centimes par décade, les membres honoraires 5 francs par an. En outre, les excédents de bénéfices provenant des représentations théâtrales du théâtre des internés de Gstaad sont versés au fonds du foyer. Celui-ci est administré par un comité.

A Kandersteg, un foyer des internés alliés a été ouvert le 17 septembre 1916. Les membres actifs paient, par décade, une cotisation de 20 centimes pour les soldats, 30 pour les caporaux et 50 pour les sous-officiers. Les membres honoraires, officiers entre autres, paient une cotisation mensuelle minimum de 5 francs. Le foyer se compose d'une salle de consommation, d'une petite cuisine et d'un salon de coiffure. Les internés y trouvent des jeux divers, des consommations à prix modiques, du tabac, des cigarettes, des articles de parfumerie, à des prix très avantageux, une bibliothèque comprenant trois cents volumes « et enfin un esprit de fraternelle camaraderie qui supplée dans la mesure du possible à la famille absente. »

Subdivision Grande-Bretagne. — A Château-d'Œx, en février 1916, la Croix-Rouge a fait bâtir une maison du soldat, très spacieuse et très bien aménagée, avec bibliothèque et atelier de reliure comme annexe.

A la fin de 1916, deux petits foyers ont été ouverts, sur l'initiative anglaise, à Rossinière et à Rougemont.

A Murren, l'Union chrétienne des jeunes gens a fait construire un foyer du soldat qui est entré en activité en septembre 1916. En mars 1917, un comité a fait donner, dans cette salle, des concerts, des conférences avec projections, deux représentations cinématographiques par semaine; il y a aussi, dans ce bâtiment, des ateliers de broderie, de vannerie, de découpage, deux billards, une salle de lecture et une bibliothèque.

A Interlaken, un foyer a été établi par l'Union chrétienne, à l'Hôtel des Alpes, sur le même modèle que ceux de Murren et de Château-d'Œx.

Le commandant de la région Murren-Interlaken ajoute : « Les Unions chrétiennes de jeunes gens sont très pratiques, elles procurent, à bas prix, aux Anglais leur *afternoon tea* dont ils ne se passent pas volontiers ; elles organisent des distractions qui font paraître aux internés le temps plus court et en tiennent un grand nombre éloignés des cafés et de trop abondantes beuveries. A Murren [1], plus de la moitié des internés appartient à la société d'abstinence qui dépend de l'Union chrétienne. C'est réjouissant. Sous ce rapport, les foyers du soldat sont un vrai bienfait aussi bien pour les internés que pour la direction de l'internement ; grâce à eux, le nombre des punitions est singulièrement diminué. »

RÉGION ZURICH. — Le 1er novembre 1917, il s'est fondé à Zurich une petite société dite « Amicale des internés alliés ». Tous les internés français, belges et anglais de la région de Zurich font partie de cette société, qui a son siège au restaurant Zimmerleuten. Le but de l'Amicale des internés alliés est essentiellement et uniquement philanthropique. Jusqu'ici, elle a accordé de nombreux et appréciables secours à ses membres nécessiteux, notamment aux étudiants de l'Ecole polytechnique, dont les ressources sont inférieures et les dépenses supérieures à celles de leurs camarades. Les réunions qui ont lieu tous les quinze jours permettent, en effet, au président de la Société, qui est en même temps l'officier le plus ancien, de voir tous les internés dont il a la surveillance, de leur faire toutes communications et recommandations utiles et d'exercer sur eux une heureuse influence. Sans ces réunions mensuelles, il serait impossible à l'officier de surveillance d'exercer, efficacement, son autorité sur ses hommes répartis un peu partout dans la ville et la banlieue

---

[1] Voir *Premier Rapport,* 1916, p. 155.

de Zurich et le bon esprit, la conduite et la tenue des internés y perdraient certainement.

La marche de l'Amicale des internés alliés a été suivie de très près par le commandant de la région d'internement de Zurich; elle n'a jamais donné lieu à la moindre observation et, pour les raisons exposées ci-dessus, le commandant de région ne voit que des avantages dans le fonctionnement de cette société, tant pour les internés eux-mêmes que pour le commandement.

Sauf dans la région de Bâle, il n'existe pas de foyer pour internés allemands; nous avons déjà constaté que le besoin ne s'en faisait pas sentir [1].

RÉGION BALE. — Trois foyers ont été fondés dans trois hôtels de Bâle en décembre 1916, janvier et mai 1917.

A Schinznach, un foyer a été fondé à l'Hôtel des Bains en décembre 1916. La marche en est normale.

SUISSE CENTRALE. — Les foyers de Gersau, de Fluelen et de Brunnen ont dû être fermés n'étant plus fréquentés.

La légation d'Allemagne a institué, à Berne, une Bibliothèque centrale pour fournir aux internés allemands des lectures récréatives et des livres d'étude; cette Bibliothèque centrale a établi, dans chaque secteur, une bibliothèque dirigée par un bibliothécaire; tout ce travail est régi par un règlement et un ordre du Médecin d'armée du 7 mars 1917. Certaines de ces bibliothèques de secteur, comme celles de la région de Davos, ont pris un grand développement [2].

Commission romande des internés [3].

La Commission romande des internés a continué son travail au sein des stations d'internés français et belges, sous la prési-

---

[1] Voir *Premier Rapport*, 1916, p. 70 et 154.
[2] Voir la brochure publiée sous les auspices de la Légation d'Allemagne: *Die Ausbildung der deutschen Internierten in der Region Davos*, p. 54.
[3] Voir *Premier Rapport*, 1916, p. 157.

dence de M. Th. Geisendorf. Durant l'année 1917, elle s'est très spécialement occupée de l'instruction des internés et des foyers. Un bureau de la Commission, chargé de l'organisation des conférences, de la distribution du matériel de correspondance et du matériel scolaire, a été installé à Rivaz, sous la direction de M. Luginbuhl.

Au cours de 1917, voyant son travail s'accroître d'une manière considérable, la Commission a engagé un nouvel agent, M. H. Margot, qui s'occupe spécialement de la région Montreux et Aigle-Leysin. Au début de l'hiver 1917-1918, la Commission a engagé encore trois nouveaux agents, MM. G. Roulet pour la région Oberland B, M. Gilliéron pour l'Oberland A. et M. Grandjean pour les régions Jura et La Côte. Les agents ont régulièrement visité les stations; ils se sont efforcés de créer et d'organiser des cours, et ont donné un grand nombre de conférences.

La Commission a fait confectionner des pochettes qui sont distribuées, aux internés, à leur arrivée en gare de Berne; chacune contient du papier à lettres, des enveloppes, des cartes postales, un crayon et une lettre de bienvenue. Les internés peuvent, de cette manière, dès leur arrivée en Suisse, écrire à leur famille.

La Commission remet à chaque interné rapatrié, dans le train de départ, une lettre d'adieu.

La Commission a continué à mettre gratuitement à la disposition des internés le matériel de correspondance qui a été distribué aux hommes, une fois par mois, par l'intermédiaire des chefs de secteur et d'établissement. 97 secteurs ont été régulièrement desservis.

Il a été distribué en 1917:

436.500 feuilles de papier à lettres.

393.595 enveloppes.

94.396 cartes postales.

La Commission a continué, en 1917, à faire donner des conférences dans les divers secteurs ; il ressort des rapports mensuels des régions qu'elles sont très généralement appréciées. La Commission romande a fait un effort tout spécial pour les secteurs isolés. Dans la règle, chaque secteur a été, pendant l'hiver, visité une fois par mois par un conférencier. En été, les conférences ont été plus espacées et n'ont été données que dans les stations où aucun travail n'était organisé. Pendant l'hiver, 90 stations ont eu régulièrement des conférences sur les sujets suivants :

Vulgarisation scientifique	125
Suisse (alpes, lacs)	82
Récitals littéraires	18
Voyages	272
Conférences artistiques et musicales	87
Conférences historiques	36
Conférences antialcooliques et morales	66
Conférences agricoles et industrielles	14
Devoirs d'après la guerre	79
Fêtes de Noël	59

Total : 838 conférences

Comme les auditoires de soldats ne sont absolument pas homogènes et qu'il est toujours difficile à l'orateur de se mettre au niveau de chacun, la Commission a illustré de projections lumineuses la presque totalité de ses conférences qui, grâce à cela, ont fait plaisir et ont souvent été un puissant moyen pour remonter le moral des internés. La Commission a fait venir en automne quatre orateurs de France, qui ont traité le sujet « La France après la guerre ». Ce sont MM. les professeurs Gache de Montpellier, de Boeck de Bordeaux, Sauvaire-Jourdan de Bordeaux et M. Dufour, avocat à Angers. Ils se sont efforcés de montrer aux internés ce que leur pays était devenu depuis leur départ et ce que la France attendait d'eux, à leur retour, faisant comprendre aux hommes la nécessité de se mettre au travail et de profiter de l'hiver pour augmenter leur bagage intellectuel.

La Commission, on l'a vu [1], s'est préoccupée de la création de cours divers.

Dans l'Oberland B, le commandant de région a chargé la Commission d'organiser tous les cours dans sa région. Dans les autres régions, la Commission s'est efforcée d'encourager toutes les initiatives et d'en provoquer là où il n'y en avait pas ; elle a fourni, gratuitement, tout le matériel scolaire nécessaire à ces cours. Elle a également fourni, gratuitement, le matériel nécessaire aux cours d'enfants, ainsi qu'à l'École des arts et métiers de Clarens, à l'École mécanique de Bulle, à l'École d'aviculture de Blonay. Elle a subventionné les cours suivants :

Cours de perfectionnement primaire .	14
Cours d'anglais	7
Cours d'allemand.	4
Cours d'espagnol.	3
Cours d'italien.	1
Cours de comptabilité	6
Cours de dessin industriel	6
Cours de sténographie	3
Cours de dactylographie	8
Cours professionnels	5
Cours divers	5
Ecoles d'enfants d'internés	20

Les cours ont fonctionné dans 42 stations, ils comprenaient 94 cours et ont groupé 1360 élèves environ.

Matériel scolaire fourni :

Cahiers, carnets	9515
Litres d'encre	302
Livres d'étude, tableaux noirs, porteplumes, crayons, encriers, règles, équerres, compas, etc.	24183
Total. . .	34000

---

[1] Voir ci-dessus, p. 213 et suiv.

Pour l'année 1917, la Commission et la Bibliothèque circulante des internés de Lausanne dirigée par Mlle Bossan, ont fusionné ; la Commission a remis à Mlle Bossan tous ses livres, elle lui a versé une mensualité, à charge de gérer les deux bibliothèques.

L'activité commune n'ayant pas donné toute satisfaction, les deux bibliothèques ont repris leur activité séparée, à partir de janvier 1918.

La Bibliothèque circulante des internés a mis en circulation, en 1917, dans les secteurs occupés par les internés de l'Entente, environ 20.000 volumes.

Parmi les 13.000 volumes que possède cette bibliothèque, les livres de classes sont les plus nombreux et les plus demandés. Cette bibliothèque sert aussi d'intermédiaire pour la commande de livres spéciaux qui n'ont pas un caractère d'intérêt général. Les livres sont envoyés aux chefs de secteur et d'établissement par colis de 5 kilos environ.

Certaines régions ont leur bibliothèque propre ; on peut mentionner, entre autres, la bibliothèque de l'Oberland bernois B qui se trouve à Erlenbach et qui compte 2500 volumes.

A Pâques, la Commission a fait distribuer, à tous les internés, un message imprimé contenant des articles spéciaux et des illustrations en rapport avec cette solennité. Pour Noël, elle a organisé des fêtes dans 59 centres d'internés. Les agents, le président de la Commission et de nombreux collaborateurs se sont rendus dans ces stations et ont célébré Noël avec les internés. Tous les internés ont reçu, comme souvenir, une estampe.

La Commission a enfin fait distribuer des jeux d'intérieur dans tous les hôtels qui lui ont été signalés comme en étant dépourvus ; il en a été distribué 245.

Voyant le bien très grand que les maisons du soldat suisse ont fait à nos soldats, la Commission romande a fait tous ses efforts pour développer la création de foyers dans les centres d'internés. Le « Bien du soldat » qui, au début de l'internement, s'était chargé de cette œuvre a demandé à la Commission de bien vouloir la reprendre. Elle l'a fait partout où cela était possible ; cette activité a entraîné de grands frais.

Le premier de ces foyers a été inauguré à Salvan [1]; il est régulièrement fréquenté par un très grand nombre d'internés. Il est composé d'une grande salle avec boissons non alcooliques, jeux, matériel de correspondance et lectures. Il y a, en outre, une salle pour la bibliothèque et pour les cours. Le budget pour un an était de fr. 12.900 et le déficit prévu de fr. 7.000.

A Interlaken [2], il a été fondé un foyer par l'Union chrétienne américaine de jeunes gens (Y. M. C. A.) sous le patronage de la Commission. L'Hôtel Horn a été loué dans ce but, il s'y trouve un foyer pour les officiers et un pour les sous-officiers et soldats. Le succès en est grand. Les Y. M. C. A. supportent le déficit.

La Commission a également facilité la création de foyers que les internés voulaient organiser entre eux. Elle a fourni des subsides en argent ou en nature aux foyers de Châtel-Saint-Denis, Charmey, Kandersteg, Erlenbach et Adelboden. Elle a enfin fourni le matériel de correspondance dans les foyers universitaires de Lausanne, Neuchâtel et Fribourg.

Les recettes de la Commission romande se sont élevées, en 1917, à 68.062 francs et les dépenses à 48.059 francs, non compris les dépenses pour les foyers. Le solde de 20.000 francs a constitué, pendant la première partie de l'année 1918, tout l'avoir de la Commission, les recettes de celle-ci ne lui arrivant qu'à la fin de l'année.

Commission des Unions chrétiennes de la Suisse allemande [3].

La Commission des Unions chrétiennes de la Suisse allemande a continué, elle aussi, en 1917, sa grande et utile activité. Elle

[1] Voir, ci-dessus, p. 225.
[2] Voir, ci-dessus, p. 228.
[3] Voir *Premier Rapport*, 1916, p. 160.

a envoyé en fait de matériel d'écriture, de correspondance et comme passe-temps :

Papier à lettres (feuilles)	193.097
Enveloppes	173.160
Cartes postales	100.696
Papier pour machine à écrire (feuilles)	1.000
Feuilles de papier	577
Cahiers	122
Buvards	229
Feuilles de papier buvard	2.420
Plumes	8.836
Porte-plumes	1.754
Crayons	4.816
Jeux	336
Livres illustrés (Paquets de)	89
Gravures	550

Tout cela a été envoyé en 553 envois et 784 paquets, représentant, en tout, un poids de 2191 kilos, et réparti entre 70 secteurs comprenant en tout 220 établissements. Dans les totaux sont compris les 12.675 feuilles de papier à lettres, les 12.675 enveloppes, les 14.596 cartes et les 2377 crayons remis aux internés allemands à leur arrivée en gare de Genève; il leur a été remis également 2537 souhaits de bienvenue et 2161 cartes-souvenir.

La même Commission a envoyé de Zurich aux internés 4546 ouvrages, répartis comme suit :

Manuels de langues	912
Manuels de commerce	21
Manuels de musique	68
Manuels de sciences spéciales	37
Manuels de sténographie	21
Livres divers	1830
Livres illustrés et revues	1545
Divers	112

De plus 3o1 ouvrages ont été envoyés par la section de Genève de cette Commission soit :

Manuels de langue	35
Manuels professionnels	40
Livres divers	226

La Commission de la Suisse allemande a envoyé, en tout, 4847 volumes.

Elle a fait donner, par neuf personnes différentes, 39 conférences dont quatre étaient des allocutions religieuses. Les conférences antialcooliques sont également utiles et appréciées dans les régions des Empires centraux.

Il a déjà été parlé des Unions chrétiennes anglaises et de l'œuvre qu'elles poursuivent dans les foyers [1].

Service religieux et soins spirituels pour les internés catholiques [2].

I. Internés anglais. — Cinq prêtres assurent le service religieux catholique des secteurs occupés par les internés anglais.

Il y a eu, pendant l'année, quatre enterrements et huit mariages.

Des conférences religieuses spéciales ont été données avant les fêtes de Pâques. Tous les dimanches, il y a messe et sermon anglais à Château-d'Œx et à Murren. Chaque quinzaine, les internés de Leysin et du Signal de Bougy entendent une prédication en anglais.

II. Internés belges. — Les Belges, au nombre d'environ 1800, sont presque tous catholiques. En juin dernier, le Gouvernement belge a détaché du front quatre aumôniers militaires qu'il a envoyés en Suisse pour aider au service religieux des internés et assurer en particulier la prédication en flamand. Les secteurs belges ont été attribués à ces aumôniers qui travaillent sous la

---

[1] Voir, ci-dessus, p. 229.
[2] Nous devons ce rapport au capitaine Savoy, aumônier en chef des internés catholiques.

direction de l'aumônier en chef des internés. Les aumôniers belges ont leur centre d'action à Lausanne, à Clarens, à Leysin et à Interlaken.

Trois prêtres belges ont été internés en Suisse ; deux ont été rapatriés en 1917, le troisième est chargé du secteur universitaire de Neuchâtel et des secteurs de Boudry et de Cortaillod.

M. l'abbé Degeneffe, qui s'était occupé avec dévouement des internés belges d'Adelboden, est mort en août à la Clinique Bois Cerf, Lausanne.

Une prédication en flamand et des conférences spéciales ont lieu chaque dimanche à Clarens, à Glion, à Leysin, à Interlaken et à Aeschi. Les aumôniers visitent régulièrement les secteurs.

Des services religieux solennels ont eu lieu à l'occasion de la fête de S. M. le Roi Albert, et, à la fête de sainte Elisabeth en l'honneur de S. M. la Reine. Un service funèbre solennel, pour les soldats tombés au champ d'honneur, a été célébré dans les divers secteurs belges.

Les aumôniers désirent vivement obtenir des livres de prières et des lectures en flamand.

III. **Internés français.** — Les internés de guerre en Suisse participent, autant que possible, au service religieux des paroisses où ils se trouvent. Les secteurs ou groupes de secteurs trop éloignés d'une église paroissiale ont eu un service spécial confié à un aumônier résidant ou tout au moins un service avec prédication chaque quinzaine. Les secteurs universitaires et l'hôpital de Fribourg ont chacun un aumônier entièrement consacré au bien religieux et moral des internés.

Région	Services paroissiaux	Aumôniers résidants	Aumôniers non-résidants	Services chaque 15 jours
Genève et canton	6	—	—	—
Duillier	2	—	—	2
Lausanne	3	1	—	1
Montreux	2	4	3	2
A reporter.	13	5	3	5

Région	Services paroissiaux	Aumôniers résidants	Aumôniers non-résidants	Services eha- que 15 jours
Report. . .	13	5	3	5
Aigle-Leysin	3	3	1	1
Valais-Bex	12	4	—	1
Fribourg.	10	—	—	—
Jura-ouest	4	1	1	1
Berne	3	—	—	1
Oberland bernois A . .	1	6	—	3
Oberland bernois B . .	1	7	2	4
Suisse centrale (Entente)	4	1	1	1
Places universitaires . .	—	4	—	—
A. S. A. Fribourg . . .	—	1	—	—
	51	32	8	17

Ministère ordinaire. Les internés français ont pris part au
service religieux de 51 paroisses. Ils ont eu un service spécial,
avec prédication en français, dans 40 localités et des services de
quinzaine ou même plus espacés dans 17 localités. Il a été célébré 156 enterrements : les plus nombreux ont naturellement eu
lieu à Leysin (25) et à Montana (21). Il y a eu, pendant l'année
1917, plus de 100 mariages religieux et environ 80 baptêmes dont
2 de soldats. Une des tâches les plus importantes des aumôniers
de Leysin, de Montana, de Weissenburg, de Meiringen, d'Interlaken, de l'hôpital de Fribourg est la visite régulière des soldats
malades.

Les familles d'internés forment, dans bon nombre de secteurs,
un groupe assez important. Des écoles françaises ont été organisées pour les enfants d'internés ; les aumôniers leur donnent
un cours d'instruction religieuse ; il est donné 28 leçons par semaine. Plusieurs aumôniers ont organisé des cercles d'études
qui aident les soldats à passer utilement leurs soirées et à compléter leur instruction. Il existe quinze cercles d'études dans les
diverses régions ; dix-sept chorales prêtent gracieusement leur
concours au service divin et contribuent à rehausser les cérémonies. On compte dix sections d'études religieuses.

Quelques aumôniers, d'entente avec les officiers ou les sous-officiers, ont établi, une fois par semaine, des causeries sur des sujets d'intérêt général. Les aumôniers se montrent partout soucieux de contribuer au bien religieux, moral et intellectuel des hommes qui leur sont confiés. Ils ont à compter avec le manque de ressources.

Aumôniers. — Pendant l'année 1917, trente-deux prêtres français ont été internés et ont aidé au service religieux des divers secteurs d'internement; seize continuent à se dévouer au bien de leurs compatriotes; treize ont été rapatriés; trois sont sans ministère. Trois des prêtres rapatriés étaient soldats, les dix autres avaient été constitués prisonniers dans les régions envahies. Des prêtres actuellement internés en Suisse, six appartiennent à l'armée (1 sous-lieutenant, 4 sergents-majors, 1 caporal) et treize sont prisonniers civils.

De plus, quinze prêtres français se sont mis à la disposition de l'aumônier en chef: neuf d'une manière permanente et six temporairement. A ces aides bénévoles dévoués se sont joints un prêtre polonais et deux prêtres suisses. Il faut ajouter huit prêtres belges.

Outre le ministère ordinaire de 51 paroisses, les intérêts religieux et moraux des internés ont été pris en main par 58 prêtres. La plus grande difficulté du ministère est l'éparpillement et l'éloignement des secteurs, conditions qui permettent aux internés de trouver plus facilement du travail.

Ministère extraordinaire. — A l'occasion des fêtes de Pâques, une série de conférences religieuses, préparatoires à l'accomplissement du devoir pascal, a été donnée dans la plupart des secteurs et a porté des fruits.

Le 2 novembre et en d'autres circonstances, les soldats internés ont assisté à un service solennel pour les camarades tombés au champ d'honneur. Mgr Touchet, évêque d'Orléans, a présidé deux de ces cérémonies à Neuchâtel et à Lausanne.

En août, M. le chanoine Beaupin, secrétaire de la Mission catholique suisse en faveur des prisonniers de guerre, s'est joint à l'aumônier en chef, dans une visite des secteurs de la Gruyère et de l'Oberland bernois B. Mgr Pierre Battiffol, chanoine de Notre-Dame de Paris, délégué de Son Eminence le Cardinal Amette, archevêque de Paris, a parcouru, accompagné de l'aumônier en chef, les secteurs de la Gruyère, de l'Oberland bernois, de la Suisse centrale, du Valais et de Leysin.

Aumônier en chef. — L'aumônier en chef a consacré, en 1917, 62 jours à la visite des secteurs occupés par les internés français. Il a adressé 115 fois la parole aux divers groupes : dans les conférences, les prédications du dimanche et surtout dans des entretiens plus familiers, il a rappelé la nécessité de l'endurance, le soutien mutuel, la responsabilité du soldat interné, la fidélité aux devoirs religieux.

Le service de l'internement, les rapports avec les aumôniers, les internés et leurs familles, ont exigé de l'aumônier en chef plus de 2000 lettres.

L'organisation et l'entretien assez dispendieux des chapelles a pu continuer, grâce à l'appui généreux de Son Eminence le Cardinal Amette, archevêque de Paris, et grâce aux subsides versés par la Mission catholique suisse en faveur des prisonniers de guerre.

Services religieux et soins spirituels pour les internés protestants [1].

I. Internés protestants allemands. — Le travail des ecclésiastiques chargés du service religieux et des soins spirituels parmi les internés protestants a beaucoup augmenté pendant l'année : il a été assumé par 14 aumôniers protestants, 38 pasteurs de paroisses, 5 pasteurs allemands, et plusieurs autres pasteurs.

---

[1] Nous devons ce rapport au capitaine Spahn, aumônier-chef des internés protestants.

Ils ont eu à célébrer 55 enterrements, 32 mariages religieux et environ 10 baptêmes.

L'aumônier-chef a visité, à plusieurs reprises, les établissements des internés ; il a fait 23 prédications ou conférences et 47 allocutions.

Tous les ecclésiastiques se sont efforcés d'établir entre eux et les internés un contact personnel ; outre leurs prédications, ils ont fait de nombreuses conférences religieuses, historiques ou sociales.

L'assistance aux cultes a été, dans plusieurs endroits, très nombreuse.

En outre, de nombreuses conférences et des entretiens du soir ont eu lieu pour lesquels la Commission des Unions chrétiennes de Zurich a prêté un précieux appui.

A Pâques, M. le pasteur A.-W. Schreiber, *Schriftführer des Hilfsausschusses für Gefangenen-Seelsorge* et *Direktor der Deutschen Evangelischen Missions-Hilfe in Berlin*, a célébré des services de communion dans presque tous les secteurs de la Suisse centrale.

Sur la demande de l'aumônier-chef protestant, le Ministère de la guerre de Berlin a envoyé M. le pasteur G. Schrenk de Bielefeld dans la Suisse centrale, il a fait des visites personnelles, des prédications et des conférences aux internés et déployé, depuis son arrivée en août 1917, une grande et très féconde activité. Il faut mentionner aussi les cultes aux internés, par M. le pasteur Wegener de Zurich et l'activité, dans le canton des Grisons, de trois missionnaires allemands.

Comme les aumôniers suisses étaient très souvent mobilisés, il a été nécessaire d'avoir recours aux services d'ecclésiastiques civils pour les sermons du dimanche.

A Lucerne et à Brunnen, des cultes mensuels spéciaux sont célébrés pour les internés ; parfois aussi on célèbre des « cultes de campagne » auxquels assistent des internés de plusieurs secteurs.

A Davos, où, au commencement de 1917, il y avait plus de 1,200 internés dont 900 protestants, il a fallu partager le travail entre un pasteur pour Davos-Platz et un autre pour Davos-Dorf. Tous les 15 jours, un culte militaire spécial est célébré qui est bien fréquenté. Il y a eu à Davos 34 mariages et 16 enterrements.

A Arosa, un vicaire allemand travaille au milieu des internés.

On peut estimer à six mille le nombre des internés allemands protestants. L'aumônier-chef les a visités; en 1917, il a reçu 846 lettres et a écrit 957 lettres, rapports, etc.

II. Internés protestants français et belges. — Six capitaines aumôniers se partagent le travail dans les différentes régions franco-belges. La dispersion des 180 à 200 protestants au milieu des internés français et belges, rend très difficile de les visiter. Leur nombre varie constamment. Dans les contrées protestantes comme Lausanne, Montreux, etc., ils sont visités par les pasteurs de la paroisse, mais il est bon que l'aumônier les visite tous. Lorsque plusieurs internés protestants se trouvent dans la même localité, on peut célébrer un culte et ils en sont reconnaissants. « Il y a parmi eux des hommes dont la piété est vivante et qui aiment l'Evangile, écrit un aumônier. Il y a aussi, ça va sans dire, des indifférents. »

« Plusieurs internés souffrent de l'isolement, écrit un autre aumônier. A Salvan, deux internés font quelquefois deux heures de chemin pour aller au culte. Je suis convaincu que notre ministère est apprécié par nos hôtes. »

A l'occasion de chaque visite, l'aumônier fait un culte annoncé aux internés par la voie du service. Ces cultes ont lieu, suivant les circonstances, dans une salle d'hôtel, dans une chambre d'interné ou en plein air. Ces cultes et les entretiens religieux sont appréciés et désirés. L'aumônier procure à chaque homme une Bible et des brochures, des lectures religieuses et des journaux religieux. Il est en correspondance avec les internés qui posent des questions religieuses et demandent de les aider à trouver des places. Des lettres touchantes prouvent que les hommes sont reconnaissants de ce qu'on fait pour eux.

A Genève, M. le capitaine aumônier Th. Muller a organisé une conférence militaire, avec projections lumineuses et intermède musical, et, une autre fois, une matinée récréative, offerte gratuitement par les deux aumôniers militaires, catholique et protestant, de la région.

Service religieux et soins spirituels pour les Juifs.

Le Rote Mogen David a continué parmi les Juifs, durant l'année 1917, son activité comme en 1916. Le président nous a fait savoir qu'il n'avait rien de spécial à ajouter au tableau qu'il nous en avait fourni [1].

[1] Voir *Premier Rapport,* 1916, p. 165.

CHAPITRE XII.

Administration [1].

Généralités. — Organisation du service intérieur. — Hôtels et subsistance. — Ordonnances administratives et instructions. — Statistiques. — Mouvement financier. — Bureau de revision.

Au commencement de l'année 1917, il devint évident que le service administratif devait être entièrement transformé. Les expériences des mois précédents avaient prouvé que l'équilibre financier de la caisse des frais extraordinaires, alimentée par des versements fixes des Etats intéressés, ne pouvait être maintenu que par une organisation ayant pour principe la plus stricte économie et par une distinction scrupuleuse, établie par des règlements, entre la caisse générale et la caisse des frais extraordinaires ; sinon, il était à prévoir que les déficits mensuels continueraient, comme par le passé.

Les mesures à prendre ne concernaient pas seulement l'administration intérieure de l'internement, mais aussi les prestations faites par la caisse des frais extraordinaires aux internés commandés pour travailler au service de l'internement. Telle était la tâche qui s'imposait au quartier-maître central.

Tout le service administratif a été concentré à Berne ; les bureaux des quartier-maîtres d'arrondissement de Montreux et de Lucerne, mis sur un trop grand pied, ont été fermés et adjoints, après avoir été réduits à des proportions plus modestes, au bu-

---

[1] Ce rapport est dû au quartier-maître central de l'internement, le Major Aebi. — Voir, sur l'administration de l'internement en 1916, *Premier Rapport*, 1916, p. 167 et suiv.

reau du quartier-maître central. Cette simplification s'est montrée excellente et a facilité tout le service administratif.

En septembre, les fonctions de quartier-maître de région ont été supprimées comme faisant double emploi avec celles de comptable responsable (sous-officier).

Les bureaux de l'administration centrale à Berne ont été transférés à la villa Margherita, 55, Schänzlistrasse, ceux des quartier-maîtres d'arrondissement dans des locaux inutilisés du Kursaal du Schänzli : la journée anglaise a été introduite et le repas du milieu du jour est assuré par une cantine exploitée en régie dans le sous-sol de la villa.

Par suite de l'extension qu'a prise l'internement, une organisation strictement militaire s'imposait. La mobilisation générale de l'Armée ayant rendu excessivement difficile de se procurer le personnel nécessaire, le Conseil Fédéral, sur la proposition de la direction de l'internement, a décidé, le 24 mai 1917, que le service de l'internement des prisonniers de guerre serait service actif ; ainsi la direction de l'internement avait la faculté de mobiliser des militaires devant remplir les fonctions de commandants de région et de place, de médecins traitants, de comptables, ainsi que le personnel auxiliaire. Les services des automobiles, des motocyclettes et des cyclistes ont été organisés d'une façon tout à fait indépendante, de-même que ce qui concerne la fourniture des chevaux, tout en s'appuyant sur les prescriptions de l'Armée. Le remplacement et la réparation des uniformes a été réglé avec l'administration du matériel de guerre et avec les arsenaux.

La solde des militaires suisses au service de l'internement, étant donné que celui-ci est service actif, a été établie, comme dans l'Armée, sur la base de la solde de grade et de l'indemnité de subsistance ; des suppléments ont été accordés à cause du renchérissement de la vie dans les stations d'étrangers habitées par les internés et dans les régions de montagne. La solde a été réglée par l'*Ordonnance* du 1er décembre 1917, approuvée par le

Conseil Fédéral, *concernant la solde et les suppléments de solde à payer aux militaires suisses au service de l'internement* [1].

Environ 5 à 600 militaires suisses ont été employés au service de l'internement dont un tiers d'officiers [2].

Le 25 juin 1917, un ordre a paru concernant une nouvelle organisation des régions d'internement [3] : le territoire suisse est divisé en vingt régions, à la tête de chacune desquelles est un commandant de région. A la tête du service administratif de chaque région est placé, comme comptable responsable, un sous-officier supérieur possédant les connaissances militaires et commerciales nécessaires, auquel sont adjoints, comme aides, des militaires suisses ou des internés connaissant la comptabilité. Les comptables, ainsi que tout le personnel administratif, sont placés, pour ce qui concerne le service administratif, sous les ordres des quartier-maîtres d'arrondissement et du quartier-maître central ; pour la discipline, ils sont sous les ordres du commandant de région.

Le nombre des internés augmentant, le nombre des établissements où ils devaient être hébergés, a dû croître en proportion. Les offres faites par des propriétaires d'hôtels et de pensions n'ont pas fait défaut. Les commandants de région ont dû tenir compte, dans le choix des localités et des établissements, du nombre des lits disponibles et ils ont réparti les internés proportionnellement à ce chiffre.

Le prix de pension, au commencement de 1917, était de 6 francs pour les officiers et de 4 francs pour les sous-officiers et soldats. Les officiers, dans la mesure du possible, ont chacun leur chambre ; les sous-officiers et soldats sont placés dans les chambres à deux, trois ou quatre lits.

[1] Voir, ci-après, *Documents*, n° XXXI.
[2] Voir, ci-après, *Documents*, n° IV.
[3] Voir, ci-dessus, p. 64, 67 et, ci-après, *Documents*, n° XII.

Au début, le quartier-maître central devait, pour toutes les décisions à prendre au sujet de la subsistance et du logement, ainsi que pour beaucoup d'autres questions, traiter avec chaque propriétaire d'établissement ; d'autre part, les commandants de région intervenaient directement dans ces questions, traitant, avec chaque établissement ; cela avait des inconvénients ; aussi la direction de l'internement vit-elle avec plaisir naître l'idée d'une association de tous les propriétaires d'établissements occupés par des internés ; celle-ci s'est constituée sous le nom de « Association suisse des hôtels d'internés » ; elle a son siège à Bâle et des sections dans les différentes parties de la Suisse. Le quartier-maître central assiste à chacune de ses séances avec voix consultative. Toutes les questions concernant la subsistance et le logement doivent être réglées dans ces conférences.

L'Association suisse des hôtels d'internés, en présence du renchérissement continuel de la vie et des difficultés économiques, prouva, calculs en main, l'insuffisance du prix de pension des internés ; la direction de l'internement en tint compte et demanda, en mai 1917, que le prix de pension fût augmenté d'un franc, avec effet rétroactif à partir du 1er janvier 1917. Les Puissances centrales acceptèrent cette proposition, l'Angleterre ne consentit à cette augmentation qu'à partir du 1er juin, la France et la Belgique seulement à partir du 1er septembre.

En même temps, comme des internés dans certains hôtels voyaient, non sans jalousie, la façon dont d'autres internés étaient nourris dans d'autres hôtels, il fut établi un plan général d'alimentation[1] (27 octobre 1917) qui fut affiché dans tous les établissements.

Ces prescriptions constituaient une base ; elles permettaient d'éviter beaucoup de réclamations et donnaient aux propriétaires d'établissement la possibilité de prévoir les quantités de vivres qui leur seraient nécessaires.

Ce plan représente une alimentation qu'on peut qualifier d'abon-

[1] Voir, ci-dessus, p. 73.

dante, si l'on tient compte des difficultés d'approvisionnement de la Suisse. Dans chaque établissement, les denrées fournies journellement à la cuisine sont contrôlées par le chef d'établissement qui les reçoit et en donne un reçu ; malgré cette abondance et ce contrôle, des internés se sont crus en droit de réclamer et les cas ont été trop nombreux où des internés, à la grande indignation du propriétaire de l'établissement et de leurs propres camarades, ont détruit les mets qui avaient été préparés ou les ont jetés par la fenêtre, et cela, lorsque la population suisse souffre de privations. Certains internés ont élevé des prétentions qui seraient injustifiables même dans une maison particulière.

Des ordres administratifs de la direction de l'internement et du quartier-maître central, des instructions des quartier-maîtres d'arrondissement de l'Entente et des Puissances centrales règlent l'organisation et le service administratif. Ces ordres et ces instructions sont fondés, en principe, sur l'*Organisation de l'internement des malades et blessés prisonniers de guerre en Suisse,* du 25 janvier 1916 [1], sur le *Régulatif concernant l'administration de l'internement* [2], du 25 février 1916 et sur les expériences faites durant les premiers mois de l'internement.

Les principaux ordres et instructions concernant la comptabilité sont les suivants :

Le régulatif du 10 mars 1917 règle la situation, au point de vue administratif, des internés remis à la justice militaire suisse. Ces internés, en ce qui concerne leur solde, sont dans la même position que les militaires suisses déférés à la justice militaire. Tous les frais de la procédure sont portés au compte de l'Etat d'origine. Les *Directions* du 12 mars 1917 [3] règlent la solde des internés commandés au service de l'internement, le salaire dans les ateliers, l'habillement des internés, les dégâts causés par malveillance, les dégâts et l'usure normale dans les établissements

[1] Voir, *Premier Rapport,* 1916, p. 192.
[2] *Ibidem,* p. 383.
[3] Voir, ci-après, *Documents,* n° XIX.

d'internés, les caisses de secteur des régions, les comptes des médecins, pharmaciens, etc.

Il a été décidé que des internés peuvent être commandés au service de l'internement et que cela équivaut à un ordre militaire. Un supplément de solde d'un franc par jour leur a été alloué. Tous les suppléments de solde qui dépassent un franc ont été ramenés à cette somme. La caisse des frais extraordinaires prend à sa charge les bonifications accordées aux internés dans les bureaux de région, aux infirmiers permanents et provisoires; la caisse de secteur prend à sa charge le paiement des chefs de secteur et d'établissement, la caisse générale le paiement des sous-officiers fonctionnant comme surveillants des groupes de travailleurs de la classe IV. Ce règlement concerne les régions des Puissances centrales. Pour les régions françaises et belges la caisse des frais extraordinaires prend à sa charge le paiement des infirmiers permanents et provisoires, la caisse générale le paiement des chefs de secteur et d'établissement; ceux-là touchent 30 francs par mois, ceux-ci 15 francs par mois. Les ordonnances d'étudiants doivent être payées par ces derniers. Les ordonnances de cuisine et de lessive doivent être payées par les propriétaires d'établissement.

Cette question des salaires a été de nouveau étudiée pour tous les internés, et réglée le 1er juin 1917 par l'*Organisation du travail et règlement des salaires des internés de la classe III travaillant dans les ateliers suisses ou nationaux, chez les particuliers et dans l'industrie* [1].

La charge résultant de l'habillement des internés était si lourde pour la caisse des frais extraordinaires et les demandes de remplacement prenaient de telles proportions qu'il a fallu créer une organisation entièrement nouvelle. A partir du 1er février, les Puissances centrales ont pris à leur charge les ateliers d'habillement qui, jusqu'alors, incombaient à la caisse des frais extraordinaires; les puissances de l'Entente, dès le 1er mars, ont, chacune, pris à leur charge les ateliers d'habillement de leurs ressortissants.

[1] Voir, ci-après, *Documents*, n° XX.

La question des dégâts dans les établissements d'internés a donné lieu à des frottements et il a été décidé que les propriétaires d'établissement, après constatation, doivent, dans l'espace de trois jours, signaler le dégât au commandant de place d'internement ; un procès-verbal est dressé et signé par le propriétaire et le chef d'établissement et par le commandant de place. Le montant des dommages et intérêts doit être payé par le coupable, sinon par tous les internés de l'établissement, enfin, en dernier ressort, par la caisse générale de l'Etat d'origine.

Les caisses de secteur ont été maintenues dans les régions des Puissances centrales et ont été supprimées, à partir du 21 mars, dans les régions françaises et belges.

Les instructions du 28 septembre stipulent que, pour la carte de pain, les prescriptions pour les internés et les militaires suisses occupés au service de l'internement sont les mêmes que pour la population civile.

Les mesures pour la livraison et le retrait des cartes de pain aux internés figurent dans les instructions du 19 octobre et du 17 novembre 1917.

Le montant des frais de subsistance devant être bonifié aux prisons cantonales, pour les internés condamnés disciplinairement, a été fixé à 2 francs ou 2.50 par jour, par les instructions du 2 novembre.

Des *Prescriptions concernant les facilités de transport sur les chemins de fer et les bateaux à vapeur suisses pour les personnes au service de l'internement et pour les internés* sont contenues dans un ordre du 25 juin ; des *Prescriptions concernant l'utilisation des trains directs à surtaxe,* ont été publiées le 22 octobre, et des *Dispositions complémentaires* le 30 novembre. Toutes ces prescriptions reposent sur la même base que celles en vigueur pour l'Armée. Tous les frais résultant de ces transports sont, d'après le *Régulatif* du 25 février 1916[1], à la charge de la caisse générale.

[1] Publié dans le *Premier Rapport*, 1916, p. 383 et suiv.

Par décision du quartier-maître central (12 décembre 1917), les officiers au service de l'internement faisant leur service hors du lieu de leur domicile civil et qui doivent payer eux-mêmes leurs frais de ménage, ont droit à une indemnité journalière de 50 ct. ; de même, tous les officiers au service de l'internement qui ne font pas leur service au lieu de leur domicile civil et qui ne sont pas logés aux frais de l'internement, touchent une indemnité de chauffage de 50 centimes par jour. Cette mesure fut étendue, le 30 décembre, aux sous-officiers et soldats du service de l'internement. Le paiement de cette indemnité n'a été prévu que jusqu'au 30 avril 1918.

Nombre des Suisses et des internés
employés au service de l'administration de l'internement
du 1er janvier au 31 décembre 1917.

Mois	Nombre total moyen des internés	Quartier-maîtres			Sous-officiers et soldats		Total des employés d'administration
		Central	Arrond.	de régions	Suisses	Internés	
Janvier [1] . . .	28839	1	2	11	135	159	308
Février . . .	28632	1	2	11	134	152	300
Mars. . . .	28210	1	2	11	152	162	328
Avril. . . .	28347	1	2	10	150	163	326
Mai	28323	1	2	10	140	165	318
Juin	28692	1	2	8	145	174	330
Juillet . . .	27552	1	2	7	133	161	304
Août. . . .	26704	1	2	5	118	174	300
Septembre. .	24996	1	2	5	124	175	307
Octobre . .	24295	1	2	—	121	178	302
Novembre. .	23837	1	2	—	116	181	300
Décembre. .	25574	1	2	—	116	181	300

[1] Les chiffres pour janvier 1917 indiqués dans le *Premier rapport*, 1916, p. 175, ne concordent pas avec ceux indiqués ci-dessus ; au cours de ce mois, en effet, le personnel employé à l'administration a été notablement augmenté.

CAISSE GÉNÉRALE

Les comptes mensuels livrés aux États étrangers portent sur les sommes suivantes :

MOIS	FRANCE	BELGIQUE	ANGLETERRE	ALLEMAGNE	AUTRICHE	HONGRIE	TOTAL
1917							
Janvier . .	2.683.433 12	321.098 74	372.068 72	1.403.092 79	15.330 30	9.727 70	4.804.751 37
Février . .	2.379.939 16	280.734 13	303.052 55	1.173.473 73	21.235 10	13.993 95	4.172.428 62
Mars. . .	2.524.203 88	299.745 82	331.075 63	1.276.280 51	22.411 95	14.664 75	4.468.382 54
Avril. . .	2.422.759 10	290.724 15	321.165 25	1.212.903 45	20.534 —	13.845 85	4.281.931 80
Mai . . .	2.300.624 94	276.978 71	313.650 50	1.178.184 73	19.315 30	12.694 85	4.101.449 03
Juin . . .	2.245.891 94	261.506 53	314.062 88	1.215.044 03	17.533 15	11.635 —	4.065.673 53
Juillet . .	2.075.378 92	258.640 50	310.706 79	1.378.677 50	15.962 15	11.453 85	4.050.819 71
Août. . .	2.003.025 14	250.951 91	289.647 42	1.577.303 34	19.353 05	10.742 80	4.151.023 66
Septembre.	1.781.079 67	250.384 57	192.302 58	2.602.387 89	14.527 59	10.595 20	4.851.277 50
Octobre. .	1.828.100 50	262.737 17	364.576 12	1.352.228 42	18.183 68	13.729 80	3 839.555 69
Novembre .	2.537.349 58	251.885 66	191.093 87	1.307.427 92	26.291 86	19.076 10	4.333.124 99
Décembre .	2.203.063 74	459.758 19	288.193 47	1.607.853 88	40.987 62	26.872 15	4.626.729 05
Total	26.984.849 69	3.465.146 08	3.591.595 78	17.284.858 19	251.665 75	169.032 —	51.747.147 49

Dépenses pour le transport des internés du 1er janvier au 31 décembre 1917.

Mois.	France.	Allemagne.	Angleterre.	Belgique.	Autriche.	Hongrie.	Total.
Janvier . .	26.198 —	14.257 80	1.204 65	2.052 15	4.231 55		47.944 15
Février . .	6.691 60	1.650 10	737 85	216 05	—		9.295 60
Mars . . .	4.645 15	1.773 75	652 55	1.119 05	4 95		8.195 45
Avril . . .	5.976 70	3.461 40	700 05	464 25	18 35		10.620 75
Mai. . . .	5.089 70	2.112 50	541 50	445 95	62 —		8.251 65
Juin . . .	30.802 10	28.392 15	384 65	1.756 15	—	66 50	61.401 55
Juillet . .	64.902 40	19.422 25	1.491 20	3.676 30	65 25		89.557 40
Août . . .	33.642 15	12.970 40	2.244 05	2.705 55	27 65		51.589 80
Septembre .	26.290 85	21.959 20	11.430 15	5.672 35	1.356 25		66.708 80
Octobre . .	12.657 —	25.022 15	2.244 25	1.194 70	656 45		41.774 55
Novembre .	13.443 15	28.816 20	10.065 70	1.420 05	5.257 60		59.002 70
Décembre .	31.829 25	38.659 40	10.750 35	4.916 45	—		86.155 45
Total	262.168 05	198.497 30	42.446 95	25.639 —	11.680 05	66 50	540.497 85

Le total des sommes qui ont passé, en 1917, par le service administratif de l'internement se monte à près de 52 millions, non compris les sommes envoyées personnellement aux internés.

Il a passé, en effet, par les bureaux du quartier-maître central des sommes qui ont été remises, aux prisonniers de guerre des différents pays, comme étant leur propriété personnelle et qui ont fait l'objet d'envois spéciaux. Ainsi, de grosses sommes sont parvenues en papier-monnaie, en monnaie d'argent, de nickel et de cuivre, de tous pays ; ces envois souvent variés, souillés de boue et de sang, ont dû être triés, nettoyés, changés, puis ces sommes ont été payées aux internés, d'après des listes fournies par leurs Etats respectifs.

Quoique le montant des sommes qui passaient par le service de l'administration, fût très élevé, il n'a jamais été constaté que des erreurs très minimes et pas dignes de mention.

Toute la comptabilité de la caisse générale et de la caisse des frais extraordinaires passe par le bureau de revision, créé par le service de l'internement. Des revisions régulières sont faites, chaque mois, par le chef du bureau de revision, sur l'ordre du quartier-maître central, sans avis préalable aux services dont les comptes sont examinés.

Les quartier-maîtres d'arrondissement ont le droit de procéder, en tout temps, à des revisions et ils en ont fait un large usage. Il n'a été constaté de différences de quelque importance, ni par le bureau de revision, ni par les quartier-maîtres d'arrondissement.

CHAPITRE XIII

La Poste [1].

L'organisation du service de la poste telle qu'elle existait en 1916 n'a subi aucune modification. Nous n'aurons donc qu'à énumérer un certain nombre de mesures prises dans le courant de l'année 1917. Il a paru une édition augmentée de l'*Instruction pour le service postal des prisonniers de guerre et des internés civils hospitalisés en Suisse* [2].

En avril 1917, il a été fait une nouvelle édition de l'affiche portant l'ordre concernant le service postal [3] pour les internés allemands, français et anglais. Cinq circulaires ont été envoyées aux bureaux des régions et aux commandants de place et seize aux bureaux de poste d'internés, pour expliquer certains articles de cet ordre.

La franchise de port, pour correspondance de service, a été accordée à la direction des soins spirituels pour internés, aux présidents des commissions régionales françaises, belges et anglaises ; la franchise de port, pour les ateliers et les directrices de district, a été soumise à une revision faite dans un sens plus libéral, enfin, elle a été accordée aux bibliothèques des internés.

Quelques internés ayant prouvé qu'ils ne correspondent avec leur famille qu'en Suisse et nullement à l'étranger, la franchise de port leur a été accordée, à titre exceptionnel, pour cette correspondance dans l'intérieur de la Suisse ; cette exception a été

---

[1] Nous devons ce rapport sur la poste, comme celui qui a paru dans le *Premier Rapport*, 1916, p. 178, au Lieutenant-Colonel Oftinger, directeur de la poste de campagne.

[2] 4e édition, Berne, le 1er juin 1917, in-8 de 37, III et III p.

[3] Voir *Premier Rapport*, 1916, p. 414.

faite afin que ces internés ne fussent pas désavantagés par rapport aux internés qui correspondent, en franchise de port, avec leur famille à l'étranger. Seize internés sont au bénéfice de cette mesure.

La poste suisse perçoit certaines taxes pour faire suivre des envois ; ces taxes ayant été augmentées, la poste a renoncé à prélever cette augmentation sur les envois faits par les internés, parce que le transfert de ceux-ci dans une autre localité ne dépend pas, le plus souvent, de leur volonté, mais est commandé. Les internés sont, à cet égard, mis sur le même pied que les soldats suisses.

Par suite de l'internement d'Austro-Hongrois, les légations et consulats de ces deux pays ont été mis, pour leur correspondance avec les internés, au bénéfice de la franchise de port, dans les mêmes conditions que les représentants de l'Allemagne, de l'Angleterre, de la Belgique et de la France.

L'administration des douanes suisses s'est vue forcée de frapper de taxes réglementaires tous les paquets, venant de l'étranger, dont le contenu n'était pas notoirement destiné à l'usage personnel de l'interné, et elle a déclaré toute denrée alimentaire et de consommation soumise à la douane. Pour atténuer cette mesure, il a été décidé, ultérieurement, que les paquets jusqu'à 5oo grammes qui étaient transportés par la poste des lettres (excepté ceux contenant des boissons) jouissaient de la franchise de port et ne seraient pas soumis à la douane. Ainsi les petits cadeaux venant de l'étranger sont libres de taxes s'ils parviennent par la poste des lettres et non par celle des paquets.

La limitation des envois en franchise de port à dix dans le mois, pour chaque interné, selon l'ordre du 9 octobre 1916, a été maintenue[1]. Quelques gouvernements étrangers ont élevé des objections contre cette mesure, mais il a été facile de prouver que l'hospitalisation des prisonniers de guerre constitue pour la

[1] Voir *Premier Rapport*, p. 181.

Suisse une charge résultant de la guerre et qui n'est prévue ni dans la Convention de l'Union postale universelle de Rome, ni dans la Convention de La Haye de 1907.

On peut estimer que l'envoi, par chaque interné, de dix lettres par mois, représentant environ un poids maximum d'un kilo, suffit à un besoin normal de correspondance. En général, aux jours de départ des lettres, le nombre des lettres remises est inférieur au nombre permis, preuve que tous les internés n'usent pas de la faculté qui leur est laissée. En tout cas, les internés sont incomparablement mieux traités en Suisse, en ce qui concerne la poste, que dans les camps de prisonniers. En Suisse, les envois postaux des internés ne sont pas soumis à des mesures spéciales ; il n'est exercé ni censure, ni un contrôle quelconque qui occasionnerait un retard.

Les internés sont satisfaits du service postal ; ils correspondent régulièrement avec leur pays et aussi avec les régions occupées de France et de Belgique. Les rapports avec ces régions sont très lents, mais ces retards sont dus aux mesures de censure prises par les pays belligérants.

Des statistiques très minutieuses faites, entre le 10 et le 20 février 1917, sur le trafic postal des internés ont donné les résultats suivants :

Pour un mois de 30 jours :

Envois en franchise de port faits par les internés ou à leur adresse		825.534
dont pour l'étranger ou pour la Suisse. .	237.318	
provenant de l'étranger	588.216	
Envois affranchis faits par les internés . .		438.867
dont expédition et distribution en Suisse	305.031	
expédition à l'étranger	133,836	
Trafic total moyen pour un mois		1.264.401

Ce chiffre représente le trafic postal pour 29.000 internés en moyenne ; il est le même que celui qui a été atteint par le trafic postal pour 19.000 internés seulement, en août 1916, soit avant les restrictions apportées à la franchise de port.

Le trafic postal en franchise de port, venant de l'étranger, se répartit de la façon suivante entre les différents genres d'envois :

Lettres et cartes 401.985 soit par interné et par mois 13,87 envois.

Imprimés et journaux . 140.334 » » » 4,84 »

Paquets . . . 18.543 » » » 0,64 »

Mandats postaux 25.592 » » » 0,88 »

Il est intéressant de constater l'extension qu'a prise la correspondance personnelle des internés dans l'intérieur de la Suisse :

En moyenne, pour un mois de 30 jours :

	Reçus de Suisse	Distribués en Suisse
Lettres et cartes . . .	127.173	70.653
Imprimés et journaux .	75.255	6.759
Paquets	9.978	3.000
Lettres recommandées .	1.656	798
Mandats postaux . . .	7.839	1.920
Total	221.901	83.130
soit par interné	7,6 envois	2,86 envois.

Les envois francs de port, adressés par les internés en France ou venant de France pour les internés, passent tous exclusivement par le bureau de Neuchâtel. Le nombre en a été le suivant en 1917 :

	Expédiés en France	Reçus de France
Lettres	1.082.620	2.540.915
Cartes	104.310	310.842
Imprimés et journaux .	22.970	913.971
Paquets jusqu'à 1 kg. .	8.630	92.057
Total	1.218.530	3.857.785

Les envois francs de port, adressés par les internés en Allemagne ou dans les régions occupées de France et de Belgique, les envois venant de ces pays à l'adresse des internés, passent tous exclusivement par Kreuzlingen. Ils se sont élevés, en 1917, au nombre de :

	Expédiés en Allemagne	Reçus d'Allemagne
Lettres	318.230	1.316.575
Cartes	691.700	161.985
Imprimés et journaux .	345	445.268
Paquets jusqu'à 1 kg. .	3.166	46.245
Total	1.013.441	1.970.073

Au début, la franchise de port avait été accordée en Suisse aux services de l'internement qu'ils fussent suisses ou étrangers, pour tout ce qui concernait le service lui-même : étant donné l'extension et la longue durée de l'internement, ce trafic postal s'est peu à peu beaucoup développé. En 1917, il s'est élevé à 1.080.000 lettres, cartes et imprimés et 42.000 paquets dont $^2/_5$ proviennent des services étrangers de l'internement et $^3/_5$ des services suisses.

Il a été payé, en 1917, aux internés 5.146.126 francs en mandats postaux venant de l'étranger.

	Nombre des mandats	Valeur Fr.	Valeur moyenne Fr.
d'Allemagne	54.161	1.184.058	22
d'Angleterre	8.569	326.451	38
de France	162.321	3.478.639	21
d'Autriche-Hongrie . . .	425	10.500	25
de pays divers	10.231	146.778	14
Total	235.707	5.146.426	

En tout, il a été payé aux internés, depuis le commencement de l'internement jusqu'à la fin de 1917 : 393.627 mandats postaux représentant 9.339.111 francs ; la très grande partie a été transmise par les 600 ordonnances postales ; jusqu'à présent il n'y a eu que sept cas de détournement, pour lesquels le service de l'internement à dû payer la somme minime de 211 francs. Le contrôle exercé par les chefs d'établissement, qui sont responsables et doivent donner leur signature, a beaucoup contribué à la parfaite sûreté de ce service.

Le nombre des bureaux de poste ayant un service spécial pour l'internement s'élevait, à la fin de 1917, à 227 ; il faut ajouter à ce nombre 502 bureaux qui emploient quelques internés commandés pour ce travail.

Le bureau 23 de la poste de campagne, duquel dépend tout le service postal de l'internement, a eu, de nouveau, beaucoup à faire comme bureau central pour tous les envois faits aux internés et portant une adresse insuffisante. Le fichier [1] contient en chiffres ronds 40.000 noms d'internés ; en 1917, 88.785 transferts ont été communiqués à la direction du fichier ce qui représente une moyenne de 243 par jour ;

dont 50.300 pour des Français,
         26.153   »   Allemands,
          6.543   »   Anglais,
          5.479   »   Belges,
            310   »   Austro-Hongrois.

Certaines fiches portent jusqu'à 7 changements de domicile.

Le bureau 23 de la poste de campagne a reçu, pour être réadressés, 61.353 paquets, en moyenne 168 par jour, dont 49.068 de Constance, 7992 de Lyon, 1870 de Londres et 2423 pour des rapatriés ; il a réadressé aussi 15.706 mandats postaux.

Enfin, il a dû réadresser 356.203 lettres soit 1009 par jour, dont 12.337 ont été retournées, pour adresse inconnue, à l'expéditeur et 43.850 envoyées à des rapatriés.

Le bureau 23, grâce au bon ordre de son fichier, a pu faire parvenir, dans de nombreux cas, à des internés, des paquets qui, pour cause d'adresse incomplète, étaient restés en souffrance au

[1] Voir *Premier Rapport*, 1916, p. 183.

chemin de fer ou à la Croix-Rouge ; 721 paquets ont pu ainsi être remis à leurs destinataires.

Le bureau de la censure de Constance a continué à retourner, à la direction de la poste de campagne, la correspondance adressée par des internés en régions occupées en France ou en Belgique et qui n'était pas conforme aux prescriptions de la censure ; cette correspondance est retournée à l'expéditeur qui éventuellement peut être puni. Le nombre des envois de ce genre a beaucoup diminué en 1917, les internés ayant appris à connaître les prescriptions de la censure.

La censure de Constance renvoie aussi les lettres dans lesquelles les internés s'expriment de façon inconvenante sur la Suisse. La poste a eu, en effet, des occasions de constater que les internés sont facilement portés à la défiance ; elle a eu, en revanche, de leur part des exemples de parfaite honorabilité.

DOCUMENTS

DOCUMENTS

I

Extraits de l'Accord, dit du 15 mars 1918, entre le Gouvernement Français et le Gouvernement Allemand concernant les prisonniers de guerre.

I. Rapatriement et Internement.

1. Prisonniers de guerre en captivité depuis dix-huit mois et âgés de plus de 48 ans.

Article premier. — Seront directement rapatriés, sans égard ni au grade ni au nombre, les sous-officiers, caporaux et hommes de troupe en captivité, au moment de la conclusion de cet accord, depuis dix-huit mois au moins, qui ont atteint l'âge de 48 ans.

Art. 2. — Seront internés en Suisse, sans égard ni au grade ni au nombre, les officiers en captivité, au moment de la conclusion de cet accord, depuis dix-huit mois au moins, qui ont atteint l'âge de 48 ans.

Art. 3. — En cas de doute sur l'âge des prisonniers de guerre visés aux articles 1 et 2, l'Etat d'origine sera prié de certifier exactes les déclarations des prisonniers.

En ce qui concerne les prisonniers de guerre originaires des régions occupées, il suffira que l'Etat d'origine, à défaut des actes d'état civil, atteste la vraisemblance de leurs déclarations. Ces attestations seront reconnues comme probantes.

Art. 4. — Les dispositions de l'article 1 sur le rapatriement direct des prisonniers de guerre sont applicables aux prisonniers de guerre actuellement internés en Suisse.

Art. 5. — Les prisonniers de guerre qui, au moment de la conclusion de cet accord, ne rempliront pas encore les conditions prévues aux articles 1 et 2, seront échangés directement, rapatriés de la

Suisse ou internés en Suisse au fur et à mesure qu'ils rempliront les conditions ci-dessus.

ART. 6. — Les convois nécessaires pour l'exécution de l'article 5 auront lieu tous les deux mois.

2. Prisonniers de guerre malades et blessés.

ART. 7. — Dès le mois de mars 1918, les commissions médicales, ayant la même composition que celles qui ont fonctionné en octobre-novembre 1916, reprendront leurs visites dans les camps en France et en Allemagne, en vue de la désignation des prisonniers de guerre malades et blessés susceptibles d'être rapatriés directement ou internés en Suisse. Toutefois, le Médecin d'armée suisse se réserve d'envoyer des deux côtés, au lieu de commissions composées de plusieurs médecins suisses, un seul médecin suisse, auquel ne sera adjoint qu'un seul médecin de l'Etat capteur; en cas d'égalité de voix, le médecin suisse décide.

L'examen des blessés et malades aura lieu d'après les conditions médicales nouvelles qui ont été proposées par le Médecin d'armée suisse, tant pour le rapatriement que pour l'internement en Suisse et acceptées par les deux gouvernements.

Les commissions médicales, dites itinérantes, procéderont aux visites des camps tous les deux mois. Leur nombre sera proportionnel au nombre des prisonniers de guerre en captivité de part et d'autre.

L'itinéraire à fixer devra prévoir la visite simultanée des camps de prisonniers de guerre et des dépôts d'internés civils.

ART. 8. — Seront obligatoirement présentés aux commissions itinérantes, sous réserve des dispositions de l'article 9, soit dans les camps, soit dans les détachements de travail :

1º les prisonniers de guerre qui sont proposés par le médecin du camp en vue du rapatriement ou de l'internement et qui figurent sur les listes établies par lui ;

2º les prisonniers de guerre qui ont été signalés par l'Etat d'origine, leur famille ou une association charitable et qui figurent sur les listes établies par le Médecin d'armée, chef du service de l'internement en Suisse ;

3º les prisonniers de guerre qui auront été désignés dans les listes établies par le comité de secours du camp comme susceptibles d'être rapatriés ou internés.

Pour l'exécution de la disposition de l'alinéa 1, n° 3, les comités de secours seront autorisés à dresser, chaque mois, la liste des prisonniers de guerre dépendant de leur camp et à la remettre au commandant du camp.

Le commandant du camp tiendra les listes dressées par les médecins des camps et par les comités de secours ; la liste établie par le Médecin d'armée suisse sera remise par lui aux commissions itinérantes.

Dès leur arrivée dans le camp et avant de commencer leurs visites, les commissions itinérantes prendront connaissance des listes qui se trouvent entre les mains du commandant du camp (alinéa 1, n°s 1 et 3), et compareront ces listes avec les listes du Médecin d'armée (alinéa 1, n° 2). Elles seront autorisées à demander que les prisonniers de guerre qui figurent seulement sur les listes du Médecin d'armée, et non sur celles du commandant du camp, leur soient également présentés.

Si, par exception, des prisonniers de guerre portés sur une de ces listes étaient, avant l'arrivée de la commission itinérante, transférés dans un autre camp, la commission en sera informée. La commission, par l'intermédiaire du commandant du camp, signalera ces prisonniers à une autorité centrale désignée par l'Etat capteur ; celle-ci fera en sorte que, dans tous les cas, ces prisonniers soient présentés à une commission itinérante.

ART. 9. — Les prisonniers de guerre qui se trouvent dans la zone des armées ou la zone des étapes, et dont les noms figurent sur les listes du Médecin d'armée suisse ou sur celles des comités de secours (art. 8, alinéa 1, n°s 1 et 3), seront examinés par les médecins des camps ; si ces derniers les proposent pour le rapatriement ou l'internement, ils seront présentés aux commissions itinérantes. Pour être présentés, ces prisonniers seront réunis à un endroit accessible à une commission itinérante.

ART. 10. — Les prisonniers de guerre affectés aux détachements de travail, qui auront été portés sur une des listes mentionnées à l'article 8, devront être obligatoirement présentés aux commissions itinérantes dans les mêmes conditions que ceux qui se trouvent dans les camps principaux. Cette mesure doit être appliquée, sans exception, à tous les détachements de travail dans la zone de l'intérieur.

Quant aux détachements de travail qui se trouvent dans la zone des armées et des étapes, l'examen médical des prisonniers sera réglé par l'article 9.

Dans chaque détachement de travail comprenant dix hommes au moins, ceux-ci choisiront parmi eux un homme de confiance, qui transmettra au comité de secours du camp principal les noms des prisonniers de guerre du détachement lui paraissant devoir être présentés à la commission.

Dans les détachements de travail comprenant plus de cinquante hommes, cet homme de confiance sera assisté d'un ou deux de ses camarades pour établir cette liste.

Les listes adressées dans les conditions indiquées ci-dessus par les détachements de travail seront envoyées tous les deux mois au commandant du camp principal, qui les joindra à la liste établie dans le camp.

Art. 11. — Dès qu'un prisonnier de guerre aura été inscrit sur une des listes du médecin du camp ou du comité de secours, il ne devra pas être déplacé en dehors de la circonscription du camp principal jusqu'au prochain passage de la commission médicale, sauf dans les cas d'urgence exceptionnelle comme, par exemple, travaux agricoles, etc...

Art. 12. — Les prisonniers de guerre victimes d'accidents de travail doivent être rapatriés directement ou internés dans les mêmes conditions que les blessés de guerre, les blessures ou invalidités dont ils sont atteints étant assimilées à cet effet aux blessures ou invalidités de guerre.

Art. 13. — Les prisonniers de guerre reconnus comme tuberculeux guérissables et comme prétuberculeux doivent être obligatoirement internés.

Les prisonniers de guerre reconnus comme tuberculeux inguérissables doivent être rapatriés directement et sans délai.

Les prisonniers de guerre atteints de psychasténie doivent être examinés d'une manière aussi libérale que possible.

Art. 14. — Les décisions négatives des commissions itinérantes devront être motivées et communiquées, par les soins du Médecin d'armée suisse, à l'Etat d'origine, à la famille ou à l'association charitable qui aura signalé le prisonnier.

ART. 15. — Dans les cas où des prisonniers de guerre devraient, en raison de leur état de santé très grave, être rapatriés ou internés d'extrême urgence, le Médecin d'armée suisse devra en être informé.

Les demandes transmises par l'Etat d'origine des prisonniers de guerre intéressés seront l'objet d'un examen préliminaire par les soins du Médecin d'armée et, si elles paraissent présenter le caractère de véritable urgence, elles feront l'objet d'une communication à l'Etat capteur. Si l'urgence n'était pas reconnue par l'Etat capteur, ce dernier devra joindre à sa décision un certificat du médecin du camp ou de la formation sanitaire où se trouve le prisonnier.

La psychasténie sera considérée comme un cas d'urgence quand elle atteint un degré grave.

Les prisonniers de guerre qui, sans aucun doute possible, rentrent dans les conditions prévues pour le rapatriement, devront, dans la mesure du possible, être rapatriés par le premier convoi, sans que l'examen de la commission itinérante soit nécessaire, mais à la condition qu'ils figurent sur les listes établies par les médecins du camp ou par le comité de secours en vue du rapatriement ou de l'internement et qu'ils soient acceptés par la commission de contrôle (art. 16).

ART. 16. — Les prisonniers de guerre proposés pour le rapatriement ou l'internement par les commissions itinérantes seront soumis à l'examen de la commission de contrôle, dont la décision est souveraine. Les commissions de contrôle sont composées de trois médecins suisses et de trois médecins de l'Etat capteur. En cas de partage, la voix du médecin suisse le plus élevé en grade sera prépondérante.

Les décisions négatives de la commission de contrôle devront être motivées et communiquées à l'Etat d'origine, à la famille ou à l'association charitable qui aura signalé le prisonnier, par les soins du Médecin d'armée suisse.

Les prisonniers de guerre reconnus rapatriables ou internables par la commission de contrôle seront, dans les plus courts délais, rapatriés directement ou envoyés en Suisse.

ART. 17. — Les prisonniers de guerre internés en Suisse comme malades ou blessés seront rapatriés s'ils remplissent les conditions médicales prévues pour le rapatriement.

Les listes de rapatriables désignés par les commissions de visites sanitaires suisses seront remises à l'Ambassade ou à la Légation de l'Etat capteur.

Les cas que l'Ambassade ou la Légation de l'Etat capteur estimera douteux seront soumis à une commission mixte composée d'un médecin suisse et d'un médecin de l'Etat capteur ; en cas de divergence d'opinion entre les deux médecins, la voix du médecin suisse sera prépondérante.

3. *Dispositions communes.*

ART. 18. — Les prisonniers de guerre qui sont l'objet d'une instruction criminelle seront exclus du rapatriement ou de l'internement jusqu'à l'issue de la procédure, y compris l'exécution de la peine, et ceux qui sont détenus par suite d'un jugement devenu exécutoire, jusqu'à la date où ils auront purgé leur peine.

Les prisonniers de guerre qui sont l'objet d'une condamnation et pour lesquels l'exécution de la peine prononcée a été ou sera suspendue par les arrangements conclus ou à conclure entre les deux parties ne pourront qu'être internés en Suisse, qu'ils remplissent ou non les conditions prévues pour le rapatriement, à moins qu'ils ne purgent, sur leur propre demande, la partie non exécutée de la peine.

Les prisonniers de guerre, frappés de peines disciplinaires, qui remplissent les conditions prévues pour le rapatriement ou pour l'internement, ne pourront être retenus plus de trente jours pour le motif qu'ils n'ont pas encore subi leur peine.

ART. 19. — Les prisonniers de guerre rapatriés après le 1er mai 1917 ne pourront être employés au service militaire ni au front, ni dans la zone des étapes, ni à l'intérieur du territoire ennemi occupé, ni dans les territoires ou possessions d'un Etat allié avec leur pays d'origine. Les deux parties s'engagent à rapporter immédiatement toute mesure contraire prise à l'égard des prisonniers de guerre ci-dessus visés.

II. Rapatriement du personnel sanitaire.

ART. 20. — Tout le personnel protégé par la Convention de Genève sera dorénavant rapatrié, par convois réguliers, tous les deux mois. Les trains circuleront alternativement dans chaque sens. Le premier convoi de février étant parti de Constance, le premier convoi d'avril partira de Lyon et ainsi de suite, tous les deux mois.

ART. 21. — Les listes des sanitaires à rapatrier seront dressées par l'Etat d'origine, qui certifiera par une déclaration globale leur qualité. A défaut de mention nominative sur ces listes, des certificats individuels pourront être dressés par l'Etat d'origine.

Ils devront exclusivement émaner du Ministère de la Guerre compétent, et être rédigés dans la forme précédemment adoptée d'un commun accord par les deux pays. Ils seront exclusivement transmis par la voie diplomatique.

ART. 22. — Pour les sanitaires appartenant à des formations dont les registres et archives ont été détruits ou sont aux mains de l'ennemi, il suffira que l'Etat d'origine atteste la vraisemblance de leur qualité ; ces attestations seront reconnues probantes.

ART. 23. — Les prisonniers rapatriés directement en vertu d'une attestation prévue aux articles 21 et 22 ne pourront en tous cas être employés, après leur rapatriement, qu'en qualité de sanitaires.

ART. 24. — Les médecins civils mobilisés dans une formation militaire par affiches, ordres écrits ou brevets, sont assimilés aux médecins militaires et tombent sous les articles 20 à 23, s'ils ne sont pas employés pour les besoins de la population civile de leur résidence.

IV. Application des dispositions ci-dessus aux prisonniers de guerre allemands capturés par les troupes belges et aux prisonniers de guerre belges capturés par les troupes allemandes.

ART. 58. — Les dispositions ci-dessus seront appliquées aux prisonniers de guerre allemands capturés par les troupes belges et aux prisonniers de guerre belges capturés par les troupes allemandes, à moins de stipulations contraires existant dans des accords spéciaux en vigueur.

V. Application des dispositions ci-dessus aux prisonniers civils.

ART. 59. — Les dispositions des articles 7 à 19 concernant le rapatriement direct et l'internement en Suisse des prisonniers de guerre malades et blessés, ainsi que l'article 50 concernant les comités de secours, seront appliquées, par analogie, aux prisonniers civils allemands et français. Les deux parties se réservent des négociations ultérieures en vue de l'application d'autres dispositions de cet accord aux prisonniers civils allemands et français.

VI. Entrée en vigueur de l'accord.

ART. 60. — Cet accord entrera en vigueur le 15 mars 1918.

II

Extraits des Accords du 26 avril 1918 entre le Gouvernement de la République Française et le Gouvernement Impérial Allemand.

A. — ACCORD CONCERNANT LES PRISONNIERS DE GUERRE

I. Rapatriement et Internement.

ARTICLE PREMIER. — Seront directement rapatriés, sans égard ni au grade ni au nombre, les sous-officiers, caporaux et soldats en captivité depuis dix-huit mois au moins au moment de la mise en vigueur du présent accord

a) qui ont atteint l'âge de 40 ans, mais n'ont pas encore 45 ans révolus et sont pères d'au moins trois enfants vivants,

b) qui ont atteint l'âge de 45 ans, mais n'ont pas encore 48 ans révolus.

ART. 2. — Seront directement rapatriés, tête pour tête et grade pour grade, les sous-officiers, caporaux et soldats en captivité depuis dix-huit mois au moins au moment de la mise en vigueur du présent accord et qui ne rentrent dans aucune des catégories prévues à l'article 1.

ART. 3. — Pour l'échange prévu à l'article 2, aucune distinction ne sera faite entre les sous-officiers. Les caporaux leur seront assimilés.

ART. 4. — Seront internés en Suisse, sans égard au grade ni au nombre, tous les officiers se trouvant en captivité depuis dix-huit mois au moins au moment de la mise en vigueur du présent accord

a) qui ont atteint l'âge de 40 ans, mais n'ont pas encore 45 ans révolus et qui sont pères de trois enfants vivants au moins,

b) qui ont atteint l'âge de 45 ans mais n'ont pas encore 48 ans révolus.

ART. 5. — Seront internés en Suisse, tête pour tête et quel que soit leur grade, les officiers en captivité depuis dix-huit mois au moins au moment de la mise en vigueur du présent accord et qui ne rentrent dans aucune des catégories prévues à l'article 4.

ART. 6. — L'ordre de priorité pour le rapatriement (articles 1 et 2) et l'internement (articles 4 et 5) sera déterminé d'après l'ancienneté de capture et à durée égale de captivité d'après l'ancienneté d'âge.

Si, en cas de force majeure, l'ordre de priorité prévu à l'alinéa 1 ne pouvait être suivi rigoureusement, le rapatriement du prisonnier dont le départ aurait dû être retardé devra avoir lieu dans le délai maximum de deux mois.

ART. 7. — Les prisonniers de guerre ayant droit d'après les articles 1, 2, 4 et 5 à être rapatriés ou internés en Suisse pourront renoncer au bénéfice du présent accord.

En cas de doute, l'un ou l'autre gouvernement pourra demander que le fait de la renonciation soit confirmé par un représentant de la Puissance protectrice, ou, s'il s'agit d'internés en Suisse, par le Gouvernement fédéral.

ART. 8. — En cas de doute sur l'âge ou le nombre des enfants vivants des prisonniers de guerre mentionnés dans les articles 1 et 4, il sera fait application de l'article 3 de l'Accord de Berne du 15 mars 1918.

ART. 9. — Seront rapatriés, sans égard au grade ni au nombre, les officiers, sous-officiers, caporaux et soldats faits prisonniers antérieurement au 1er novembre 1916 et qui, à la date du 15 avril 1918, se trouvent internés en Suisse pour cause de blessures ou de maladies.

Seront exceptés de ce rapatriement :

1. Les officiers, sous-officiers, caporaux et soldats qui, ayant bénéficié de la suspension d'une peine judiciaire, ont été internés en Suisse dans les conditions prévues par l'article 18 alinéa 2 de l'Accord de Berne du 15 mars 1918.

2. Les officiers qui, ayant atteint l'âge de 48 ans, ont été internés en Suisse par application de l'article 2 de l'Accord de Berne précité.

Le rapatriement des prisonniers de guerre prévu par l'alinéa 1 du présent article précédera les autres transports nécessités par l'exécution du présent accord.

ART. 10. — Le rapatriement des sous-officiers, caporaux et soldats sera effectué de la manière suivante :

Chacun des trains comprendra de part et d'autre 700 prisonniers de guerre à échanger tête pour tête conformément à l'article 2 et désignés conformément à l'article 6.

Seront compris, en outre, dans chaque train venant d'Allemagne 100 prisonniers de guerre français, et dans chaque train venant de France 50 prisonniers de guerre allemands, appartenant aux catégories visées par l'article 1, jusqu'à épuisement de la totalité des prisonniers des deux pays appartenant aux dites catégories.

Les convois de rapatriement devront comprendre par mois une proportion moyenne de 15 % de sous-officiers et caporaux et de 85 % d'hommes de troupe.

Art. 11. — Au début de chaque série de dix trains d'hommes de troupe, il sera formé, de part et d'autre, un convoi de 400 officiers à interner en Suisse conformément à l'article 5. Ce convoi comprendra, en outre, venant d'Allemagne, 100 officiers français, et, venant de France, 50 officiers allemands à interner conformément à l'article 4, jusqu'à épuisement de la totalité des officiers des deux pays rentrant dans les catégories prévues au dit article.

La première série de ces trains d'hommes de troupe sera précédée de deux trains d'officiers composés comme il est ci-dessus précisé.

Art. 12. — Les deux premiers trains d'officiers prévus par l'article 11 partiront de Lyon, le troisième train partira de Constance, le quatrième de Lyon, et ainsi de suite alternativement.

Les dix premiers trains d'hommes de troupe prévus par l'article 10 partiront de Constance ; les dix trains de la seconde série partiront de Lyon, et ainsi de suite alternativement.

Art. 13. — Les prisonniers de guerre qui, lors de l'entrée en vigueur du présent accord, ne remplissent pas encore les conditions prévues aux articles 1, 2, 4 et 5 seront respectivement rapatriés ou internés en Suisse conformément aux stipulations du présent accord, au fur et à mesure qu'ils rempliront les conditions ci-dessus.

Art. 14. — Les officiers qui sont internés en Suisse comme valides, soit en vertu des articles 4 et 5 du présent accord, soit en vertu de l'article 2 de l'Accord de Berne du 15 mars 1918, ne pourront être rapatriés qu'à titre exceptionnel et uniquement pour maladies ou accidents graves. Leurs noms devront être, avant le rapatriement, communiqués au gouvernement de l'Etat capteur.

En cas de doute sur la légitimité de leur rapatriement, il sera statué sur leur cas par une commission médicale mixte, composée d'un médecin de l'Etat capteur et d'un médecin suisse ; en cas de partage, ce dernier aura voix prépondérante.

Art. 15. — Les dispositions de l'article 18 de l'Accord de Berne du 15 mars 1918 seront appliquées aux prisonniers de guerre susceptibles de bénéficier des présentes dispositions et qui sont l'objet d'une instruction criminelle ou d'une condamnation ou qui ont été frappés de peines disciplinaires.

Art. 16. — L'article 19 de l'Accord de Berne du 15 mars 1918, concernant l'emploi des rapatriés, sera applicable aux prisonniers de guerre qui bénéficieront du présent accord.

Les prisonniers de guerre belges rapatriés pourront être employés sur le territoire français dans les mêmes conditions que les prisonniers de guerre français rapatriés.

Art. 17. — Toutes les dispositions ci-dessus seront appliquées aux prisonniers de guerre allemands capturés par les troupes belges et aux prisonniers de guerre belges capturés par les troupes allemandes.

Les officiers, sous-officiers, caporaux et soldats belges entreront en compte dans le nombre des prisonniers de guerre français à rapatrier ou à interner dans la proportion d'un Belge pour dix Français, jusqu'à épuisement du nombre de prisonniers de guerre allemands capturés par les troupes belges et remplissant les conditions du présent accord.

Le Gouvernement français fera connaître d'urgence au Gouvernement allemand le nombre de prisonniers de guerre allemands dont il s'agit.

Art. 18. — Dans le rapatriement et l'internement des prisonniers de guerre prévus aux articles 1 à 5 du présent accord, ne doivent être comptés que les prisonniers de guerre valides. Les prisonniers malades et blessés continueront à être rapatriés directement ou internés en Suisse dans les conditions prévues par les articles 7 à 18 de l'Accord de Berne du 15 mars 1918.

Art. 19. — En cas de différends concernant l'exécution des transports, les deux parties en référeront à l'autorité suisse compétente qui réglera les difficultés en question, de concert avec les chefs des services d'internement institués près des missions diplomatiques intéressées à Berne.

ART. 20. — Les dispositions contenues dans les articles 1 à 19 du présent accord cesseront d'être en vigueur le 1ᵉʳ août 1919, si l'un des deux gouvernements a fait connaître sa décision à ce sujet par une notification au Département Politique suisse avant le 1ᵉʳ mai 1919.

Ultérieurement les deux gouvernements auront la faculté de dénoncer de trois mois en trois mois la partie de l'accord visée ci-dessus. La dénonciation pourra produire effet le 1ᵉʳ novembre, le 1ᵉʳ février, le 1ᵉʳ mai, ou le 1ᵉʳ août de chaque année et la communication conforme devra parvenir au Département Politique suisse trois mois auparavant au moins.

V. Modifications aux dispositions de l'Accord de Berne du 15 mars 1918.

ART. 38. — L'article 15 de l'Accord de Berne du 15 mars 1918 concernant les prisonniers de guerre est complété ainsi qu'il suit :

« Si la gravité de l'état de santé d'un prisonnier de guerre est reconnue par le médecin du camp, le commandant du dépôt devra procéder au rapatriement ou à l'internement d'urgence de ce prisonnier, sans avis préalable des commissions médicales ou de contrôle. »

ART. 39. — L'article 19 de l'Accord de Berne du 15 mars 1918 est complété comme suit :

« Les prisonniers de guerre belges rapatriés après le 1ᵉʳ mai 1917 pourront être employés sur le territoire français dans les mêmes conditions que les prisonniers de guerre français rapatriés. »

VIII. Entrée en vigueur de l'accord.

ART. 44. — Le présent accord doit être approuvé par les deux gouvernements.

Sous réserve de cette approbation, il entrera en vigueur le 15 mai 1918, en même temps que l'accord concernant les civils signé à la date d'aujourd'hui.

Fait à Berne, en double exemplaire, le vingt-six avril Mil neuf cent dix-huit.

A. DE PANAFIEU ; GEORGES-CAHEN ; GIRAUD ; ALPHAND.
FRIEDRICH ; V. KELLER ; PABST VON OHAIN ;
SCHLOESSINGK ; V. HINDENBURG ; BOURWIEG.

B. — ACCORD CONCERNANT LES CIVILS

I. Libération ou Rapatriement.

ART. 8. — Seront exclus du bénéfice du présent accord les civils qui sont l'objet d'une instruction criminelle, jusqu'à l'issue de la procédure, y compris l'exécution de la peine, et ceux qui sont détenus par suite d'un jugement devenu exécutoire, jusqu'à la date à laquelle ils auront purgé leur peine.

Les civils qui sont l'objet d'une condamnation et pour lesquels l'exécution de la peine prononcée a été suspendue par application de l'accord actuellement existant entre les deux Etats, et qui, d'après les dispositions du présent accord, devraient être reconduits à une frontière neutre, ne pourront être qu'internés en Suisse, à moins qu'ils ne purgent, sur leur propre demande, la partie non exécutée de la peine. Les deux gouvernements se communiqueront sans retard les noms des personnes visées dans les alinéas 1 et 2 ci-dessus, en indiquant les motifs de la poursuite ou de l'inculpation. Ils feront porter les dispositions du présent accord à la connaissance de ces personnes.

ART. 9. — Les civils internés en Suisse au moment de l'entrée en vigueur du présent accord seront libérés de l'internement.

ART. 15. — Le présent accord n'est pas applicable aux civils allemands tombés au pouvoir des troupes belges soit qu'ils se trouvent en France, soit qu'ils soient internés en Suisse comme malades.

III. Entrée en vigueur de l'accord.

ART. 23. — Le présent accord doit être approuvé par les deux gouvernements.

Sous réserve de cette approbation, il entrera en vigueur le 15 mai 1918, en même temps que l'accord concernant les prisonniers de guerre signé à la date d'aujourd'hui.

Fait à Berne, en double exemplaire, le vingt-six avril Mil neuf cent dix-huit.

A. DE PANAFIEU ; GEORGES-CAHEN ; GIRAUD ; ALPHAND.
FRIEDRICH ; V. KELLER ; PABST VON OHAIN ;
SCHLOESSINGK ; V. HINDENBURG ; BOURWIEG.

III

*Etat du personnel du Quartier général de l'internement
à la fin de décembre 1917.*

Bureaux :	Officiers	Sous-officiers	Soldats	Civils	Internés	Total
Médecin d'armée	1	1	1	—	—	3
Subdivision France-Belgique .	2	3	1	4	—	10
Subdivision Puissances centrales	2	1	4	3	—	10
Subdivision Grande Bretagne (à Vevey)	1	1	—	—	—	2
Service juridique	2	1	—	—	—	3
Service Exploitation et travaux	2	—	—	4	—	6
Service historique	1	1	—	—	—	2
Service des rapports	—	1	1	1	—	3
Quartier-maître central . . .	1	5	3	1	—	10
Bureau de renseignements . .	1	15	29	5	—	50
Revision	2	6	1	5	—	14
Quartier-maître d'arrondissement des Puissances centrales.	1	2	3	1	—	7
Quartier-maître d'arrondissement de l'Entente . . .	1	7	1	1	3	13
Direction générale des ateliers	2	4	2	—	—	8
Poste de campagne 23 . . .	1	6	12	—	—	19
Total	20	54	58	25	3	160

IV

Suisses (militaires service actif, services complémentaires, civils) et internés[1] au service de l'internement, le 31 décembre 1917.

RÉGIONS	Nombres d'Internés	Cdts. de Régions	O. S. D.	Adjoints des Cdts. de Régions	Cdts. de Place — Officiers sanitaires	Cdts. de Place — Officiers de troupe	Adjoints des Cdts. de Place — Officiers	Adjoints des Cdts. de Place — Sous-officiers	Services des Bureaux suisses — Officiers	Services des Bureaux suisses — Sous-offic. et soldats	Services des Bureaux suisses — Civils	Médecins traitants — Militaires	Médecins traitants — Civils	Médecins traitants — Adjoints	Services de Bureaux Internés payés	Internés non payés	Personnel suisse supplémentaire	Observations
Quartier Général Berne	—	—	—	—	—	—	—	—	12	24	13	—	—	—	—	—	—	
Bureau de renseignements	—	—	—	—	—	—	—	—	1	44	5	—	—	—	—	—	—	
Bureau de revision	—	—	—	—	—	—	—	—	2	7	5	—	—	—	—	—	—	
Direct. génér. des Ateliers	—	—	—	—	—	—	—	—	2	6	—	—	—	—	—	—	—	
Quartier-Maître arr. Entente	—	—	—	—	—	—	—	—	1	8	1	—	—	—	3	—	—	
Quartier-Maître arr. Centraux	—	—	—	—	—	—	—	—	1	5	1	—	—	—	—	—	—	
Régions de l'Entente :																		
Genève	1498	1	1	1	—	3	—	—	—	4	—	1	15	—	17	2	—	
La Côte	492	1	—	1	2	1	—	—	—	2	1	1	1	—	7	3	17	
Lausanne	1110	1	—	1	1	2	—	—	—	4	—	5	1	—	13	—	—	
Montreux	1678	1	—	1	2	2	—	—	—	6	2	—	20	—	20	—	1	
Aigle-Leysin	1069	1	—	1	—	3	—	—	1	3	1	1	9	—	15	—	1	
Valais-Bex	2226	1	—	2	3	10	—	—	1	5	—	12	10	—	10	—	—	
Fribourg	624	1	—	—	2	—	—	—	—	1	—	2	3	—	6	—	—	
Jura	1513	1	1	1	1	6	—	—	—	4	—	10	2	1	17	—	5	
O. B. B.	1854	1	—	1	4	10	—	5	1	6	—	4	16	—	12	—	2	
O. B. A.	1798	1	—	—	1	5	—	—	1	8	1	1	16	—	14	—	1	
Château-d'Œx	680	1	—	—	—	1	—	1	—	2	—	—	2	—	6	—	2	
Murren	704	1	—	—	—	3	—	—	—	3	—	—	3	—	6	—	—	
A. S. A. Fribourg	119	1	—	—	—	—	—	—	1	2	—	1	1	5	1	—	—	
Régions des Empires Centraux :																		
Berne	996	1	—	—	1	—	—	—	—	6	—	1	3	—	—	—	2	
Bâle	550	1	—	1	2	—	1	—	—	2	—	3	1	—	5	6	—	
Suisse Centrale	3051	1	—	1	8	8	3	3	—	6	3	3	13	1	12	—	20	
Zurich	1241	1	—	1	4	—	—	—	3	5	—	1	—	—	4	—	—	
Saint-Gall	2470	1	—	1	11	6	—	—	1	—	—	—	14	—	14	—	—	
Coire	1492	1	—	1	—	3	—	—	—	2	—	—	7	1	5	—	—	
Davos	1854	1	—	—	2	2	—	—	—	4	—	—	18	1	13	—	6	
Total	27019	20	2	14	43	65	4	9	28	169	33	46	155	9	200	11	56	

[1] Ne sont comptés que les internés travaillant dans les bureaux.

V

Internés occupés dans les régions et secteurs de l'internement au 31 décembre 1917.

	Q. M. A.	Genève	La Côte	Lausanne	Montreux	Aigle-Leysin	Valais-Bex	Fribourg	A. S. A.	Jura	B. O. B.	B. O. A.	Château-d'Œx	Murren	Berne	Bâle	Suisse Centrale	Zurich	Saint-Gall	Coire	Davos	Total
Chefs de secteur — moins de 100 internés	—	15	2	2	—	—	4	8	—	7	17	11	—	—	—	—	12	4	13	3	1	99
plus » 100 »	—	2	—	2	—	—	—	—	—	3	—	—	—	—	2	2	—	1	7	1	—	20
plusieurs établissements et plus de 100 internés dans la même localité	—	1	2	4	3	10	1	—	5	6	5	—	2	—	1	7	1	1	4	—	—	53
plusieurs établissements et plus de 100 internés dans plusieurs localités	—	—	—	—	6	—	—	—	2	—	—	—	—	—	1	1	—	2	—	—	3	15
Chefs d'établissements — peu de travail	—	8	1	8	35	22	17	25	—	8	62	85	11	10	—	—	69	13	30	27	32	463
plus de 100 internés etc.	—	—	3	1	6	11	55	—	1	3	2	—	4	5	—	1	2	—	—	3	4	101
Infirmiers — travaillant tout le jour	—	1	1	—	3	2	17	7	4	1	18	11	8	8	—	2	7	—	7	4	6	107
» ½ journée	—	—	1	—	11	1	11	—	—	6	—	2	4	—	—	—	15	—	12	3	8	74
peu de travail	—	—	—	15	2	6	—	—	1	32	3	—	—	—	—	2	—	11	2	22		96
Ordonn. postales — très chargées	—	—	1	11	4	10	2	2	4	6	3	1	3	—	2	5	2	4	5	4		69
moyennement chargées	—	7	3	8	13	9	11	9	—	4	8	4	15	6	—	—	28	1	17	2	15	160
peu chargées	—	—	1	6	20	25	—	—	7	10	82	—	7	—	—	16	6	5	2	21		208
Ordonn. de cuisine	3	10	14	7	31	65	37	2	—	48	61	47	15	17	—	3	160	4	89	—	66	679
» de blanchissage	—	8	2	—	7	30	12	—	—	4	21	35	2	—	—	—	59	—	35	—	38	253
» d'établissement	—	12	5	24	55	28	18	—	12	48	37	42	136	15	—	1	11	11	40	—	36	531
Totaux	3	61	35	54	205	197	233	54	19	151	248	359	199	73	2	13	394	43	273	56	256	2928

VI

Internés rapatriés en 1917.

A. Internés de l'Entente.

Jour	Mois	Français	Belges	Anglais	Total
10	Janvier	7	1		8
12	»	8		3	11
16	»	2			2
31	»	78	1	1	80
1	Février	3			3
5	»	23			23
11	»	2			2
22	»	322	44		366
8	Mars	1			1
15	»	1			1
12	Avril	55	4		59
11	Mai	23	8		31
22	»	35	2		37
8	Juin	228	12		240
11	»		13		13
15	»	416	30		446
18	»	42	24		66
20	»	1			1
2	Juillet	267	13		280
6	»	630			630
13	»	759	27		786
18	»	589	83		672
23	»	682	6		688
26	»	717	66		783
31	»	420	20	2	442
8	Août			36	36
10	»	155	11		166
13	»	1			1
23	»	722	46	5	773
24	»	290	21		311
25	»	113	11		124
4	Septembre . .	366	36		402
8	» . .	1		416	417
10	» . .	165	18	441	624
24	» . .	319	10	2	331
8	Octobre . . .	9	2		11
18	» . . .	384	27		411
22	» . . .	96	27		123
26	» . . .		2		2
19	Novembre . .	614	58		672
24	» . .	1			1
29	» . .	8	1	91	100
5	Décembre . .	2			2
20	» . .	695	47		742
22	» . .			2	2
	TOTAL . . .	**9252**	**671**	**999**	**10922**

B. Internés des Puissances centrales.

Jour	Mois	Allemands de France	Angleterre	Autrichiens	Hongrois	TOTAL
7	Mars	13				13
31	»	43	2			45
15	Mai	6	1			7
25	»	11				11
8	Juin	321	4	6	3	334
20	»	2				2
29	»	287	4			291
29	»	1				1
4	Juillet	167	1			168
5	»	147				147
7	»	212		6	2	220
12	»	1				1
14	»	242				242
16	»	2				2
17	»	200		1		201
23	»	1				1
31	»	20	5			25
1	Août	2				2
4	»	20	40			60
15	»	1				1
17	»	1				1
20	»		1			1
24	»	2				2
25	»	6	3			9
26	»		1			1
27	»		3			3
28	»			5	4	9
29	»		1			1
31	»	100	19			119
1	Septembre	301	239		1	541
2	»	1				1
11	»	1				1
14	»	1				1
15	»	175	87		1	263
	Report	2287	411	18	11	2727

| Jour | Mois | Allemands de | | Autrichiens | Hongrois | TOTAL |
		France	Angleterre			
	Report	2287	411	18	11	2727
17	Septembre	1				1
19	»	152	71		1	224
21	»	2				2
2	Octobre	1				1
3	»	193	37			230
4	»			1		1
6	»	11	8			19
8	»	1				1
9	»	1				1
10	»	37	10			47
16	»	1				1
16	» (désint.)	1				1
18	»	1				1
19	»		1			1
20	»	95	10			105
27	»	1				1
29	» (désint.)	2				2
29	»	5				5
3	Novembre	1				1
5	»	28	1			29
9	»	195	55	3	2	255
13	»	1				1
13	» (désint.)	1				1
14	»	1				1
15	»	1				1
30	» (désint.)	1				1
1	Décembre	2				2
5	»	1				1
7	»	1				1
13	»	20	4	1		25
15	»	122	5			127
20	»	167	18	1		186
22	» (couch.)	9				9
	Total	3343	631	24	14	4012

VII

Statistique générale des internés dès le début en 1916 jusqu'au 31 décembre 1917

FRANÇAIS						BELGES					ANGLAIS				
Off.	Ss.-off.	Capor.	Soldats	Civils	Total	Off.	Ss.-off.	Soldats	Civils	Total	Off.	Ss.-off.	Soldats	Civils	Total
1185	2415	1956	14699	2846	23101	122	463	1359	685	2629	292	511	2116	50	2969

FRANÇAIS		BELGES		ANGLAIS	
Internés	23101	Internés	2629	Internés	2969
Internés rapatriés . . 10364		Internés rapatriés . 735		Internés rapatriés . 1005	
Morts 304		Morts 32		Morts 16	
Evadés 91		Evadés 7		Renvoyés en captivité 2	1023
Renvoyés en captivité . 56	10815	Renvoyés en captivité 3	777	En Suisse le 31 dé-	
En Suisse le 31 décembre 1917	12286	En Suisse le 31 décembre 1917	1852	cembre 1917 . . .	1946

ALLEMANDS VENANT DE FRANCE					ALLEMANDS VENANT D'ANGLETERRE					AUTRICHIENS	HONGROIS
Off.	Ss.-off.	Soldats	Civils	Total	Off.	Ss.-off.	Soldats	Civils	Total	Civils	Civils
473	1162	8366	1429	11430	313	335	2441	—	3089	411	167

ALLEMANDS VENANT DE FRANCE		ALLEMANDS VENANT D'ANGLETERRE		AUTRICHIENS		HONGROIS	
Internés	11430	Internés	3089	Internés . . 411		Internés . . 167	
Internés rapatriés . 3412		Internés rapatriés . 631		Rapatr. . . 24		Rapatr. . . 14	
Morts 58		Morts 12		Morts . . 4	28	Morts . . 2	16
Evadés 15		Renvoyés en captivité 1	644	En Suisse le 31		En Suisse le 31	
Renvoyés en captivité 19	3504	En Suisse le 31 dé-		décembre 1917 . 383		décembre 1917, 151	
En Suisse le 31 décembre 1917	7926	cembre 1917 . . .	2445				

Récapitulation.		**Récapitulation.**	
INTERNÉS DE L'ENTENTE.		INTERNÉS DES PUISSANCES CENTRALES.	
Internés	28699	Internés	15097
Internés rapatriés . . . 12104		Internés rapatriés . . . 4081	
Morts 352		Morts 76	
Evadés 98		Evadés 15	
Renvoyés en captivité . . 61	12615	Renvoyés en captivité . . 20	4192
Total au 31 décembre 1917 . .	16084	Total au 31 décembre 1917 . .	10905

VIII

Instructions générales pour les commissions médicales au service du rapatriement et de l'internement.

Quartier général, le 26 mai 1917.

La tâche de ces commissions est de désigner, parmi les prisonniers de guerre, ceux qui, n'étant pas visés par les conventions internationales récemment conclues, sont susceptibles, en raison de leurs maladies ou blessures, d'être rapatriés ou internés en Suisse.

Les principes généraux et spéciaux exposés ci-dessous s'appliquent à tous les prisonniers de guerre, sans aucune distinction de grade.

Principes dirigeants.

I. *Principes dirigeants pour l'échange de pays à pays.*

Seront rapatriés :

Les malades et les blessés dont le rétablissement ne peut pas, selon les prévisions médicales, être envisagé dans l'espace d'une année et dont l'état comporte, soit une infirmité définitive, soit un traitement, la validité générale devant être au moment de l'examen diminuée d'environ cinquante pour cent (50 %) au moins.

II. *Principes dirigeants pour l'internement.*

Seront internés :

1. Les malades et les blessés dont la guérison peut être envisagée dans l'espace d'une année et pour lesquels la guérison peut être plus vite et plus sûrement obtenue par les moyens dont on dispose en Suisse que par la prolongation de la captivité proprement dite.

2. Les prisonniers de guerre dont, d'après les prévisions médicales, la santé paraît sérieusement menacée par la prolongation de la captivité, tant au point de vue physique qu'au point de vue mental, et qui, selon toute probabilité, échapperaient à ce danger par l'internement en Suisse.

III. *Principes dirigeants pour le rapatriement des internés.*

Seront rapatriés tous les prisonniers de guerre internés en Suisse :

1. Qui, au cours de leur séjour en Suisse, rentrent dans les catégories de ceux qui doivent, automatiquement, être échangés de pays à pays, pour raisons non médicales.

2. Dont l'état se présente, en Suisse, de telle façon, qu'ils rentrent dans les catégories de ceux qui doivent être échangés de pays à pays pour cause de santé.

3. Les guéris dont l'état comporte une diminution de validité d'environ 50 % au moins.

Principes spéciaux pour l'échange ou pour l'internement.

A. *Pour l'échange direct de pays à pays.*

1. Tous les prisonniers de guerre atteints de la perte effective ou fonctionnelle d'un membre par lésion organique, pour autant que cette perte concerne au moins un pied ou une main.

2. Tous les prisonniers de guerre blessés dont l'état a pour conséquence une infirmité grave soit définitive, soit ne devant pas, selon les prévisions médicales, disparaître dans l'espace d'une année avec ou sans traitement opératoire.

La nomenclature ci-dessous montre un grand nombre d'exemples rentrant dans cette catégorie.

Membre supérieur.

(Impotence fonctionnelle organique presque complète : environ 75 % pour le membre blessé.)

a) Ankylose complète ou partielle (diminuant des trois quarts environ l'amplitude des mouvements) ou état ballant portant sur *deux* des articulations : épaule, coude, poignet.

b) Ankylose complète ou partielle, ou état ballant portant sur *une* des articulations : épaule, coude, poignet, et accompagnée, en outre, d'une paralysie du nerf soit radial, soit cubital, soit médian.

c) Fracture avec cal vicieux ou pseudarthrose de l'humérus, pseudarthrose ou synostose des os de l'avant-bras accompagnée, en outre, d'une paralysie du nerf soit radial, soit cubital, soit médian.

d) Fractures ouvertes de l'épaule, du bras, de l'avant-bras ou de la main, avec fistule suppurant et datant de six mois environ.

e) Impotence fonctionnelle presque complète de là main (75 %, environ) par lésions traumatiques locales ou paralysies associées des nerfs radial, cubital ou médian.

Membre inférieur.

(Impotence fonctionnelle organique presque complète : environ 75 % pour le membre blessé.)

f) Ankylose complète ou partielle (diminuant des trois quarts environ l'amplitude des mouvements) ou état ballant, portant sur *deux* des articulations coxo-fémorale, fémoro-tibiale, tibio-tarsienne.

g) Ankylose complète ou partielle, ou bien état ballant portant sur *une* des articulations coxo-fémorale, fémoro-tibiale, tibio-tarsienne, ou encore fracture de la cuisse ou de la jambe avec raccourcissement de 5 cm., accompagnée, en outre, d'une paralysie soit du nerf crural soit du nerf sciatique poplité externe, soit du nerf sciatique poplité interne ou d'une dislocation du genou.

h) Pseudarthrose du fémur ou des os de la jambe, genou ballant datant de six mois environ.

i) Paralysie totale du nerf sciatique.

j) Fractures ouvertes de la hanche, de la cuisse, de la jambe ou du pied, avec fistules suppurant et persistant depuis six mois environ.

k) Impotence fonctionnelle presque complète du pied par lésions traumatiques locales ou pied bot irréductible par paralysie, rétraction ou contracture, suite de lésion organique.

Tête et face.

l) Mutilation importante de la face ou blessure de la bouche gênant l'alimentation ou les fonctions respiratoires.

m) Tous les cas de perte de substance osseuse ou de cicatrices profondes, suites de fractures du crâne ou de trépanation, accompagnées d'épilepsie traumatique ou de paralysies durables.

Colonne vertébrale.

n) Les lésions traumatiques de la colonne vertébrale avec gêne notable des mouvements ou troubles médullaires.

19

Thorax et abdomen.

o) Les blessures graves du thorax avec résection costale ou symphyse pleurale, les corps étrangers non extraits intra-thoraciques, intra-pleuraux, intra-pulmonaires.

p) Les blessures graves de l'abdomen avec large éventration ou cicatrices profondes et mauvais état général persistant.

q) Les fractures du bassin avec fistules, lésions viscérales, vésicales ou rectales.

Aux exemples ci-dessus, on ajoutera les cas de lésions multiples, associées ou disséminées, ou tous autres cas correspondant aux principes généraux des conditions de rapatriement et n'ayant cependant pas été cités ici comme exemples.

3. Tous les prisonniers de guerre malades dont l'état a pour conséquence une infirmité grave soit définitive, soit ne devant pas, selon les prévisions médicales, disparaître dans l'espace d'une année ; la validité actuelle étant, dans tous les cas, diminuée d'environ 50 %.

La nomenclature ci-dessous montre un grand nombre d'exemples rentrant dans cette catégorie:

a) Tuberculose en évolution de n'importe quel organe, qui, d'après les prévisions médicales, ne peut être ni guérie ni au moins sérieusement améliorée par une cure en Suisse.

En ce qui concerne la tuberculose pulmonaire, seront proposés pour l'échange direct de pays à pays :

1. Tous les tuberculeux pulmonaires présentant des signes cavitaires ou des signes de ramollissement parenchymateux.

2. Tous les tuberculeux pulmonaires, quelle que soit la phase évolutive à laquelle ils sont parvenus, mais qui présenteront à la cure d'altitude l'une des contre-indications généralement admises: albuminurie, fièvre élevée et résistant au repos, tendance congestive ou hémorragique, troubles cardiaques, tachycardie permanente, signes cliniques d'évolution rapide, soit aiguë (granulie), soit subaiguë (pneumonique ou broncho-pneumonique), encore appelée, suivant les cas, phtisie galopante, pneumonie caséeuse.

b) Maladies non tuberculeuses et vraisemblablement chroniques ou incurables des organes de la respiration, par exemple, en particulier, les sténoses laryngées ou trachéo-bronchiques, l'emphysème prononcé avec ou sans bronchite, la bronchite nettement chronique, la bronchite putride, l'asthme avec accès constatés, les lésions chroniques ou définitives, consécutives à l'agression par les gaz toxiques.

c) Maladies chroniques graves des organes de la circulation (affections valvulaires du cœur avec tendance aux troubles de la compensation), ectopies cardiaques acquises, dilatations du cœur consécutives à des affections respiratoires ; affections graves du myocarde, du péricarde et des vaisseaux ; aortite, dilatation aortique ; athérome ou artériosclérose très prononcée, avec dyspnée d'effort ou crises angineuses, anévrismes des gros vaisseaux ; varices très accusées ou généralisées, ou avec œdème ou troubles trophiques marqués, tels qu'eczéma ou ulcères ou encore avec poussées phlébitiques à répétition.

d) Affections chroniques graves des organes de la digestion ou de leurs annexes (cirrhose du foie par exemple).

e) Affections chroniques graves des organes génito-urinaires, spécialement tous les cas de néphrite chronique dûment constatée, d'hypertrophie de la prostate avec troubles urinaires, d'ordre mécanique ou infectieux.

f) Affections chroniques graves du système nerveux central ou périphérique (principalement neurasthénie grave avec troubles évidents de la nutrition ou troubles fonctionnels du système nerveux, objectivement appréciables et manifestement chroniques, hystérie avec crises convulsives dûment constatées, tous les cas d'épilepsie (mal comitial) avec crises convulsives dûment constatées ; le goître exophtalmique ; la polynévrite grave avec troubles trophiques, causalgie, etc. ; l'hémiplégie ou les reliquats d'hémiplégie, avec troubles persistants de la motricité et de la réflectivité ; tous les syndrômes symptomatiques d'une lésion en foyer ou d'une lésion progressive du système nerveux cérébral, médullaire ou cérébro-médullaire, tels que, par exemple, les tumeurs cérébrales, les tabes dorsalis, même incipiens, l'atrophie musculaire progressive myélopathique.

g) Cécité totale ou perte de la vue d'un œil, lorsque l'acuité visuelle de l'autre œil ne peut être corrigée à 1. Diminution de l'acuité visuelle, si celle-ci ne peut être, au moins pour un œil, corrigée à plus de $^1/_2$; autres affections des yeux rentrant dans cette catégorie (glaucome, iritis, choroïdite, trachôme, etc.).

h) Surdité totale des deux oreilles ou surdité totale d'une oreille,

si, pour l'autre oreille, la voix parlée habituelle n'est plus perçue à
1 mètre.

i) Tous les cas d'aliénation mentale (y compris la paralysie générale
sans délire évident) dûment constatée par un médecin spécialiste en
psychiâtrie, dont le certificat devra être présenté à la commission.
Sont exclus les cas de confusion mentale aiguë susceptibles de s'améliorer rapidement.

k) Cas graves d'intoxications chroniques par les métaux ou par
d'autres poisons (plomb, mercure, morphine, cocaïne, alcool, etc.).

l) Affections chroniques graves des organes de la locomotion (po-
lyarthrite déformante, goutte ou rhumatisme avec déformations
prononcées, amyotrophies progressives d'origine myopathique, etc.).

m) Tous les néoplasmes malins, pour autant qu'ils ne peuvent être
enlevés par une intervention relativement facile et sans mettre la vie
en danger.

n) Tous les cas de malaria avec modification d'organes pouvant
être constatée (augmentation de volume, notable et chronique, du
foie ou de la rate, cachexie, etc.).

o) Maladies de peau chroniques et graves, y compris la lèpre et les
dermato-mycoses, pour autant que leur nature ne justifie pas l'internement.

p) Maladies générales graves : diabète sucré dûment constaté ; anémie
pernicieuse, leucémie, etc.

B. *Pour l'internement.*

1. Toutes les formes de tuberculose, quel que soit l'organe, qui,
d'après prévisions médicales, peuvent être guéries ou au moins sensiblement améliorées par les moyens dont on dispose en Suisse (altitude,
traitements en sanatorium, etc.).

2. Toutes les formes d'affections constitutionnelles ou affections
des organes de la respiration, de la circulation, de la digestion, des
organes génito-urinaires, du système nerveux, des organes des sens,
de la locomotion et de la peau, pour autant qu'elles ne rentrent pas
dans les catégories fixées pour l'échange de pays à pays et pour
lesquelles, selon prévisions médicales, on peut admettre qu'en Suisse
— étant données les conditions y existantes — elles seront plus facilement guéries qu'en captivité. A côté de cela, il faut tenir tout spé-

cialement compte des troubles nerveux causés par les événements de la guerre (par exemple la névrose de tremblement) ou par la captivité elle-même (par exemple la psychasthénie grave des prisonniers avec signes objectifs de déchéance organique, dite en Allemagne psychose des fils de fer : *Stacheldrahtpsychose*) chez ceux qui ont été en captivité au moins 18 mois. Tous les cas de ce genre, dûment constatés, donnent droit à l'internement.

Les cas graves de psychasthénie des prisonniers, c'est-à-dire ceux qui ne sont pas guéris après 3 mois de séjour en Suisse et qui ne sont pas visiblement en voie de guérison définitive, seront ultérieurement rapatriés de la Suisse.

En ce qui concerne la tuberculose pulmonaire, seront internés :

a) Tous les tuberculeux pulmonaires (forme évidente ou larvée), à la période germinative, sauf ceux qui présentent l'une quelconque des contre-indications qui nécessitent le rapatriement.

b) Tous les tuberculeux pulmonaires au début, même bacillifères, mais dont l'état général permet d'espérer une influence heureuse et rapide de la climatothérapie ; le rapatriement sera ultérieurement proposé si l'expectoration reste bacillifère au cours de la série des examens bactériologiques faits pendant quatre mois.

c) Tous les tuberculeux cicatriciels ou les convalescents de pleurésie tuberculeuse.

3. Tous les cas de blessures, de lésions et leurs suites pour lesquels la Suisse offre une meilleure perspective de guérison que la captivité.

4. Tous les cas de malaria dûment constatée, sans modification d'organes cliniquement constatée (augmentation de volume chronique du foie ou de la rate, cachexie, etc.) pour la guérison définitive desquels le séjour en Suisse présente des perspectives particulièrement favorables.

5. Tous les cas de troubles fonctionnels ou organiques chroniques consécutifs aux intoxications (spécialement par gaz, métaux et alcaloïdes) pour lesquels les chances de guérison en Suisse sont particulièrement favorables.

Sont exclus de l'internement.

1. Tous les cas d'aliénation mentale dûment constatée pour lesquels un traitement dans un asile est nécessaire.

2. Toutes les affections nerveuses graves organiques ou fonction-

nelles qu'on peut considérer comme incurables (ces deux catégories rentrent dans les conditions d'échange direct).

3. Alcoolisme chronique grave.

4. Toutes les maladies contagieuses dans la période de transmissibilité : maladies infectieuses aiguës, syphilis à la première et à la deuxième période, trachôme, lèpre, toutes les affections cutanées parasitaires ; à noter que les malades atteints en même temps d'une de ces affections cutanées et d'une maladie justifiant l'internement devront être rendus non contagieux par un traitement préalable, avant leur internement en Suisse. Plusieurs de ces catégories, telles que trachômes, lèpre, rentrent d'ailleurs dans les conditions d'échange direct.

Observations générales.

Les commissions médicales de contrôle se composent de trois médecins nationaux et de trois officiers sanitaires suisses. Les premiers sont désignés par leurs États respectifs (État capteur), les seconds par le Médecin d'armée suisse. L'appréciation des cas qui sont présentés à la commission de contrôle et, en particulier, la décision ont lieu en commission.

En cas d'égalité des voix, le plus ancien en grade des médecins suisses départage. Tous les cas qui sont inscrits sur les listes du Médecin d'armée suisse doivent être présentés à la commission de contrôle ainsi que tous ceux qui ont été signalés pour l'échange et pour l'internement par les médecins nationaux chargés du traitement des prisonniers de guerre. Ces médecins nationaux sont tenus d'examiner, au point de vue de l'échange ou de l'internement, tous les prisonniers de guerre qui sont confiés à leurs soins ou à leur surveillance, et, si possible, de les observer au point de vue des nouvelles conditions d'échange et d'internement ; ils dresseront des listes exactes de tous les prisonniers susceptibles d'être proposés pour l'échange ou pour l'internement et ils enverront ces listes à leur gouvernement.

Il va sans dire qu'une foule de cas seront présentés à la commission de contrôle, dont il n'est pas fait mention particulière dans les principes spéciaux pour échange ou internement. Tous ces cas doivent être jugés conformément aux principes généraux ci-dessus exposés pour l'échange ou l'internement.

Toute décision négative doit être exactement motivée.

IX

Instructions pour les commissions médicales
de contrôle et les officiers de triage qui doivent se rendre
les 2 et 3 juin en France et en Allemagne.

Quartier général, le 31 mai 1917.

Les commissions sont composées de la façon suivante :

1. *Pour l'Allemagne :*

Membres de la commission :

Lt.-col. K. Sturzenegger, Cdt. gr. san. 4, Zurich.

Major de Reynier, Lazaret de camp. 12, Leysin.

Capitaine V. Muller, Cdt. cp. san. mont. I/7, Zurich.

Officier de triage :

Major F. Mercanton, Etat-major Fort Dailly, Montreux.

2. *Pour la France :*

Membres de la commission :

Lt.-col. W. Breiter, Service des Etapes, Andelfingen.

Capitaine Häberlin, E. S. A. 5, Zurich.

Capitaine J. Oswald, Bat. Ldst. 56, Zurich.

Officier de triage :

Capitaine Jacob Stahel, Cdt. ambulance I/15, Bulach.

La commission se rendant en France partira le samedi 2 juin à 5.26 heures du soir de Genève, pour arriver à Lyon à 1 heure du matin.

La commission se rendant en Allemagne partira le dimanche 3 juin pour Constance, de telle façon à arriver à Constance le même soir. Elle s'annoncera à M. Föhrenbach, Lazarettinspektor.

Début du travail : lundi matin 4 juin.

Tenue : tenue de service, casquette.

Bagages : 2 malles d'ordonnance.

Solde : la solde du grade est payée par la Suisse, la subsistance et le logement ou tout supplément spécial seront à la charge de l'Etat étranger.

Passeports : les membres des commissions ont à se procurer personnellement les passeports pour l'Allemagne et pour la France auprès du consulat général le plus voisin.

Tous les prisonniers de guerre mentionnés sur les listes du Médecin d'armée, ainsi que ceux qui sont dans les camps d'observation doivent être présentés aux commissions à l'occasion de « l'internement de Mai ». Pour « l'internement de Juin » seront présentés aux commissions tous les prisonniers de guerre mentionnés sur les listes des médecins de camp et tous ceux qui, lors de « l'internement de Mai » auront été renvoyés dans des camps d'observation. Ceux qui auront été renvoyés lors de « l'internement de Mai » ne doivent en aucun cas être considérés comme refusés définitivement. Ils seront mis en observation et leur cas ne sera définitivement tranché que lors de « l'internement de Juin ».

Pour trancher des cas à échanger ou à interner, on se basera sur les instructions générales n° 649 B du 26 mai 1917, dans lesquelles les principes dirigeants figurant, sous chiffres I et II, doivent être en première ligne déterminants pour la décision qui doit être prise, ainsi que les principes spéciaux figurant sous chiffres A 1 et 2 et B 1 et 2.

Les exemples cités sous les lettres minuscules latines a, b, c, etc. doivent être considérés comme tels, en vue de faciliter la décision. Mais ces exemples, qui n'ont pour but que de faciliter la décision, ne doivent pas être considérés comme des catégories déterminantes de maladies ou de blessures.

L'activité des commissions doit s'exercer en commission, c'est-à-dire que les membres des commissions ne doivent pas se partager les cas, mais que tout prisonnier de guerre qui est présenté doit être examiné simultanément par un médecin national et un médecin suisse qui jugent ensemble. Si ces deux membres de la commission ne peuvent se mettre d'accord sur la décision à prendre ou si le cas ne leur paraît pas clair, celui-ci sera soumis à la commission plénière qui tranchera à la majorité des voix ; en cas d'égalité des voix, l'officier sanitaire suisse, le plus âgé en grade, départage.

Pour l'appréciation des cas de rapatriement, la question de l'emploi pour la guerre ne doit pas être prise en considération, parce que les Etats intéressés se sont mutuellement engagés à n'employer les rapatriés ni au front ni à l'étape.

Les commissions de contrôle doivent réclamer, pour chaque individu qui n'a pas été présenté à l'examen, une déclaration avec motif sur sa non-présentation. Vous devez, à votre retour, me remettre toutes ces déclarations.

Les formulaires suivants doivent être remplis de façon exacte et soigneuse; les commissions en sont responsables :

Formulaire 1, « Etat nominatif des prisonniers de guerre internés ».

Formulaire 2, « Carte de contrôle », rubriques 1-11.

Formulaire 7, « Tableau récapitulatif des revisions journalières d'après les catégories de maladies ».

En Allemagne, les commissions devront employer les formulaires que ce pays leur fournira à cet effet.

Les officiers de triage classent les internés d'après les catégories de maladies et forment les trains d'après les régions, en tenant compte des lits disponibles dans chaque région et de la capacité des trains. Les trains doivent être, autant que possible, remplis. Pour chaque région, on désignera, dans la mesure du possible, des wagons entiers.

Dès qu'un train est formé, l'officier de triage doit communiquer *télégraphiquement* au Médecin d'armée, l'heure de départ du train, le nombre des internés, les régions auxquelles ils sont destinés et le classement de ces internés, non d'après les catégories de maladies, mais par nationalité et grade (officiers et soldats), par civils payants ou non payants. Le Médecin d'armée fera les communications nécessaires au Département politique, au Commandant de l'Armée, au Médecin en chef de la Croix-Rouge, aux officiers sanitaires dirigeants, à la direction de la Poste de campagne, au Service territorial, aux gouvernements cantonaux et aux représentants des pays d'origine des internés.

En outre, les officiers de triage établissent en deux exemplaires le formulaire 4 « contrôle des hommes pour le transport des internés ». Les deux exemplaires doivent être remis au commandant du train, l'un à destination du Médecin d'armée, l'autre à destination du ou des officiers sanitaires dirigeants.

Les formulaires suivants doivent être remplis soigneusement et exactement et les officiers de triage en sont responsables :

Formulaire 2, « Carte de contrôle » rubriques 12-14.

Formulaire 4, « Contrôle des hommes pour le transport des internés ».

Formulaire 5, « Répartition des prisonniers de guerre internés dans les différentes régions d'internement ».

Formulaire 6, Récapitulation des transports d'internés d'après les régions d'internement.

En Allemagne, on emploiera les formulaires que ce pays fournira à cet effet.

Les officiers de triage ont à veiller à ce que les bagages soient exactement adressés et expédiés. Les internés doivent, autant que possible, prendre avec eux, dans les wagons, leurs bagages à main. Tout gros colis doit être mis au fourgon. Tout bagage doit être muni d'une étiquette. Dans les fourgons, le bagage doit de suite être classé par régions.

L'officier de triage répartit les prisonniers de guerre internés désignés pour l'internement en Suisse entre les différentes régions d'internement, selon les places disponibles dans chaque région ; ces disponibilités lui seront indiquées ultérieurement. Il doit tout spécialement veiller à ce que tous les tuberculeux allemands soient dirigés dans la région de Davos et environs et tous les tuberculeux français et belges dans les régions Aigle-Leysin, Montana (Valais-central) et Weissenburg (Oberland bernois B).

Pour la France, les formulaires nécessaires pour les rapports ont été envoyés par le Bureau de renseignements de l'internement à Lyon, où ils seront touchés.

En Allemagne, il sera remis des formulaires de rapports.

Les localités qui, selon les prévisions, doivent être visitées sont, en France : Lyon, Romans, Moulins, Blaye, Le Mans, Tours et Carpentras ; en Allemagne : Constance, Heidelberg et Mannheim.

Les commissions ont à veiller très spécialement à ce que, sans aucune exception, tous les prisonniers de guerre leur soient présentés qui figurent, soit sur les listes qui ont déjà été remises personnellement par moi aux présidents des commissions, soit sur les listes ci-jointes.

J'attire encore tout spécialement l'attention des membres des commissions et des officiers de triage, sur l'obligation d'observer à l'égard des particuliers la plus grande discrétion sur leur activité de service. Il leur est interdit d'entrer en relation avec des particuliers ou de recevoir de ceux-ci des renseignements concernant cette activité.

Le Médecin d'armée :
Colonel HAUSER.

X

Aux Commandants des régions d'internement.

Quartier général, le 8 août 1917.

Je porte à votre connaissance ce qui suit :

1. La convention entre l'*Allemagne et la France* relative au rapatriement a été étendue aussi aux *internés civils,* ceux-ci sont, actuellement, aussi rapatriables d'après les nouvelles conditions, comme les internés militaires, c'est-à-dire à la suite de la simple décision d'une C. V. S.[1] suisse de rapatriement.

2. *L'Angleterre* a aussi accepté les nouvelles conditions de rapatriement ; en conséquence, et dès maintenant, les Anglais, et les Allemands captifs de l'Angleterre obtiennent aussi leur rapatriement en suite de la simple décision d'une C. V. S. suisse de rapatriement.

3. Quant aux *internés civils austro-hongrois* (il n'y a pas en Suisse d'internés français captifs de l'Autriche-Hongrie), seuls peuvent être rapatriés sur simple avis d'une C. V. S. suisse les tuberculeux guéris. L'acquiescement officiel d'étendre les nouvelles conditions de rapatriement à cette catégorie d'internés n'ayant pas encore été donné par la France, les propositions *urgentes* de rapatriement d'internés civils austro-hongrois doivent être faites, jusqu'à nouvel ordre, sur formulaires spéciaux. Toutefois les internés civils austro-hongrois doivent être, en outre, examinés comme les autres au point de vue de leur aptitude au rapatriement d'après les conditions nouvelles. Ceux qui auront été déclarés rapatriables d'après ces conditions nouvelles devront figurer sur des listes spéciales, afin que leur rapatriement puisse éventuellement être exécuté, ensuite, sans retard.

4. *Le rapatriement des tuberculeux guéris* se poursuit et devra dorénavant se faire de la même façon que celui des autres catégories de rapatriables, c'est-à-dire qu'ils devront être aussi présentés à une

---

[1] Commission de visite sanitaire.

commission de rapatriement. Cette convention est valable aussi, dès maintenant, *pour les Anglais, et pour les Allemands captifs de l'Angleterre*.

Veuillez faire le nécessaire pour que soient aussi présentés aux sessions actuelles des C. V. S. de rapatriement, les internés *civils*, y compris les *Austro-Hongrois*, les *Anglais*, les *Allemands captifs de l'Angleterre*, ainsi que les *tuberculeux guéris*. Les listes portant leurs noms devront être établies comme l'ont été, jusqu'ici, celle des internés militaires allemands (prisonniers de la France et de la Belgique), français et belges. Les feuilles d'observation de malades, ainsi que les certificats médicaux éventuels de tous les hommes à examiner devront être présentés aux C. V. S. de rapatriement. A chaque homme à rapatrier devra être remis, sous pli fermé, un *résumé* contenant les annotations des dates principales de l'observation de malade, résumé destiné aux autorités du pays d'origine auxquelles seront remis les rapatriés. Les originaux des feuilles d'observation de malades restent dans les régions.

Pour tous les hommes qui, pour une raison quelconque, désireront la non-exécution ou un sursis de rapatriement, les listes devront être annotées dans ce sens, avec indication précise des motifs. Les requêtes écrites dans ce but devront être annexées aux listes. Les hommes à rapatrier devront être expressément informés que les requêtes de ce genre arrivées plus tard ne pourront plus être prises en considération, et que les rapatriements, une fois *ordonnés*, devront être exécutés sans recours. La non-exécution de l'ordre de rapatriement sera envisagée comme un refus d'obéissance, et punie en conséquence.

Le Médecin d'armée :
Colonel Hauser.

XI

Tableaux des arrivées d'internés en Suisse en 1917.
A. Internés des Puissances Centrales.

Dates des arrivées 1917	ALLEMANDS DE FRANCE			ALLEMANDS D'ANGLETERRE			AUTRI-CHIENS Civils	HON-GROIS Civils	TOTAL de chaque convoi	TOTAL par mois
	Offic.	Ss.-off. et Sold.	Civils	Offic.	Ss.-off. et Sold.	Civils				
8 janvier	—	—	240	—	—	—	82	52	374	fin de l'internement de 1916 } 626
13 »	—	—	125	—	—	—	86	41	252	
14 avril	1	—	—	—	—	—	—	—	1	} avril . 105
20 »	10	90	—	—	—	—	—	—	100	
21 »	—	—	4	—	—	—	—	—	4	
19 mai	1	3	—	—	—	—	—	—	4	mai . . 4
7 juin	2	394	1	—	—	—	—	—	597	
9 »	—	91	—	—	—	—	—	—	91	
16 »	99	—	—	—	—	—	—	—	99	} juin . 1331
20 »	—	305	—	—	—	—	—	—	305	
28 »	—	439	—	—	—	—	—	—	439	
12 juillet	—	130	—	—	—	—	—	—	130	
14 »	15	132	—	—	—	—	—	—	147	} juillet 695
24 »	11	250	—	—	—	—	—	—	261	
27 »	11	146	—	—	—	—	—	—	157	
24 août	16	486	—	—	—	—	—	—	502	août . 502
6 sept.	16	281	—	—	—	—	—	—	297	
22 »	—	—	74	—	—	—	17	12	103	} sept. . 600
26 »	—	200	—	—	—	—	—	—	200	
27 octobre	—	—	251	—	—	—	82	52	385	oct. . . 385
21 nov.	—	—	2	—	—	—	—	—	2	
26 »	—	—	200	82	327	—	144	10	763	} nov. . 1180
27 »	—	—	—	73	342	—	—	—	415	
1 déc.	—	1	—	—	—	—	—	—	1	
12 »	50	448	—	—	—	—	—	—	498	} déc. . 1549
14 »	45	452	—	—	—	—	—	—	497	
25 »	—	—	—	55	498	—	—	—	553	
	277	3848	897	210	1167	—	411	167	6977	6977

B. Internés de l'Entente.

Dates des arrivées 1917	ANGLAIS			BELGES			FRANÇAIS			TOTAL de chaque convoi	TOTAL par mois
	Off.	Ss.-off. et Sold.	Civils	Off.	Ss.-off. et Sold.	Civils	Off.	Ss.-off. et Sold.	Civils		
9 janvier	—	—	—	2	1	—	3	527	—	533	fin de l'internement de 1916 . 1556
14 »	—	—	—	2	12	1	5	469	7	496	
15 »	—	—	—	—	87	1	—	276	108	472	
18 »	9	12	—	1	5	4	3	11	10	55	
13 février	3	—	—	—	—	—	—	—	—	3	février . 3
12 mars	1	—	—	—	—	—	1	—	—	2	mars . . 58
23 »	4	7	10	—	—	—	23	4	8	56	
4 avril	—	—	—	—	—	—	12	91	1	104	avril . . 104
mai	—	—	—	—	—	—	—	—	—	—	mai . . . —
1 juin	—	—	—	—	—	—	1	—	—	1	
7 »	—	—	—	—	10	3	—	332	—	345	
14 »	—	—	—	7	27	—	72	248	1	355	
15 »	—	—	—	—	—	—	—	1	—	1	juin . . . 1198
18 »	—	—	—	4	9	—	109	261	—	383	
23 »	—	—	—	8	1	—	61	40	—	110	
30 »	—	—	—	—	—	—	—	3	—	3	
9 juillet	—	—	—	—	50	—	5	404	—	459	
20 »	—	—	—	1	20	—	26	292	—	339	juillet . . 1752
23 »	—	—	—	—	24	—	—	467	--	491	
30 »	—	—	—	—	32	—	—	431	—	463	
6 août	—	—	—	—	21	—	24	429	45	519	
8 »	—	—	—	5	41	19	33	399	25	522	août . . 1045
18 »	—	—	—	—	—	—	1	2	—	3	
25 »	—	—	—	—	—	—	—	1	—	1	
6 sept.	—	—	—	1	—	145	3	2	198	349	sept. . . 829
22 »	—	—	—	3	35	30	27	321	64	480	
8 oct.	—	—	—	—	—	—	—	1	—	1	oct. . . . 2
16 »	1	—	—	—	—	—	—	—	—	1	
27 nov.	81	331	—	—	1	—	—	7	—	420	nov. . . 420
3 déc.	—	—	—	—	—	—	—	—	1	1	
6 »	—	—	—	—	—	—	—	1	—	1	
10 »	—	—	—	—	—	—	—	2	—	2	
13 »	—	—	—	10	68	—	82	245	1	406	
15 »	—	—	—	8	139	—	72	393	1	613	
18 »	—	—	—	1	—	—	—	—	—	1	déc. . . . 2231
21 »	—	—	—	—	19	11	1	35	--	66	
27 »	84	514	40	—	—	—	—	—	—	638	
28 »	—	1	—	—	18	13	—	254	—	286	
30 »	—	—	—	3	—	1	13	—	—	17	
31 »	—	1	—	—	—	—	—	199	—	200	
	183	866	50	56	620	228	577	6148	470	9198	9198

XII

Ordres concernant la nouvelle organisation des régions d'internement.

Quartier général, le 25 juin 1917.

La nouvelle répartition des régions entre en vigueur le 1er juillet 1917, comme suit :

1. *Région Genève-ville et canton de Genève.*

2. *Région Duillier :* frontière cantonale Genève-Vaud, rive du lac Léman jusqu'à l'embouchure de la Venoge, Venoge jusqu'à l'Isle, frontière suisse à l'exclusion de la crête du Jura. — Exclus aussi : Signal de Bougy (appartient à la région anglaise).

3. *Région Lausanne :* canton de Vaud à partir de l'embouchure de la Venoge, rive du lac Léman jusqu'à Vevey exclusivement, ligne de chemin de fer Vevey-Chexbres jusqu'à la frontière cantonale. Frontières Vaud-Fribourg et Neuchâtel jusqu'à l'embouchure de la Thièle (Yverdon excl.). Cours de la Thièle, du Talent, de la Venoge.

4. *Région Montreux :* Vevey (incl.), lac Léman jusqu'à Villeneuve inclusivement, cours de la Tinière, frontière cantonale Fribourg-Vaud, à l'exclusion de Château-d'Œx et environs.

5. *Région Aigle-Leysin :* mêmes limites que jusqu'ici.

6. *Région Valais :* Bas-Valais, Valais central et Bex-Villars.

7. *Région Fribourg :* ville et canton de Fribourg, y compris A.S.A., Fribourg.

8. *Région Jura-Ouest :* canton de Neuchâtel, partie du canton limitée par les régions Lausanne et Duillier, canton de Soleure, Jura bernois limité par le canal de la Thièle et le lac de Bienne. Frontière entre les arrondissements territoriaux I et II, à l'exclusion de l'Ajoie.

9. *Région Berne :* ville et canton de Berne, y compris Witzwil, mais à l'exclusion d'Oberland bernois A et B et du Jura bernois.

10. *Région Oberland bernois A :* limitée par une ligne droite nord-sud passant par le Beatenberg (incl.), les frontières cantonales de

Berne avec Valais, Uri, Unterwald, une ligne droite est-ouest passant par Thoune (Thoune excl.) ; Lungern incl. ; Murren excl.

11. *Région Oberland bernois B :* Limitée par une ligne droite nord-sud passant par le Beatenberg (excl.), une ligne droite est-ouest passant par Thoune (incl.), les frontières de Berne avec Fribourg, Vaud, Valais (Haut-Valais incl.).

12. *Région anglaise :* Château-d'Œx, Murren, Signal de Bougy.

13. *Région Suisse centrale, Puissances centrales :* cantons d'Uri, Schwyz, Unterwald, Lucerne, Zoug, à l'exclusion d'Engelberg, des localités occupées par des internés de l'Entente, de la ville de Lucerne et environs et de l'A. S. A. Lucerne.

14. *Région Suisse centrale, Entente :* Engelberg et localités occupées par des internés de l'Entente, à l'exclusion de Lungern, des environs de Lucerne, de la ville de Lucerne et de l'A. S. A. de Lucerne.

15. *Région Lucerne :* ville de Lucerne et environs, inclusivement A. S. A. Lucerne.

16. *Région Bâle :* cantons de Bâle-Ville, Bâle-Campagne et Argovie.

17. *Région Zurich :* cantons de Zurich, Schaffhouse, Glaris, plus Wesen.

18. *Région Saint-Gall :* cantons de Saint-Gall, Appenzell, Thurgovie; exclus : Wesen, inclus : Kalchrain.

19. *Région Coire :* comme antérieurement, plus Ragaz.

20. *Région Davos :* comme antérieurement.

Tout interné, déplacé du territoire d'une région dans le territoire d'une autre région, est *ipso facto* transféré, administrativement aussi, dans la nouvelle région ; il est porté, d'une façon permanente, en diminution dans sa région antérieure et en augmentation dans la nouvelle région.

Tous les transferts d'une région à une autre passent par mon bureau.

Il est fait exception à cette règle du transfert d'une région à une autre, pour les internés de la catégorie de travail III qui, en vertu de l'ordre 653 B du 2 juin 1917, I,3, sont éventuellement détachés provisoirement aux travaux agricoles dans une autre région. Ceux-ci restent attachés administrativement à leur région antérieure ; cependant, au point de vue disciplinaire, ils peuvent, pour le temps pendant lequel ils sont détachés, être soumis éventuellement à un commandant de place d'internement d'une autre région résidant dans le voisinage.

Au cas du transfert d'un interné dans une localité dont l'appartenance à une région ne ressort pas clairement de la délimitation ci-dessus indiquée, le fait doit m'être annoncé, et je décide moi-même de la région à laquelle cette localité doit être attribuée.

En cas de déplacement dans une localité n'appartenant à aucune région d'internement, par exemple le Tessin, l'Ajoie, etc., l'interné intéressé continue à appartenir administrativement à son ancienne région, et il est considéré comme *détaché*. De semblables transferts ne peuvent avoir lieu qu'avec mon autorisation spéciale.

A la tête de chaque région est placé le *Commandant de région*, sous les ordres duquel sont placés, outre les internés militaires de tous grades et les internés civils, tous les militaires et civils suisses se trouvant, dans la région intéressée, au service de l'internement.

Dans les régions, le service sanitaire est assuré par des officiers sanitaires ou des médecins des services complémentaires levés dans ce but, ou bien par des médecins engagés à titre civil comme « médecins traitants ». La surveillance du service sanitaire de la région est confiée à un officier sanitaire levé militairement, lorsque le commandant de la région n'est pas lui-même un officier sanitaire ; s'il l'est, il exerce lui-même cette surveillance. L'officier sanitaire chargé de la surveillance technique du service sanitaire de la région porte le titre d'*officier sanitaire dirigeant;* il est responsable, envers moi, de la marche du service sanitaire de la région. C'est à lui que sont soumis, *techniquement*, tous les officiers sanitaires désignés militairement, tous les médecins traitants, ainsi que le reste du personnel sanitaire éventuel.

Comme *commandants de place d'internement* sont utilisés des officiers sanitaires levés militairement. Là où il n'y a pas à disposition d'officiers sanitaires aptes à cette fonction, des officiers d'autres armes doivent être désignés pour ce service.

Appels au service. Les levées de militaires et les engagements de personnel civil sont faits par moi, sur la proposition des commandants de régions. Dans le cas où il s'agit de personnel sanitaire (officiers sanitaires, médecins traitants, autre personnel sanitaire), cette

20

proposition est faite après accord avec l'officier sanitaire dirigeant, lorsque le commandant de région n'est pas lui-même officier sanitaire. Lorsqu'il s'agit de personnel administratif, militaire et civil, les propositions sont soumises au préavis du Quartier-maître central.

Cet ordre entre en vigueur le 1er juillet 1917. L'organisation des régions doit être faite pendant le mois de juillet et être achevée le 31 juillet. J'édicterai les ordonnances d'exécution nécessaires.

Le Médecin d'armée :
Colonel HAUSER.

Quartier général, le 4 juillet 1917.

Des considérations relatives aux limites des cantons et des arrondissements territoriaux m'engagent à prendre les décisions suivantes au sujet de la distribution géographique des nouvelles régions :

1. La région *Coire* persiste telle qu'elle était antérieurement.

2. La région *Saint-Gall*, outre les cantons de Thurgovie et d'Appenzell, comprend le canton de Saint-Gall entier, y compris Wesen et Ragaz.

3. La région *Zurich* comprend les cantons de Zurich, Schaffhouse et Glaris ; Wesen est exclus.

Comme il a été décidé à la conférence d'Olten du 2 juillet 1917, la région *Duillier* prend le nom de région *La Côte*, et la région *Jura-Ouest* le nom de *Jura*.

Le Médecin d'armée :
Colonel HAUSER.

XIII

Liste des localités occupées par les internés en date du 20 décembre 1917.

A. — Localités occupées par les internés français, belges et anglais.

Région Montreux.

Commandant et officier sanitaire dirigeant : *Major Mercanton*, Montreux.

Localités	Français			Belges			Anglais	
	Officiers	Sous-offic. et soldats	Civils	Officiers	Sous-offic. et soldats	Civils	Officiers	Sous-offic. et soldats
Dans les établissements :								
Montreux	12	138	6	1	17	4	—	—
Territet	4	13	—	—	—	—	9	2
Clarens	10	30	1	11	81	20	—	—
Saint-Légier . . .	—	80	1	—	21	6	—	—
Chexbres	1	50	4	—	—	1	—	—
Glion	4	28	3	4	35	12	—	—
La Tour	3	15	—	1	16	8	13	—
Villeneuve	—	77	6	—	12	2	—	—
Bouveret	—	—	—	—	—	—	—	—
Vevey	5	163	15	—	—	—	5	47
Chernex	2	27	—	—	—	—	—	—
Caux	—	23	—	—	—	—	—	—
Les Avants . . .	—	7	2	—	—	—	—	—
Blonay	—	66	1	—	—	—	—	—
Corseaux	3	52	7	—	—	—	—	—
Chailly	—	27	—	—	—	—	—	—
Veytaux	1	35	3	—	—	—	10	—
Baugy	—	31	12	—	—	—	—	—
Cornaux	—	12	1	—	—	—	—	—
En domicile particulier .	54	262	22	6	31	6	2	2
Classe IV	—	77	7	—	19	3	—	6
Civils payants . . .	—	—	2	—	—	—	—	—
Total . . .	99	1213	93	23	232	62	39	57

Français . .	1405	
Belges . . .	317	1818
Anglais . . .	96	

Région Genève.

Commandant : *Major Coutau.* Officier sanitaire dirigeant,
Capitaine Maillard, Genève.

Localités	Français			Belges			Anglais	
	Officiers	Sous-offic. et soldats	Civils	Officiers	Sous-offic. et soldats	Civils	Officiers	Sous-offic. et soldats
Dans les établissements :								
Genève	—	70	1	8	11	8	—	4
Veyrier	—	—	—	—	28	14	—	—
Champel	1	39	7	1	—	—	—	—
Troinex	—	7	3	—	—	2	—	—
Grand-Lancy	—	48	8	—	—	—	—	1
Pregny	—	64	9	—	—	—	—	—
En domicile particulier .	58	172	14	—	—	—	1	2
Classe IV	—	731	109	—	54	28	—	5
Civils payants . . .	—	—	38	—	—	6	—	—
Total . . .	59	1131	189	9	93	58	1	12

Français . . 1379 ⎞
Belges . . . 160 ⎬ 1552
Anglais . . . 13 ⎠

Région La Côte.

Commandant et Officier sanitaire dirigeant : *Major Vernet*, Duillier.

Localités	Français			Belges			Anglais	
	Officiers	Sous-offic. et soldats	Civils	Officiers	Sous-offic. et soldats	Civils	Officiers	Sous-offic. et soldats
Duillier	—	106	17	—	2	6	—	—
Saint–Cergue	6	64	9	—	2	1	—	—
Gimel	—	82	4	—	—	—	—	—
Aubonne	—	3	—	—	—	—	—	—
Nyon	—	2	1	—	—	—	—	—
En domicile particulier .	2	25	—	—	—	—	—	—
Classe IV	—	128	14	—	6	9	—	7
Civils payants . . .	—	—	—	—	—	—	—	—
Total . . .	8	410	45	—	10	16	—	7

Français . . 463 ⎞
Belges . . . 26 ⎬ 496
Anglais . . . 7 ⎠

Région Lausanne.

Commandant et Officier sanitaire dirigeant : *Major Exchaquet*, Lausanne.

Localités	Français			Belges			Anglais	
	Officiers	Sous-offic. et soldats	Civils	Officiers	Sous-offic. et soldats	Civils	Officiers	Sous-offic. et soldats
Dans les établissements :								
Lausanne	1	279	29	1	92	19	—	16
Saint-Loup. . . .	—	17	—	—	1	1	—	—
Céry	—	2	—	—	1	—	—	1
Daillens	—	14	4	—	4	1	—	—
Cossonay	—	3	1	—	—	—	—	—
Avenches	—	3	—	—	1	—	—	—
Oron	—	—	—	—	9	—	—	—
En domicile particulier :	62	202	17	15	39	7	2	9
Classe IV	—	181	21	—	28	5	—	20
Civils payants . .	—	—	15	—	—	—	—	—
Total . . .	63	701	87	16	175	33	2	46

Français . .	851	⎫
Belges . . .	224	⎬ 1123
Anglais . . .	48	⎭

Région Aigle-Leysin.

Commandant et Officier sanitaire dirigeant : *Major de Reynier*, Leysin

Localités	Français			Belges			Anglais	
	Officiers	Sous-offic. et soldats	Civils	Officiers	Sous-offic. et soldats	Civils	Officiers	Sous-offic. et soldats
Dans les établissements :								
Leysin	21	472	37	2	52	29	4	89
Diablerets	2	115	7	—	17	5	—	—
Aigle	—	87	17	—	—	—	—	—
En domicile particulier .	5	98	9	—	—	—	—	—
Classe IV	—	8	—	—	—	—	—	—
Civils payants . .	—	—	1	—	—	1	—	—
Total . . .	28	780	71	2	69	35	4	89

Français . . .	879	⎫
Belges . . .	106	⎬ 1078
Anglais . . .	93	⎭

Région Valais-Bex.

Commandant et Officier sanitaire dirigeant : *Lt.-Col. de Cocatrix*, St-Maurice.

Localités	Français			Belges			Anglais	
	Officiers	Sous-offic. et soldats	Civils	Officiers	Sous-offic. et soldats	Civils	Officiers	Sous-offic. et soldats
Dans les établissements :								
Salvan	3	217	10	—	—	—	—	—
Morgins	2	46	13	3	63	16	—	—
Trois-Torrents . . .	—	28	—	—	—	—	—	—
Sion	—	46	3	—	—	—	—	—
Loëche-les-Bains . . .	—	116	2	—	2	—	—	—
Champéry	3	123	2	—	—	—	—	—
Martigny	6	52	3	—	—	—	—	—
Bagnes	—	38	2	—	—	—	—	—
Vernayaz	—	51	3	—	—	—	—	—
Monthey	—	13	1	—	2	1	—	—
Saint-Maurice	—	1	5	—	—	4	—	—
Sierre	4	53	12	4	40	6	—	—
Montana	1	359	21	—	44	7	—	—
Viège	1	52	7	—	—	—	—	—
Bex	4	153	21	—	—	—	—	—
Villars	4	149	14	2	17	10	1	—
En domicile particulier .	22	228	15	2	10	5	—	—
Classe IV	—	58	11	—	11	4	—	—
Civils payants . . .	—	—	3	—	—	1	—	—
Total . . .	50	1783	148	11	189	54	1	

Français . . 1981
Belges . . . 254 } 2236
Anglais . . . 1

Région Fribourg.

Commandant et Officier sanitaire dirigeant : *Major Allemann*, Bulle.

Localités	Français			Belges			Anglais	
	Officiers	Sous-offic. et soldats	Civils	Officiers	Sous-offic. et soldats	Civils	Officiers	Sous-offic. et soldats
Dans les établissements :								
Bulle	—	6	—	—	6	9	—	—
Gruyères	—	36	12	—	—	—	—	—
A reporter.	—	42	12	—	6	9	—	—

Localités	Français			Belges			Anglais	
	Officiers	Sous-offic. et soldats	Civils	Officiers	Sous-offic. et soldats	Civils	Officiers	Sous-offic. et soldats
Report.	—	42	12	—	6	9	—	—
Charmey	1	32	7	—	—	—	—	—
Grandvillard . . .	—	29	2	—	—	—	—	—
Montbovon . . .	—	22	6	—	1	—	—	—
Châtel St-Denis . . .	—	52	5	—	—	—	—	1
La Tour de Trême . .	—	22	1	—	2	2	—	—
Riaz	—	2	—	—	—	—	—	—
Fribourg	2	115	20	3	47	25	—	2
Neirivue	—	—	—	—	13	2	—	—
En domicile particulier .	16	63	6	2	17	—	—	—
Classe IV	—	36	6	—	6	—	—	—
Civils payants . .	—	—	5	—	—	1	—	—
Total . . .	19	415	70	5	92	39	—	3

Français	504	
Belges	136	643
Anglais	3	

A. S. A. Fribourg.

Officier sanitaire dirigeant : *Capitaine Clément*, Fribourg.

Localités	Français			Belges			Anglais	
	Officiers	Sous-offic. et soldats	Civils	Officiers	Sous-offic. et soldats	Civils	Officiers	Sous-offic. et soldats
Hôpital pour internés alliés, Fribourg .	3	88	6	2	12	5	—	19
Total . . .	3	88	6	2	12	5	—	19

Français	97	
Belges	19	135
Anglais	19	

Région Jura.

Commandant : *Major Gros*. Officier sanitaire dirigeant : *Capitaine Beau*, Neuchâtel.

Localités	Français			Belges			Anglais	
	Officiers	Sous-offic. et soldats	Civils	Officiers	Sous-offic. et soldats	Civils	Officiers	Sous-offic. et soldats
Dans les établissements :								
Chanet	1	96	2	—	—	—	—	—
Neuchâtel	23	304	44	3	47	17	—	9
Boudry	—	46	3	—	1	—	—	—
Cortaillod	—	36	3	—	—	—	—	—
Macolin	—	43	3	—	—	—	—	—
Mont-Soleil	—	—	24	—	—	7	—	—
Saint-Imier	—	—	4	—	—	—	—	—
Le Locle	—	1	—	—	—	—	—	—
Les Ponts-de-Martel .	—	2	—	—	—	—	—	—
Bienne	—	5	—	—	—	—	—	—
Moutier	—	3	—	—	1	2	—	—
Chamblon	—	18	2	—	—	—	—	—
Ballaigues	—	83	5	—	—	—	—	—
Le Pont	—	75	6	—	—	—	—	—
Le Sentier	—	15	13	—	—	—	—	—
Yverdon	7	179	11	1	33	13	—	2
Couvet	—	—	—	—	—	1	—	—
Fleurier	—	—	—	—	1	—	—	—
Classe IV	—	235	46	—	49	22	—	3
Civils payants . . .	—	—	7	—	—	1	—	—
Total . . .	31	1141	173	4	132	63	—	14

Français . . . 1345 ⎫
Belges . . . . 199 ⎬ 1558
Anglais . . . . 14 ⎭

Région Berne.

Commandant et Officier sanitaire dirigeant : *Major von Herrenschwand*, Berne.

Localités	Français			Belges			Anglais	
	Officiers	Sous-offic. et soldats	Civils	Officiers	Sous-offic. et soldats	Civils	Officiers	Sous-offic. et soldats
Berne	6	291	29	1	37	2	4	30
Classe IV	—	20	6	—	6	1	—	3
Civils payants . . .	—	—	6	—	—	—	—	—
Total . .	6	311	41	1	43	3	4	33

Français . . . 358 ⎫
Belges . . . . 47 ⎬ 442
Anglais . . . . 37 ⎭

Région Oberland Bernois A.

Commandant et Officier sanitaire dirigeant : *Major Stucki*, Meiringen.

Localités	Français			Belges			Anglais	
	Officiers	Sous-offic. et soldats	Civils	Officiers	Sous-offic. et soldats	Civils	Officiers	Sous-offic. et soldats
Dans les établissements ;								
Interlaken	75	232	47	—	—	—	—	—
Grindelwald . . .	12	145	41	—	—	—	—	—
Meiringen	11	110	11	5	37	8	—	—
Ringgenberg . . .	—	27	3	—	—	—	—	—
Lauterbrunnen . . .	—	86	1	—	—	—	—	—
Wengen	9	116	—	—	—	—	—	—
Brienz	5	40	5	—	—	—	—	—
Beatenberg . . .	8	95	3	—	—	—	—	—
Wilderswil . . .	—	75	6	—	—	—	—	—
Lungern	—	24	1	—	—	—	—	—
Leissigen	—	12	1	—	—	—	—	—
Oberried	—	7	1	—	—	—	—	—
Bœnigen	—	55	1	—	—	—	—	—
Goldswil	—	28	3	—	—	—	—	—
Unterseen	—	—	—	2	137	9	—	—
En domicile particulier .	23	189	23	1	11	2	—	—
Civils payants . . .	—	—	2	—	—	—	—	—
Classe IV	—	3	—	—	1	—	—	—
Total . . .	143	1244	149	8	186	19	—	—

Français . . . 1536 ⎫
Belges . . . . 213 ⎬ 1749

Région Oberland Bernois B.

Commandant et Officier sanitaire dirigeant : *Major Willener*, Erlenbach.

Localités	Français			Belges			Anglais	
	Officiers	Sous-offic. et soldats	Civils	Officiers	Sous-offic. et soldats	Civils	Officiers	Sous-offic. et soldats
Dans les établissements :								
Adelboden	—	36	6	—	—	1	—	—
Brigue	—	—	45	—	—	13	—	—
Erlenbach	—	6	1	—	—	—	—	—
Faulensee	—	17	—	—	—	—	—	—
Fiesch	—	25	—	—	—	—	—	—
Frütigen	—	33	4	—	—	—	—	—
Gstaad	4	33	2	—	—	—	—	—
Gunten	—	32	1	—	—	—	—	30
Hilterfingen	—	104	3	—	—	—	—	—
Kandersteg	—	54	6	—	5	—	—	—
Kienthal	—	19	8	—	1	2	—	—
Krattigen	—	24	1	—	—	—	—	—
Merligen	—	18	2	—	—	—	—	—
Naters	—	—	23	—	—	—	—	—
Oberhofen	3	97	3	—	—	—	—	—
Ried	—	3	—	—	11	1	—	—
Saanen	—	28	12	—	—	—	—	—
Spiez	1	77	24	—	—	—	—	—
Steffisburg	—	17	2	—	—	—	—	—
Thoune	—	134	7	—	16	2	—	—
Wimmis	—	3	—	—	—	—	—	—
Zweisimmen . . .	1	81	18	—	4	3	—	—
Weissenburg	1	119	10	—	8	—	—	—
Diemtigen	—	29	8	—	—	—	—	—
Goldiwil	—	16	9	—	8	1	—	—
Heiligenschwendi . .	—	1	—	—	—	—	—	—
En domicile particulier .	19	169	31	1	14	2	—	—
Civils payants . . .	—	—	8	—	—	—	—	—
Aeschi	—	—	—	2	115	27	—	—
Classe IV	—	41	25	—	12	4	—	1
Total . . .	29	1216	259	3	194	56	—	31

Français . . . . 1504 ⎞
Belges . . . . 253 ⎬ 1788
Anglais . . . . 31 ⎠

Région anglaise : Château-d'Œx.

Commandant : *Capitaine Llopart*, Murren. Officier sanitaire dirigeant :
Capitaine Humbert, Château-d'Œx.

Localités	Anglais			Français		
	Officiers	Sous-offic. et soldats	Civils	Officiers	Sous-offic. et soldats	Civils
Dans les établissements :						
Château-d'Œx . . .	24	418	—	—	—	—
La Tine	—	13	—	—	—	—
En domicile particulier .	—	—	—	—	—	1
Civils payants . . .	—	—	—	—	—	1
Classe IV	—	—	—	—	2	1
Total . . .	24	431	—	—	2	3

Anglais . . . . 455 ⎱
Français . . . . 5 ⎰ **460**

Région anglaise : Murren.

Commandant et Officier sanitaire dirigeant : *Capitaine Llopart*, Murren.

Localités	Anglais		
	Officiers	Sous-offic. et Soldats	Civils
Dans les établissements :			
Murren	13	138	—
Interlaken	11	183	—
Wilderswil	—	5	—
Seeburg	—	43	—
Grindelwald . . .	—	3	—
En congé	1	1	—
Meiringen	—	39	—
Lucerne	—	3	—
Classe IV	—	2	—
En domicile particulier .	—	3	—
Total . . .	25	420	—

Anglais **445**

Région Suisse centrale A. (Entente).

Commandant et Officier sanitaire dirigeant :
Lt.-Col. von Deschwanden, Lucerne.

Localités	Français			Belges		
	Officiers	Sous-offic. et soldats	Civils	Officiers	Sous-offic. et soldats	Civils
Dans les établissements :						
Lucerne	—	4	1	—	1	1
En domicile particulier .	2	19	2	—	1	—
Civils payants . . .	—	—	2	—	—	—
Classe IV	—	37	5	—	7	1
Total . . .	2	60	10	—	9	2

Français . . . . 72 ⎫ 83
Belges . . . . . 11 ⎬

Région Zurich.

Commandant : *Capitaine Thomann.* Officier sanitaire dirigeant :
Lt.-Col. Hämig, Zurich.

Localités	Français			Belges			Anglais	
	Officiers	Sous-offic. et soldats	Civils	Officiers	Sous-offic. et soldats	Civils	Officiers	Sous-offic. et soldats
Zurich	—	10	11	—	4	—	—	—
En domicile particulier .	2	8	3	—	—	—	—	—
Civils payants . . .	—	—	9	—	—	—	—	—
Classe IV	—	31	7	—	4	—	—	2
Total . . .	2	49	30	—	8	—	—	2

Français . . . . 81 ⎫
Belges . . . . . 8 ⎬ 91
Anglais . . . . 2 ⎭

Région Bâle.

Commandant et Officier sanitaire dirigeant : *Major Hägler*, Bâle.

Localités	Français			Belges			Anglais	
	Officiers	Sous-offic. et soldats	Civils	Officiers	Sous-offic. et soldats	Civils	Officiers	Sous-offic. et soldats
Dans les établissements :								
Bâle	—	3	2	—	1	—	—	2
En domicile particulier .	—	—	4	—	—	—	—	—
Civils payants . . .	—	—	4	—	—	—	—	—
Classe IV	—	26	4	—	3	—	—	—
Total . . .	—	29	14	—	4	—	—	2

Français . . . . 43 ⎫
Belges . . . . . 4 ⎬ 49
Anglais . . . . 2 ⎭

Région Saint-Gall.

Commandant et Officier sanitaire dirigeant : *Lt.-Col. Steinlin*, Saint-Gall.

Localités	Français			Belges			Anglais	
	Officiers	Sous-offic. et soldats	Civils	Officiers	Sous-offic. et soldats	Civils	Officiers	Sous-offic. et soldats
Saint-Gall	—	—	1	—	—	—	—	—
Classe IV	—	3	2	—	2	—	—	—
Total . . .	—	3	3	—	2	—	—	—

Français . . . . 6 ⎫
Belges . . . . . 2 ⎬ 8

Condamnés par les tribunaux militaires.

	Français		Belges		Anglais	
	Sous-offic. et soldats	Civils	Sous-offic. et soldats	Civils	Sous-offic. et soldats	Civils
	7	4	5	1	4	—
Total	7	4	5	1	4	—

Français . . . . 11 ⎫
Belges . . . . . 6 ⎬ 21
Anglais . . . . 4 ⎭

— 3ı8 —

B. — *Localités occupées par les internés allemands et austro-hongrois.*

Région Suisse centrale.

Commandant et Officier sanitaire dirigeant : *Lt.-Col. von Deschwanden,*
Lucerne.

| Localités | Allemands | | | Autrichiens | Hongrois |
	Officiers	Sous-offic. et soldats	Civils	Civils	Civils
Dans les établissements :					
Alpnachdorf	—	11	—	—	—
Alpnachstad	—	40	—	—	—
Brunnen	5	181	—	—	—
Beckenried	5	81	4	—	—
Buochs	—	63	—	—	—
Entlebuch	—	29	—	—	—
Fluelen	—	141	1	—	—
Gersau	2	123	—	—	—
Hergiswil	—	67	1	—	—
Kerns	—	56	1	—	—
Kussnacht	—	40	—	—	—
Lucerne	5	335	15	7	2
Meggen	—	62	—	—	—
Morschach	—	148	—	—	—
Sachseln	—	17	1	—	—
Sisikon	2	61	—	—	—
Stans	—	40	3	—	—
Stansstad	—	56	—	—	—
Vitznau	3	75	—	—	—
Weggis	15	165	—	—	—
Wolfenschiessen	—	32	29	—	—
Hertenstein	—	17	—	—	—
En domicile particulier	48	237	20	4	1
St. Niklausen	—	—	—	14	12
Classe IV	—	122	—	—	—
Internés civils en domicile particulier	—	—	24	16	—
Fenaisons	—	14	—	—	—
Tourbe, Travaux	—	54	—	—	—
En congé	—	1	4	—	—
A reporter	85	2268	103	41	15

Localités	Allemands Officiers	Sous-offic. et soldats	Civils	Autrichiens Civils	Hongrois Civils
Report.	85	2268	103	41	15
Bureau de l'internement Lucerne	—	12	1	—	—
Prisons et hôpitaux	4	86	7	3	—
Total	89	2366	111	44	15

Allemands . . . 2566 ⎫
Autrichiens . . . 44 ⎬ 2625
Hongrois . . . 15 ⎭

Région Bâle

Commandant et Officier sanitaire dirigeant: *Major Hägler*, Bâle.

Localités	Allemands Officiers	Sous-offic. et soldats	Civils	Autrichiens Officiers	Civils	Hongrois Officiers	Civils
Dans les établissements :							
Bâle	—	77	2	1	25	1	18
Bad-Schinznach . . .	1	65	49	—	—	—	—
En domicile particulier .	12	28	2	—	1	—	1
Détachés :							
Bürgerspital	—	9	1	—	—	—	—
Rechtsauskunftstelle à Bâle	1	1	—	—	—	—	—
Consulat	1	27	2	—	—	—	—
Deutscher Hilfsbund .	—	3	—	—	—	—	—
Civils payants . . .	—	—	21	—	2	—	—
Classe IV	—	97	—	—	—	—	—
Kantonsspital à Aarau .	—	5	7	—	2	—	—
En congé	—	—	1	—	1	—	—
Heil- und Pflegeanstalt à Königsfelden . .	—	—	—	—	1	—	—
Total . . .	15	312	85	1	32	1	19

Allemands . . . 412 ⎫
Autrichiens . . . 33 ⎬ 465
Hongrois . . . 20 ⎭

Région Zurich.

Commandant : *Capitaine Thomann.* Officier sanitaire dirigeant : *Lt.-Col. Hägler.*

Localités	Allemands			Autrichiens	Hongrois
	Officiers	Sous-offic. et soldats	Civils	Civils	Civils
Zurich	76	318	112	34	30
Pfäffikon	—	6	—	—	—
Wädenswil	—	2	2	—	—
Esslingen	—	—	1	—	—
Männedorf	—	3	1	—	—
Winterthur	—	2	3	—	—
Meilen	—	1	1	—	—
Stäfa	—	1	—	—	—
Sellenbüren	—	1	1	—	—
Dielsdorf	—	13	—	—	—
Kollbrunn	—	4		—	—
Erlenbach	—	1	—	—	—
Oerlikon	—	—	1	—	—
Wallisellen	—	—	5	—	—
Schlieren	—	—	1	—	—
Dietikon	—	—	1	—	—
Bülach	—	—	2	—	—
Uster	—	—	1	—	—
Horgen	—	—	1	—	—
Wetzikon	—	—	1	—	—
Fällanden	—	—	1	—	—
Schaffhausen	—	3	9	—	—
Neuhausen	—	—	1	—	—
Linthal	15	47	1	—	—
Schwanden	1	26	5	1	—
Mitlödi	—	31	—	—	—
Glarus	—	3	—	—	—
Näfels	—	1	—	—	—
Burghölzli	—	—	—	1	—
Classe IV	—	385	—	—	—
Total	92	818	151	36	30

Allemands	1091	
Autrichiens	36	1157
Hongrois	30	

Région Saint-Gall.

Commandant et Officier sanitaire dirigeant : *Lt.-Col. Steinlin*, Saint-Gall.

Localités	Officiers	Allemands		Autrichiens	Hongrois
	Officiers	Sous-offic. et soldats	Civils	Civils	Civils
Dans les établissements :					
Saint-Gall	6	96	7	3	—
Oberwaid	36	78	—	—	—
Heiligkreuz	—	20	2	—	—
Neu–St-Johann . . .	—	35	—	—	—
Nesslau	11	—	—	—	—
Germen	—	22	—	—	—
Krummenau . . .	—	21	—	—	—
Bühl	—	23	—	—	—
Ebnat-Kappel . . .	—	69	—	—	—
Lichtensteig . . .	—	45	—	—	—
Rorschach	5	78	2	—	—
Wattwil	—	—	22	10	4
Ragaz	32	281	20	—	2
Weesen	6	58	10	4	—
Teufen	—	43	1	—	—
Trogen	1	54	—	—	—
Speicher	—	27	—	—	—
Herisau	5	51	—	—	—
Waldstatt	—	66	—	—	—
Heiden	40	195	19	7	4
Walzenhausen . . .	8	108	18	5	2
Oberegg	1	75	—	—	—
Gonten	—	—	13	8	9
Ermatingen	1	138	1	—	—
Glarisegg	—	18	—	—	—
Kreuzlingen . . .	—	4	—	—	—
Kalchrain	—	7	1	—	—
En domicile particulier .	32	123	31	3	3
Détachés. . . .	—	240	27	3	4
Total	184	1975	174	43	28

Allemands . . . 2333 ⎫
Autrichiens . . . 43 ⎬ 2404
Hongrois . . . 28 ⎭

21

Région Coire.

Commandant et Officier sanitaire dirigeant : *Capitaine Schmidt*, Coire.

Localités	Officiers	Allemands Sous-offic. et soldats	Allemands Civils	Autrichiens Civils	Hongrois Civils
Dans les établissements :					
Coire	35	170	8	1	—
Churwalden . . .	2	184	52	—	—
Disentis	—	119	69	2	2
Sedrun	—	41	—	—	—
Rabius	—	33	—	—	—
Thusis	29	123	—	—	—
Curaglia	—	87	—	—	—
Lenzerheide	9	139	59	56	36
En domicile particulier .	14	52	13	2	—
Détachés.	1	24	24	1	2
Classe IV	—	21	—	—	—
Total . . .	90	993	225	62	40

Allemands . . . 1308 ⎫
Autrichiens . . . 62 ⎬ **1410**
Hongrois . . . 40 ⎭

Région Davos.

Commandant et Officier sanitaire dirigeant : *Lt.-Col. Nienhaus*, Davos.

Localités	Officiers	Allemands Sous-offic. et soldats	Allemands Civils	Autrichiens Civils	Hongrois Civils
Dans les établissements :					
Davos	75	1075	76	23	15
Laret	—	28	10	—	—
Klosters	14	121	23	40	20
Klosters-Dörfli . . .	—	49	—	11	5
Mezzaselva	—	28	8	—	—
Glaris	—	35	22	—	—
Bergün	—	66	20	—	—
Savognin	—	40	11	—	1
A reporter.	89	1442	170	74	41

Localités	Officiers	Sous-offic. et soldats	Civils	Civils	Civils
		Allemands		**Autrichiens**	**Hongrois**
Report.	89	1442	170	74	41
Arosa	14	93	4	8	10
Litzi-Rüti	—	19	—	—	—
Détachés aux travaux agricoles	—	2	—	—	—
Classe IV	—	11	—	—	—
Total . . .	103	1567	174	82	51

Allemands . . . 1844
Autrichiens . . . 82 } 1977
Hongrois . . . 51

Région Berne.

Commandant et Officier sanitaire dirigeant : *Major von Herrenschwand*, Berne.

Localités	Officiers	Sous-offic. et soldats	Civils	Civils	Civils
		Allemands		**Autrichiens**	**Hongrois**
Berne :					
Légation d'Allemagne .	31	356	9	2	1
Légation de Bavière . .	—	1	—	—	—
Hilfsverein	—	1	—	—	—
Etudiants	3	43	1	—	5
En domicile particulier .	2	3	4	7	3
Gemeindespital . . .	1	1	1	—	—
Salemspital	—	1	—	—	—
Police d'armée. . . .	—	4	1	—	—
Langnau :					
Krankenhaus	—	17	—	—	—
En domicile particulier .	—	4	—	—	—
Classe IV	—	38	8	2	1
Tourbe	—	1	—	—	—
Langenthal :					
Spezialklasse	—	10	—	—	—
Total . . .	37	480	24	11	10

Allemands . . . 541
Autrichiens . . . 11 } 562
Hongrois . . . 10

Région Lausanne.

Commandant et Officier sanitaire dirigeant : *Major Exchaquet,* Lausanne.

Localité	Allemands			Hongrois
	Officiers	Sous-offic. et soldats	Civils	Civils
En domicile particulier .	1	4	4	5
Total	1	4	4	5

Allemands .	9 ⎰ 14
Hongrois . .	5 ⎱

Région Genève.

Commandant : *Major Coutau.*
Officier sanitaire dirigeant : *Capitaine Maillard*, Genève.

Localités	Allemands			Hongrois
	Officiers	Sous-offic. et soldats	Civils	Civils
Consulat	1	10	—	—
Classe IV	—	3	3	—
Civils payants . . .	—	—	1	—
En domicile particulier .	—	—	—	2
Total	1	13	4	2

Allemands .	18 ⎰ 20
Hongrois . .	2 ⎱

Région Oberland bernois. B.

Commandant et Officier sanitaire dirigeant : *Major Willener*, Erlenbach.

Localités	Allemands			Autrichiens
	Officiers	Sous-offic. et soldats	Civils	Civils
Thoune	—	1	—	1
Spiez	—	—	—	1
Total	—	1	—	2

Allemands .	1 ⎰ 3
Autrichiens . .	2 ⎱

Région Jura.

Commandant: *Major Gros.*
Officier sanitaire dirigeant: *Capitaine Beau*, Neuchâtel.

	Allemands			Autrichiens
Localités	Officiers	Sous-offic. et soldats	Civils	Civils
En domicile particulier .	—	—	1	1
Classe IV	—	21	—	—
Classe V	—	1	—	—
Total	—	22	1	1

Allemands . . 23 ⎫
Autrichiens . . 1 ⎬ 24

Région Valais-Bex.

Commandant et Officier sanitaire dirigeant: *Lt.-Col. de Cocatrix*, St-Maurice

	Allemands		
Localité	Officiers	Sous-offic. et soldats	Civils
Monthey (Classe IV)	—	1	—
Total	—	1	—

Allemand 1

Région Aigle-Leysin.

Commandant et Officier sanitaire dirigeant: *Major de Reynier*, Leysin.

	Allemand
Localité	Civil
En domicile particulier	1
Total	1

Allemand 1

Région Fribourg.

Commandant et Officier sanitaire dirigeant: *Major Allemann*, Bulle.

Localité	Allemand Civil
Convict Albertinum . . .	1
Total	1
Allemand 1	

Région Montreux.

Commandant et Officier sanitaire dirigeant: *Major Mercanton*, Montreux.

Localité	Allemand Civil
En domicile particulier	1
Allemand 1	

Condamnés par les tribunaux militaires.

Allemands		Austro-Hongrois
Sous-offic. et soldats	Civils	Civils
9	3	—
Total 9	3	—
Allemands 12		

Récapitulation.

Régions	Français			Belges			Anglais	
	Officiers	Sous-offic. et soldats	Civils	Officiers	Sous-offic. et soldats	Civils	Officiers	Sous-offic. et soldats
Montreux . . .	99	1213	93	23	232	62	39	57
Genève	59	1131	189	9	93	58	1	12
La Côte . . .	8	410	45	—	10	16	—	7
Lausanne . . .	63	701	87	16	175	33	2	46
Aigle-Leysin . .	28	780	71	2	69	35	4	89
Valais-Bex . . .	50	1783	148	11	189	54	1	—
Fribourg . . .	19	415	70	5	92	39	—	3
Hôpital Fribourg .	3	88	6	2	12	5	—	19
Jura	31	1141	173	4	132	63	—	14
Berne	6	311	41	1	43	3	4	33
Oberland A. . .	143	1244	149	8	186	19	—	—
Oberland B. . .	29	1216	259	3	194	56	—	31
A reporter.	538	10433	1331	84	1427	443	51	311

Régions	Officiers	Sous-offic. et soldats	Civils	Officiers	Sous-offic. et soldats	Civils	Officiers	Sous-offic. et soldats
Report	538	10433	1331	84	1427	443	51	311
Région Anglaise :								
Château-d'Œx	—	2	3	—	—	—	24	431
Murren	—	—	—	—	—	—	25	420
Suisse centrale	2	60	10	—	9	2	—	—
Zurich	2	49	30	—	8	—	—	2
Bâle	—	29	14	—	4	—	—	2
Saint-Gall	—	3	3	—	2	—	—	—
Condamnés par les tribunaux	—	7	4	—	5	1	—	4
Total	542	10583	1395	84	1455	446	100	1170

Régions	Allemands			Autrichiens		Hongrois	
	Officiers	Sous-offic. et soldats	Civils	Officiers	Civils	Officiers	Civils
Suisse centrale	89	2366	111	—	44	—	15
Bâle	15	312	85	1	32	1	19
Zurich	92	848	151	—	36	—	30
Saint-Gall	184	1975	174	—	43	—	28
Coire	90	993	225	—	62	—	40
Davos	103	1567	174	—	82	—	51
Berne	37	480	24	—	11	—	10
Lausanne	1	4	4	—	—	—	5
Genève	1	13	4	—	—	—	2
Oberland B	—	1	—	—	2	—	—
Jura	—	22	1	—	1	—	—
Valais-Bex	—	1	—	—	—	—	—
Aigle-Leysin	—	—	1	—	—	—	—
Fribourg	—	—	1	—	—	—	—
Montreux	—	—	1	—	—	—	—
Condamnés par les tribunaux militaires	—	9	3	—	—	—	—
Total	612	8591	959	1	313	1	200

Français	12520	15775	Allemands	10162
Belges	1985		Autrichiens	314
Anglais	1270		Hongrois	201

Total 26452

XIV

Arrêté du Conseil fédéral
concernant l'entremise pour l'internement ou le rapatriement de prisonniers de guerre et de prisonniers civils.

(Du 4 octobre 1917.)

Le Conseil fédéral suisse,

Vu l'arrêté fédéral du 3 août 1914 sur les mesures propres à assurer la sécurité du pays et le maintien de sa neutralité,

arrête :

ARTICLE PREMIER. — Celui qui, dans un but de lucre, procure ou tente de procurer l'internement ou le rapatriement de prisonniers de guerre et de prisonniers civils, sera puni de l'emprisonnement qui n'excédera pas une année ou d'une amende qui n'excédera pas la somme de 5000 francs. Ces deux peines peuvent être cumulées.

Celui qui s'entremet professionnellement ainsi qu'il est dit ci-dessus, sera puni de l'emprisonnement qui n'excédera pas deux ans et d'une amende qui n'excédera pas la somme de 10.000 francs.

ART. 2. — Les actes mentionnés dans l'article premier sont punissables en Suisse même s'ils ont été commis à l'étranger.

ART. 3. — Les autorités cantonales connaîtront des délits visés à l'article premier.

Les dispositions de la première partie du code pénal fédéral du 4 février 1853 sont applicables.

ART. 4. — Le présent arrêté entre en vigueur le 10 octobre 1917.

Berne, le 4 octobre 1917.

Au nom du Conseil fédéral suisse :

Le Président
de la Confédération :
SCHULTHESS.

Le Chancelier
de la Confédération :
SCHATZMANN.

XV

Aux Commandants des régions d'internement.

Quartier général, le 16 mai 1918.

Je rappelle les ordres du 31 juillet 1916, § 15, du 17 octobre 1916, du 3 février 1917 et du 28 janvier 1918, interdisant aux internés de publier des articles ou des annonces dans les journaux.

Je les complète de la façon suivante :

1º Il est interdit aux internés de publier dans les journaux des articles ou annonces quelconques ;

2º Il est interdit aux internés de publier des volumes ou brochures ayant trait directement ou indirectement à la politique ou à la guerre.

3º Tout volume, toute brochure, tout article de revue traitant de sujets absolument étrangers à la politique ou à la guerre devront m'être remis en manuscrit. Je me réserve d'en autoriser ou d'en interdire la publication en Suisse ou à l'étranger et de prescrire telle coupure qui me semblera nécessaire.

Le Médecin d'Armée :
Colonel HAUSER.

XVI

A la Rédaction des Journaux des Internés.

Quartier Général, le 1er septembre 1917.

Le but de l'internement est non seulement de rendre la santé à des malades et à des blessés, mais encore de porter remède aux ravages moraux et intellectuels exercés sur eux par la captivité, et de les réadapter à la vie, afin qu'une fois rentrés chez eux, ils puissent utilement servir leur pays.

Les Journaux des Internés doivent tendre au même but :

1. En instruisant l'interné sur les tâches qui lui incomberont après la guerre, sur les ressources et les besoins de son pays au point de vue social, économique, etc. bref, en lui faisant mieux connaître et mieux aimer son pays.

2. En instruisant l'interné sur la Suisse, ses mœurs, ses institutions, ses sites, son histoire, afin d'éveiller en lui l'intérêt pour le pays dans lequel il vit.

3. Les Journaux des Internés peuvent donner aussi des nouvelles sur l'internement, sur les diverses régions, les règlements, etc.

4. Ils peuvent contenir aussi une partie littéraire et récréative.

En revanche, tout ce qui est un appel direct ou indirect à la haine, au mépris des nations adverses, tout ce qui est une affirmation d'ambitions, de victoires, de conquêtes au détriment d'un ennemi qu'on dit vaincu, tout ce qui touche aux représailles, aux procédés de la guerre actuelle, aux causes de la guerre, toute cette littérature qui se trouve de droit dans les journaux politiques, n'a pas sa place dans les Journaux des Internés.

Je donne l'ordre aux rédactions des Journaux des Internés de s'en abstenir scrupuleusement dès aujourd'hui.

Les Journaux des Internés ne sont pas et ne doivent pas être des journaux politiques.

Ils doivent être soumis à la censure, au quartier général de l'internement qui a des pleins pouvoirs, et cela à temps pour que les corrections ou les suppressions imposées puissent être faites sans que la publication du journal soit retardée ; des phrases simplement effacées ne sont pas tolérées.

Le Médecin d'armée :
Colonel HAUSER.

XVII

Instructions concernant la tenue et la transmission des Histoires de malades (feuilles d'observation).

Quartier général, le 31 octobre 1917.

Malgré toutes les instructions et tous les ordres qui ont été donnés et répétés au sujet de la manière de tenir les Histoires de malades des internés et de les transmettre, il persiste encore, à ce sujet, des irrégularités et de l'incertitude. Bien que je n'aie manqué aucune occasion d'attirer constamment l'attention de tous sur l'importance de la bonne tenue de ces feuilles d'observation, je constate, sous ce rapport, et dans une beaucóup plus grande mesure encore que ce à quoi j'aurais pu m'attendre, *une négligence impardonnable.*

Je me vois ainsi appelé à donner les ordres suivants dont j'exige la stricte observation :

1. Pour chaque prisonnier de guerre interné, qu'il soit civil ou militaire, il sera établi et tenu par son médecin traitant, une Histoire de malade (H. d. m.) exacte et digne de confiance.

Les médecins traitants sont rendus responsables vis-à-vis des Officiers sanitaires dirigeants et ceux-ci vis-à-vis de moi, de la tenue correcte et consciencieuse de ces documents.

2. On joindra à l'H. d. m. les feuilles d'observation et les autres documents que l'interné a rapportés de captivité, concernant son état de santé ainsi que les certificats établis pendant son séjour en Suisse et les dessins, tableaux, photographies, radiographies, feuilles de température etc., faits ou établis par ou sur ordre des médecins traitants, pour le service et aux frais de l'internement. Les médecins traitants sont rendus responsables, non seulement de la bonne tenue, mais encore de la conservation et de la transmission correcte des H. d. m.

3. Le contenu des H. d. m. officielles ne doit pas être porté à la connaissance des intéressés auxquels ce document ne devra pas non plus être confié ou remis.

4. L'Histoire de malade ainsi que toutes ses annexes, accompagne l'interné partout en Suisse pendant qu'il y séjourne, passant d'un médecin traitant à l'autre selon les indications suivantes :

a) Lorsqu'un interné est déplacé dans les limites mêmes de la région dans laquelle il réside et qu'il est confié dès lors aux soins d'un autre médecin également au service de l'internement, son médecin traitant envoie l'H. d. m. et ses annexes directement à cet autre médecin. S'il ne connaît pas le nom ou l'adresse, de celui-ci, il envoie ces pièces à son supérieur technique, c.-à-d. à l'Officier sanitaire dirigeant (O. s. d.) de la région.

b) Le transfert a-t-il, par contre, lieu dans de telles conditions que, bien que restant dans la même région, l'interné ne se trouve pas être directement soumis à la surveillance d'un autre médecin, l'H. d. m. et les annexes restent en main du médecin traitant, mais seulement à condition qu'il ne s'agisse que d'un déplacement momentané avec retour probable et prochain à l'ancien endroit d'internement. Si, par contre, il s'agit d'un déplacement d'une certaine durée, le médecin traitant remet l'H. d. m. à son supérieur technique (voir lettre *a*).

c) Un interné est-il transféré d'une région dans une autre, son médecin traitant adresse son H. d. m. avec annexes, par la voie du service technique, à l'O. s. d. de son ancienne région qui l'envoie à celui de la nouvelle. Au cas où l'interné transféré est soumis au traitement régulier d'un médecin traitant, l'O. s. d. de la nouvelle région remet à celui-ci l'H. d. m.; en cas contraire, il la conserve lui-même.

d) Un interné est-il transféré en un endroit qui ne se trouve appartenir à aucune région, le médecin traitant envoie l'H. d. m. de cet interné, avec annexes, à l'O. s. d. de son ancienne région. Celui-ci, suivant les circonstances, la conserve ou bien la remet au médecin qui, éventuellement, devra suivre l'intéressé.

5. En cas de rapatriement, l'H. d. m. reste, sans exception, en main de l'O. s. d. de la région d'où l'interné est rapatrié. Le médecin traitant la lui envoie, à moins qu'il n'ait pas déjà dû le faire antérieurement, après s'être assuré, encore une fois, qu'elle est bien complète, après l'avoir signée et en avoir extrait le « résumé », prescrit en cas de rapatriement. Ce résumé doit être remis, sous pli scellé, à l'interné rapatrié, à destination, d'abord, du chef du convoi de rapatriés, puis de l'autorité compétente du pays d'origine qui reçoit l'interné. Si un interné voyage isolément, ce résumé est destiné à l'autorité compétente du pays d'origine de l'interné. Dans tous les cas, ces résumés seront remis aux intéressés *sous pli scellé*.

6. Un interné est-il renvoyé en captivité, le résumé de son H. d. m. est remis de la même manière aux autorités compétentes de l'Etat capteur.

7. Il sera aussi fait, à l'avenir, un résumé de l'H. d. m. pour les internés décédés, résumé qui me sera envoyé en même temps que les 3 (ou 4) exemplaires de l'acte de décès, à destination de l'Ambassade ou de la Légation du pays auquel appartenait le décédé.

8. Un interné déclaré rapatriable obtient-il du gouvernement de son pays l'autorisation de rester en Suisse, le résumé de son H. d. m. me sera envoyé à destination de l'Ambassade ou de la Légation

respective, en même temps que l'avis qu'il n'a plus rien à faire avec l'internement.

9. On m'enverra, de même, ce résumé, dans tous les cas où un interné quitte l'internement pour une autre raison quelconque.

Le « Résumé de l'Histoire de malade », doit contenir, d'une façon claire et nette, toutes les indications utiles concernant l'évolution de la maladie ou des suites de la blessure de l'interné ; il y sera mentionné de même toutes les interventions opératoires et leurs résultats ainsi que les maladies ou blessures intercurrentes (ne pas oublier les accidents de travail, en les spécifiant comme tels), de telle façon qu'il en résulte un tableau net et précis de l'état de santé de l'interné, pendant son séjour en Suisse.

Tous les envois d'Histoires de malades par la poste seront recommandés et il y sera toujours joint un « accusé de réception » à retourner, signé par le destinataire et par retour du courrier, à l'expéditeur.

Dans le cas où les circonstances voudraient que l'H. d. m. dût être remise à l'interné lui-même, elle le sera toujours sous pli scellé portant l'adresse exacte du destinataire avec la mention : « *A remettre fermé* ».

Tout médecin traitant doit, avant de transmettre une H. d. m. à son supérieur technique ou à un autre médecin, la mettre à jour et la signer de son nom et de son grade. S'il n'est pas militaire il mettra la mention : « Médecin civil ».

11. Vous recevrez prochainement de nouveaux formulaires pour H. d. m., formulaires qui seuls devront être employés à l'avenir.

Le Médecin d'armée :
HAUSER, colonel.

XVIII

Instructions pour le traitement dentaire des internés.

Quartier général, le 15 mai 1918.

A. Dispositions générales.

D'une manière générale. le traitement dentaire des internés est régi par les principes faisant règle pour l'Armée suisse. Il doit, autant que possible, se faire en régie. Comme dentistes traitants et mécaniciens-dentistes, on recourra de préférence à des internés.

La présente instruction ne s'applique pas aux internés qui sont en mesure de supporter eux-mêmes les frais de leur traitement ; ces internés sont libres de choisir, à leur gré, leur dentiste et le genre de traitement, mais ils bénéficient cependant aussi de la gratuité des prothèses reconnues comme prothèses dites « de guerre », aussi bien si elles sont exécutées par un dentiste civil que par une clinique dentaire pour internés.

Les internés qui peuvent contribuer aux frais de traitement seront astreints à en prendre une partie à leur charge, dans la mesure de leurs moyens. Ils participeront à ces frais à raison de 5o centimes au moins par obturation et de 1 franc au moins par dent pour les prothèses.

Le traitement est entièrement gratuit pour les internés *en mesure de prouver* qu'ils sont sans ressources.

B. Personnel.

Le traitement est exécuté :

1o Soit par des dentistes civils avec lesquels ont été conclus des contrats les chargeant de traitements complets ou partiels (p. ex. des prothèses seulement) ;

2o Soit par des dentistes militaires commandés pour ce service (faisant partie du landsturm ou des services complémentaires) ;

3o Soit enfin par des dentistes internés ou par d'autres internés, autorisés par les lois de leur pays d'origine à pratiquer entièrement ou partiellement l'art dentaire.

Pour l'exécution des prothèses, on utilisera, en première ligne, là où ce service sera organisé en régie, des mécaniciens-dentistes internés ; quand il ne s'en trouvera pas en nombre suffisant, on appellera à ce service des officiers ou hommes du landsturm ou des services complémentaires.

Les ordonnances nécessaires seront prises parmi les internés de la région.

C. Matériel.

Pour les obturations provisoires, on emploiera de la gutta-percha et du zinkenol, pour les obturations définitives, du ciment de So-

lila,.de l'amalgame de cuivre, de l'amalgame d'argent et du ciment
au silicate (synthétique).

Pour les prothèses des incisives et des canines, on utilisera des
dents de Solila avec crampons en métal, et, pour les petites et les
grosses molaires, des dents diatoriques.

*Les dents et le matériel d'obturation pour les cliniques dentaires tra-
vaillant en régie devront être commandés au dépôt central de la pharmacie Felsberg, à Lucerne.*

D. Mode de traitement.

Le principe du traitement dentaire des internés est de rétablir, pour
le patient, la faculté de mastication. Tout traitement de luxe aux frais
de la caisse générale ou de la caisse des frais extraordinaires est interdit. Le traitement doit, en conséquence, porter, en première ligne,
sur toutes les dents douloureuses atteintes de carie ou de périostite,
nécessaires à une.mastication suffisante. L'observation de cette règle
doit être surveillée, notamment, dans les traitements exécutés par des
dentistes civils. Les aurifications sont considérées comme des traitements de luxe. Sauf pour les crochets de dentiers, l'emploi d'or ou
de platine est interdit pour les prothèses. Les prothèses de guerre font
exception, du moins lorsqu'il n'est pas possible d'obtenir le même
résultat au moyen de matériel meilleur marché. Pour déterminer si
une prothèse est nécessaire, on se basera exclusivement sur la faculté
de mastication de la denture encore existante ; la faculté de mastication sera considérée comme suffisante lorsqu'elle sera assurée, de
chaque côté, par deux petites ou grosses molaires s'articulant bien sur
chacune des demi-mâchoires supérieure et inférieure.

On distingue dans le traitement dentaire entre :

1º le traitement général (extractions, injections, obturations, toilette de la mâchoire, traitement de racines, obturation des racines), et

2º la prothèse (prothèse étrangère à une blessure de guerre, et
prothèse dite « de guerre »).

Peuvent être traités aux mêmes conditions que les internés : les
militaires et les civils suisses occupés au service de l'internement. Les
recettes provenant de ces traitements sont versées à la caisse d'exploitation de la clinique dentaire intéressée, et les dépenses supportées
par elle.

E. Note de frais.

Sous le rapport du paiement, les internés sont classés dans les catégories suivantes :

a) Internés supportant eux-mêmes les frais de traitement. Ceux-ci sont libres de choisir, à leur gré, leur dentiste et le genre de traitement. Les frais sont à leur charge exclusive. La présente instruction ne leur est applicable qu'en ce qui concerne les prothèses de guerre, qui sont aussi gratuites pour eux.

b) Internés prenant à leur charge une partie des frais de traitement. Ils sont astreints à contribuer aux frais, dans la mesure de leurs moyens. Ils y participent à raison de 5o centimes, au moins, par obturation et de 1 franc, au moins, par dent, pour les prothèses.

c) Internés sans ressources. Pour ceux-ci, le traitement est entièrement gratuit. Les dépenses occasionnées par le traitement général sont entièrement à la charge de la caisse des frais extraordinaires.

Les organes compétents de l'internement (chef d'établissement, chef de secteur, commandant de place d'internement) ont le devoir de vérifier de la façon la plus consciencieuse, *par tous les moyens à leur disposition,* le degré d'indigence des internés visés sous E, *b* et *c*.

Pour les internés visés sous E, *a* et *b*, les *prothèses* sont régies, quant aux frais, par les dispositions suivantes :

Le coût des *prothèses étrangères à des blessures de guerre* (prothèses nouvelles et réparations), est à la charge de la caisse des frais extraordinaires, tant qu'il ne dépasse pas 1o francs. Dans tous les autres cas, il est mis, pour une moitié, à la charge de la caisse générale, et, pour l'autre, à celle de la caisse des frais extraordinaires.

Pour les *prothèses de guerre,* le devis du dentiste traitant, visé par l'officier sanitaire dirigeant, sera envoyé au Médecin d'armée, qui le soumettra au visa de l'Ambassade ou de la Légation compétente. Les devis doivent contenir exactement les données personnelles relatives à l'interné dont le traitement est proposé (incorporation militaire, nationalité, etc.). Le dentiste traitant doit tenir une comptabilité exacte des recettes provenant des cas visés sous E, *b* ; les dentistes traitants, même les dentistes civils liés par contrat, doivent verser ces montants, à la fin de chaque période de solde, au comptable de la région intéressée et adresser à celui-ci les pièces de décompte. Ces pièces de décompte consistent en particulier dans des listes détaillées des patients traités, des sommes payées par eux et du travail exécuté dans chaque cas. Pour les prothèses, on indiquera le nombre de dents et de crochets employés.

Les notes seront établies d'après le tarif suivant :

fr.

a) Extraction sans injection . . . . 1 —

b)   »   avec   » 1 50

c) Toilette de la mâchoire . . . . 2 —

d) Traitement de racines, de nerfs, petites opérations, consultations, etc., par séance et par dent . . . . . . 1 —

e) Obturations de racines, par dent . . . . 1 —

f) Obturation au ciment ou à l'amalgame. . . . . . 3 —

g) Fausses-dents, par dent . . . , ... 3 —

  en plus, plaque . . . . 10 —

  et crochet en métal commun, par crochet. . . . 3 —

  et crochet en or. . . . . 5 —

h) Réparations (fissures ou esquilles) . . . . 5 —

i) Pose d'une nouvelle dent . . . . 6 —

k) Dents plaquées (incisives et canines) en métal commun, par dent . . . . 2 —

  Dents plaquées (incisives et canines) en or, par dent . . 5 —

l) Obturations provisoires, par obturation . . . . . . 1 —

m) Transformation de prothèses . . . . 25 —

Les parents et proches des internés peuvent aussi être traités dans les cliniques en régie aux prix de ce tarif.

F. Comptabilité des cliniques exploitées en régie.

La comptabilité des cliniques exploitées en régie est tenue par le comptable de la région. Il tient une caisse spéciale des traitements dentaires, à laquelle la caisse des frais extraordinaires fait les avances nécessaires à l'achat des machines, appareils et matériaux. Un compte est établi pour chaque traitement.

Les *recettes* de la caisse des traitements dentaires consistent dans :

a) Les versements de la caisse générale ;

b)   »   »   »   »   des frais extraordinaires ;

c) Les paiements des internés ;

d)   »   »   ». civils autorisés à se faire soigner à la clinique.

22

Les *dépenses* de la dite caisse comprennent celles occasionnées par la solde et la rétribution des personnes attachées au service de la clinique, par le loyer des locaux et des machines et par le matériel.

Les caisses des traitements dentaires seront vérifiées, comme les autres caisses, par le bureau de revision de l'internement. Les bénéfices sont versés à la caisse des frais extraordinaires et les pertes mises à sa charge.

G. Marche à suivre pour les traitements.

Avant de recourir aux soins d'un *dentiste civil* lié par contrat, les internés mentionnés sous lettre E, *b* et *c*, doivent se présenter à leur médecin traitant qui remplira, à leur intention, le « bordereau des frais pour soins dentaires », bordereau avec lequel l'interné se rendra chez le dentiste qui lui aura été indiqué.

Le dentiste note exactement, sur le schéma, le traitement qu'il propose et inscrit à côté, dans l'espace réservé à cet effet, le devis des frais du dit traitement.

L'interné rapporte alors le bordereau à son médecin qui s'assure que le dentiste a bien utilisé le schéma en y indiquant les dents à traiter où à remplacer (il le lui renvoie si tel n'est pas le cas), le vise et le transmet à l'officier sanitaire dirigeant pour autorisation après vérification. Celui-ci le renvoie au commandant de place qui détermine, après enquête et d'entente avec l'intéressé, la somme pour laquelle ce dernier contribuera aux frais de son traitement. En cas d'indigence complète impliquant un traitement absolument gratuit, l'intéressé doit faire, de sa propre main, une demande d'exemption totale au commandant de la région, seul compétent pour autoriser l'exécution du traitement. Ce n'est qu'alors que le traitement peut commencer.

Dans les *cliniques exploitées en régie*, les déclarations spécifiées sous G, *a* et *b*, doivent être remises au dentiste de l'internement.

H. Instruments.

Dans les cliniques exploitées en régie, les instruments nécessaires aux traitements conservateurs et aux prothèses, et les autres installa-

tions doivent être la propriété de la région. Celle-ci en est responsable. Dans les régions où cela n'a pas encore eu lieu, l'inspecteur
du service dentaire de l'Armée doit être avisé, afin qu'il puisse
transmettre les demandes de crédit au Médecin d'armée, pour le
quartier-maître central. Règle générale, une clinique exploitée en
régie ne sera instituée que dans les régions comptant au moins 5oo
internés.

Les dentistes civils, liés par contrat, travaillent avec leurs propres
instruments. Ils n'ont droit à aucun loyer ni au remplacement des
instruments détériorés par l'usage.

I. Rapports.

Il sera tenu, dans chaque clinique dentaire pour internés exploitée
en régie, un journal dans lequel on inscrira, sans laisser de blancs, la
date de chaque séance, les nom et prénoms, incorporation, grade,
établissement et secteur d'internement du patient, ainsi que le détail
du travail exécuté. Il sera fait usage, pour cela, d'un formulaire spécial. Sur la base de ce journal, le dentiste de l'internement adressera,
chaque jour, à l'officier sanitaire dirigeant ou, suivant le cas, au commandant de place, un rapport sommaire sur le nombre de patients,
d'extractions, d'injections, de toilettes de mâchoires, d'obturations de
racines, d'obturations provisoires et d'obturations définitives, de prothèses fournies (avec indication des dents employées) et de réparations.

A la fin de chaque *période de solde*, un rapport sera dressé sur le
formulaire prescrit et envoyé au commandant de région. Ce rapport
devra indiquer exactement les montants payés par les internés et ceux
restant à la charge de la caisse des frais extraordinaires et de la caisse
générale. Il devra mentionner, en outre, le nombre de dents artifi-
cielles et de crochets employés.

A la fin du mois, le dentiste adresse au commandant de la région le
rapport mensuel détaillé, en y mentionnant séparément les internés
visés sous E, *b* et *c*. Il joint à ce rapport le décompte complet des
recettes et des dépenses de la clinique, accompagné des pièces comptables à l'appui. Il sera fait usage de formulaires spéciaux pour les
rapports journaliers et pour les rapports mensuels, ainsi que pour les
rapports de périodes de solde.

K.

Les dispositions de l'instruction du 1er février 1917 qui sont en désaccord avec celles de la présente sont abrogées.

L'Inspecteur du service dentaire,
PREISWERK, major.

Le *Médecin d'armée,*
Colonel HAUSER.

Liste des médicaments et matériaux pour le service dentaire de l'internement, en approvisionnement à la Pharmacie des internés « Felsberg » à Lucerne.

(A l'usage des cliniques dentaires exploitées en régie.)

Comprimés.

Acid. acetylosalicyl. (succédané d'aspirine) à 0,5.
Antipyrine à 0,5.
Coffein natr. benz. à 0,5.
Hydr. bichlor. (sublimé) à 0,5.
Salol à 1,0.

Ampoules.

Atoxicocaïne-adrénaline, en ampoules de 1 cm³.
Coagulen.

Désinfectants.

Alcool absolu.
Alcool à 95 %.
Alcool dénaturé.
Formaldehyd. solut. 40 %.
Cresol. saponat. (succédané du lysol).
Iodoforme.
Vioforme.
Permanganate de potasse cristallisé.

Matériel spécial pour soins dentaires.

Amalgame de cuivre.

Amalgame d'argent.

Ciment de Solila.

Ciment synthétique.

Gutta-percha en bâtons.

Zinkenol.

Pointes de gutta percha pour racines.

Cobalt.

Sondes à racines.

Fraises, pour la pièce à main ou l'angle droit.

Plâtre pour empreintes.

Pâte pour empreintes.

Tricrésol-formaline.

Pâte Trio.

Chlorphenol.

Lysoforme.

Ouate en rouleau.

Dents de Solila avec crampons en métal.

Dents diatoriques.

Cire en plaques.

Caoutchouc dentaire, rose et rouge.

N.-B. Le dépôt central de la pharmacie de Felsberg, à Lucerne, fournit ces matériaux et médicaments au prix de revient.

Adresse télégraphique : Felsbergapotheke Lucerne. — Téléphone n° 14 09.

XIX

Directions pour les Officiers sanitaires dirigeants (O. S. D.) et les Comptables des régions, ateliers et autres exploitations.

Quartier général, le 12 mars 1917.

A. Occupation des internés.

J'ai fait l'observation qu'un grand nombre des internés s'est mis dans la tête que le travail qu'on exige d'eux, tant dans les bureaux du service de l'internement que dans les divers ateliers, etc., est un travail facultatif et volontaire, auquel il dépend de la bonne volonté de chacun de se soumettre ou non, et qui, surtout et avant tout, doit être rétribué le plus avantageusement possible. Or, il n'en est aucunement ainsi. L'interné ne travaille pas dans notre intérêt, ni à notre profit, mais bien pour lui-même et, en tout premier lieu, en vue de sa propre rééducation, dans le but de se mettre en état de reprendre une activité féconde, dès la fin de sa captivité.

Je renvoie spécialement, à ce propos, au chiffre 5 de la lettre C de l'*Organisation des occupations des internés* du 8 juillet 1916, où il est dit:

« Pour l'organisation du travail on ne tiendra pas compte de l'offre volontaire (spontanée) des internés. Chaque homme qui aura été jugé capable de travailler dans telle catégorie, et qui en aura reçu l'ordre, devra obéir comme à un commandement militaire. Tous refus d'obéir sera puni. »

Je renvoie également au chiffre 3 de la même lettre C de la dite *Organisation*, d'après lequel les hommes capables de travailler dans la classe II et qui sont employés au service de l'internement (par exemple employés de bureau, etc.), peuvent recevoir — aux frais de la Caisse des frais extraordinaires — un supplément de solde qui est, dans la règle, de 1 fr. par jour au maximum. Un tel supplément n'est que facultatif et ne doit nullement être considéré comme un dû; il ne peut être proposé que dans les cas où *un homme doit consacrer à ce travail une grande partie du temps libre dont il dispose.* Alors que, dans la dite *Organisation*, il est question d'un supplément de solde de 1 fr. par jour au maximum, certains commandants de place et comptables ont montré la tendance d'augmenter — sous divers prétextes — ce supplément de 1 fr. au maximum, et d'adresser des demandes allant jusqu'à 2 fr. Je vous prie de considérer dorénavant ce supplément mentionné au chiffre 3 de la dite *Organisation* comme un maximum normal, et j'ordonne que, dès le 11 mars, tous les suppléments de solde qui dépassent 1 fr. soient ramenés à cette somme.

B. Salaires dans les ateliers, etc.

En ce qui concerne le salaire payé dans les ateliers, etc., c'est le règlement du 15 janvier 1917 concernant les salaires, règlement élaboré par la Direction générale des ateliers, qui fait règle. Il est à remarquer que le taux des salaires prévu dans ce règlement signifie le *gain brut*, gain dont doit être déduite la retenue exigée par l'Etat d'origine des hommes. (Voir ci-dessous lettres C et D, chiffre 1.)

Travail à la pièce. Le travail à la pièce doit être introduit de suite par les chefs d'atelier, pour tous les articles à la confection desquels ce genre de salaire peut être appliqué. Le paiement à la pièce doit être proposé par les chefs d'atelier à la Direction générale, à.Berne, et c'est. elle qui en fixera le prix définitif.

C. Salaires dans les régions d'internés allemands.

1. Retenues de salaires. Il n'est pas fait de retenue sur un salaire qui ne dépasse pas 5o ct. par jour. Il n'est, de même, pas fait de retenue sur les premiers 5o ct. d'un salaire supérieur à cette somme. Pour tous les salaires, par contre, de plus de 5o ct., il est retenu le 40 % du montant de la somme qui les dépasse. De cette somme; la moitié (soit le 20 % du gain total au-dessus de 5o ct.) va à la Caisse de région, tandis que le 20 % restant est déposé au profit de l'homme et à son nom, au compte d'un livret de caisse d'épargne géré par l'officier sanitaire dirigeant.

2. Salaires.

a) Les *internés* qui sont employés à des travaux d'écritures dans les bureaux des O. S. D., commandants de place ou quartier-maîtres d'arrondissement, reçoivent au maximum 1 fr. par jour aux frais de la Caisse des frais extraordinaires.

b) Les *Chefs de secteur* reçoivent 1 fr. par jour aux frais de la Caisse de région, mais seulement lorsqu'il s'agit de grands secteurs difficiles à administrer. Le nombre des internés du secteur entre également en considération.

c) Les *Chefs d'établissement* reçoivent jusqu'à 5o ct. d'indemnité par jour, aux frais de la Caisse de région et dans les mêmes conditions que les chefs de secteur.

d) Ordonnances postales. Le service postal doit être considéré comme un service d'honneur. Les ordonnances postales ne reçoivent, en principe, pas de salaire, mais sont, par contre, dispensées de tout service de maison ou de cuisine. Elles sont autorisées à s'occuper, dans les ateliers ou autre part, pendant les heures durant lesquelles leur service ne les réclame pas, ce qui leur donne l'occasion de gagner quelque chose. Dans de petits secteurs, le service postal peut être confié à un interné occupé dans un bureau de l'internement et payé en conséquence.

e) Les *infirmiers permanents*, soit ceux qui sont occupés à l'A. S. A., dans des établissements orthopédiques, des cliniques, hôpitaux, sanatoria, touchent jusqu'à 1 fr. par jour aux frais de la Caisse des frais extraordinaires.

f) Les *infirmiers des établissements ordinaires*, mais ceux-là seulement qui, faisant un service auprès des malades et fonctionnant comme aides du médecin, sont occupés la plus grande partie de la journée, peuvent recevoir jusqu'à 1 fr. de la Caisse des frais extraordinaires.

g) *Ordonnances d'étudiants.* Doivent être payées par ceux-ci.

h) *Ordonnances de cuisine et de lessive.* Doivent être — en tant qu'elles sont permanentes et occupées la plus grande partie de la journée — payées par ceux qui les emploient (propriétaires d'hôtels et de buanderies). Si elles ne sont employées que peu d'heures par jour, leur service doit alors être organisé par le chef d'établissement alternativement pour chacun à son tour, comme service de corvée.

i) Les *sous-officiers* qui sont commandés comme surveillants de groupes de travailleurs de la classe IV, reçoivent 1 fr. par jour aux frais de la Caisse générale.

D. Fixation des salaires dans les régions d'internés français et belges, pour les sous-officiers et soldats occupés dans des ateliers, etc.

1. Retenues de salaires. (Ne sont pas faites sur les salaires des infirmiers.) Il n'est pas fait de retenue sur un salaire qui ne dépasse pas 5o ct. par jour. Il n'en est de même pas fait sur les premiers 5o ct., d'un salaire supérieur à cette somme. Par contre, pour tous les salaires de plus de 5o ct., il est retenu le 20 % du montant de la somme qui les dépasse, en faveur de l'Etat d'origine et 10 % en faveur de l'homme. Ce dernier montant est placé, à son nom, au compte d'un livret de caisse d'épargne géré par l'O. S. D., pour les travailleurs des ateliers dépendant de la Direction générale, et par l'Officier inspecteur du travail pour les travailleurs des ateliers nationaux. Une ordonnance spéciale donnera des précisions au sujet de la manière dont s'effectueront les versements.

2. Salaires.

a) Comme la lettre *a* du chapitre correspondant pour les régions d'internés allemands. (Voir lettre C, sous 2, *a*.)

b) Les *Chefs de secteur* ne reçoivent pas de salaire. Il leur est, par contre, remis, à partir du 1er mars, aux frais de la Caisse générale, mensuellement, une somme de 3o fr. au maximum, pour payer leurs frais de bureau et autres dépenses occasionnées par l'exercice de leurs fonctions. Le montant de cette indemnité est fixé par l'O. S. D., qui tiendra compte de l'étendue du secteur, du nombre des établissements et des internés.

c) *Les Chefs d'établissement* ne touchent de même pas de salaire, mais reçoivent, dès le 1er mars, une indemnité mensuelle pour frais de bureau, indemnité pouvant s'élever à 15 fr. au maximum, aux frais de la Caisse générale, et ceci dans des conditions identiques à celles des indemnités des Chefs de secteurs.

d) *Ordonnances postales.* Voir la lettre d pour les régions d'internés allemands. Les vaguemestres seront — autant que faire se pourra — des sous-officiers, et seront désignés par les commandants de place.

e) *Infirmiers permanents* ou à *demeure.* Voir la lettre e pour les régions d'internés allemands.

f) *Infirmiers dans les établissements ordinaires* (hôtels). Voir la lettre f pour les régions d'internés allemands.

g) *Ordonnances d'étudiants.* Voir la lettre g pour les régions d'internés allemands.

h) *Ordonnances de cuisine et de lessive.* Voir la lettre h pour les régions d'internés allemands.

i) *Sous-officiers* de la classe IV. Voir la lettre i pour les régions d'internés allemands.

E. Ateliers d'habillement des régions d'internés allemands.

Les magasins de vêtements, les ateliers de tailleurs et de cordonniers ont été repris, et l'exploitation en a été continuée, par la Légation d'Allemagne, dès le 1er février. Tous les frais d'exploitation tant des ateliers existants que de ceux qui étaient en voie de création, de même que les salaires des travailleurs, les loyers, les machines, les outils et instruments, l'achat du matériel sont repris par la Légation d'Allemagne. Tous les outils et le matériel qui se trouvent dans les ateliers seront portés en compte à un prix à convenir. Les O. S. D. sont priés de remettre, d'ici au 31 mars au plus tard, au Quartier-maître central, les inventaires de ces objets avec leur prix d'installation.

Tous les paiements pour les installations, les loyers, le matériel, les salaires, etc., seront effectués par le dépôt de vêtements pour internés à Zurich.

Les salaires comportent : pour les apprentis : 5o ct. par jour ; pour les ouvriers de métiers et autres : 20 ct. par heure de travail.

Dès que l'atelier travaille bien, il peut être attribué aux contre-maîtres et chefs d'atelier qui exercent une surveillance, par les officiers surveillant le travail, et après entente avec la Légation d'Allemagne, un petit supplément.

Il est fait une retenue sur les salaires comme il est dit sous lettre C, chiffre 1.

a) Organisation générale.

Il est installé, dans chaque région de quelque importance, un atelier central de cordonniers et de tailleurs. Il sera formé dans ces « ateliers régionaux », des ouvriers capables d'effectuer les réparations courantes aux vêtements et aux chaussures. Ceux-ci seront ensuite renvoyés dans leurs secteurs respectifs où ils feront les petites réparations, tandis que les réparations importantes se feront dans les ateliers régionaux. L'officier surveillant du travail en a la surveillance.

b) Ateliers.

1. *Région Suisse centrale :*
   a) Atelier régional de tailleurs à Lucerne.
   b) Atelier régional de cordonniers à Stansstad.
2. *Région Saint-Gall-Appenzell :*
   a) Atelier régional de tailleurs à Rorschach.
   b) Atelier régional de cordonniers à Rorschach.
3. *Région Coire-Oberland grison :*
   a) Atelier régional de tailleurs à Coire.
   b) Atelier régional de cordonniers à Coire.
4. *Région Davos et environs :*
   a) Atelier régional de tailleurs à Davos.
   b) Atelier régional de cordonniers à Davos.
5. *Région Ragaz-Pfäffers et Glaris-Wesen :*
   a) Atelier régional de tailleurs à Ragaz.
   b) Atelier régional de cordonniers à Ragaz.

F. Ateliers d'habillement des régions d'internés français.

(Pour les régions d'internés belges, une ordonnance spéciale suivra.)

L'Ambassade de France reprend, dès le 1er mars 1917, tous les ateliers d'habillement. C'est elle qui supporte, dès cette date, tous les frais de salaires, loyers, chauffage, éclairage, achat d'outils et de matériel. Tous les frais se rapportant aux rubriques qui viennent d'être énumérées seront — en tant qu'ils n'auraient pas encore été payés — supportés par la Caisse générale, après approbation par l'Ambassade. Les comptes se rapportant à ces dépenses doivent être établis et réunis de suite, pour être envoyés au Quartier-maître central, d'ici au 31 mars au plus tard.

Organisation générale.

Les ateliers existants seront maintenus, à l'exception des trop petits qui seront réunis pour en former de plus importants. Des ouvriers tailleurs et cordonniers seront envoyés dans les petites régions et les petits centres, pour y exécuter les réparations les plus courantes.

G. Dégâts causés par malveillance.

Lorsque le coupable peut être découvert, le dommage doit être payé par ses propres moyens ou par une retenue sur sa solde. Lorsque tel n'est pas le cas, on peut exiger que le montant de la note soit réparti proportionnellement entre tous les internés de l'établissement. Lorsque ces moyens ne suffisent pas pour couvrir les frais, la somme manquante doit être mise à la charge du ou des États auxquels ressortissent les coupables, après visa des pièces à l'appui par l'Ambassade ou les Légations.

H. Dégâts et usure normale dans les établissements d'internés.

En complément des directions données par le Médecin d'armée à la conférence d'Olten le 30 janvier, directions d'après lesquelles il y avait lieu de lui remettre, à la fin de chaque mois, un inventaire des établissements, signalant tout ce qui pouvait y manquer ou y avoir été détérioré, j'ordonne ce qui suit :

Tout dégât survenant dans un établissement doit immédiatement être annoncé au commandant de place, en prenant note — s'il le faut — des faits et de l'état des lieux. Celui-ci fait une enquête, estime le dommage, fait un procès-verbal qu'il signe et fait signer par le propriétaire et le chef de l'établissement ou — en l'absence de ce dernier — par le chef de secteur.

Le procès-verbal doit indiquer :

1. Le lieu et l'heure du fait qui motive l'enquête.
2. Le nom du ou des coupables.

3. La nature du dommage ou des dégâts.

4. Le montant des dommages et intérêts réclamés par le propriétaire de l'établissement.

5. Des propositions sur la manière de liquider l'affaire, dans le cas où elle ne pourrait être réglée de suite.

Le propriétaire de l'établissement a trois jours pour annoncer tout dommage ou dégât ; ceux-ci écoulés, il perd tout droit de demande en dommages et intérêts de la part de l'internement.

J. Caisses de région.

Régions d'internés allemands. Les Caisses de région continuent à exister comme par le passé. Il sera disposé, à la fin de l'internement, du solde actif éventuel. Au cas où l'état des Caisses de région ne correspondrait pas à leurs besoins, il y a lieu d'en avertir *immédiatement* le Quartier-maître central, en lui faisant rapport sur l'actif existant, sur ce qui peut être dû et sur les déficits éventuels.

Régions d'internés français et belges. Les Caisses de région sont supprimées. Les O. S. D. sont priés d'indiquer, d'ici au 21 mars au plus tard :

1. Leur solde actif.

2. Le montant de ce qui peut encore être dû.

3. Leurs déficits éventuels.

Les soldes actifs seront conservés par les O. S. D. ; des directions seront données ultérieurement à ce sujet.

K. Comptes des médecins, pharmaciens, etc.

Les comptes des médecins, pharmaciens et fournisseurs ordinaires de l'internement doivent être établis et remis, par eux, aux bureaux des comptables des régions à la fin de chaque mois. Il ne sera plus recouru aux services de ceux qui fourniront leurs comptes avec un retard de plus de 15 jours.

Lorsqu'il est fait une commande de quelque nature que ce soit, il y a lieu de poser comme condition que la note en soit fournie au plus tard à la fin du mois, sous menace de refus de paiement en cas de non-observation de cette condition.

Le Médecin d'armée :
Colonel HAUSER.

XX

Organisation
de travail et règlement des salaires des internés de la classe III travaillant dans les ateliers suisses ou nationaux, chez les particuliers et dans l'industrie.

Quartier général, 1ᵉʳ juin 1917.

Régions françaises et belges.

(Voir remarques et modifications pour les régions belges, page 352.)

Fixation des salaires. A partir du 1ᵉʳ juin, la retenue générale sur les salaires qui était, d'après la circulaire du 12 mars 1917, fixée à 30 %, sera réduite à 20 %, la caisse d'épargne étant supprimée.

Ateliers nationaux et privés. Cette retenue de 20 %, faite pour les ateliers nationaux et privés et pour les internés de la catégorie III travaillant chez des particuliers, n'est pas versée à la caisse générale, mais sera encaissée par l'officier inspecteur du travail pour la France et suivant les prescriptions spéciales (voir p. 352) pour la Belgique.

Ateliers suisses. A la fin de chaque mois, les comptables des ateliers suisses envoient au comptable de la région les décomptes des salaires avec un état nominatif par ordre alphabétique.

Le comptable de la région les remet de son côté au Quartier-maître central à Berne, qui les transmet à l'office du travail de l'Ambassade de France à Berne ou à la Légation de Belgique.

La fixation des salaires prescrits dans mon instruction du 12 mars 1917, pour les internés occupés dans les ateliers de la Direction générale des ateliers suisses, sera étendue également aux ateliers nationaux et sera unifiée d'après les catégories suivantes :

1. *Apprentis*. Doivent être considérés comme apprentis, tous les hommes n'ayant qu'une connaissance insuffisante de la branche dans laquelle on les emploie et dans laquelle ils désirent se perfectionner.

Salaire : 5o cts. par jour, sans retenue.

2. *Ouvriers et manœuvres.* Doivent être considérés comme ouvriers, tous les hommes qu'un apprentissage aura rendu capables d'exécuter, par eux-mêmes et conformément aux instructions reçues, tous les travaux qui leur sont confiés, sans malfaçon nécessitant une retouche.

Salaire : 20 cts. à l'heure, avec retenue de 20 $^0/_0$ sur toute fraction de salaire journalier dépassant 5o cts.

3. *Détachés aux ateliers.* Peuvent être proposés comme détachés aux ateliers *tous les ouvriers spécialistes.*

Les spécialistes dont le travail aux pièces fournira un rendement suffisant, pourront, sur proposition faite par la Direction générale des ateliers suisses, par la direction de l'office du travail des internés français en Suisse ou par la direction des ateliers belges, être détachés aux ateliers par ma décision directe.

Dans ce cas, la Direction générale des ateliers suisses, l'Office du travail des internés français ou la Légation de Belgique feront fonction d'employeurs et paieront ces hommes suivant un tarif intérieur que chaque direction établira à son gré, mais qui ne sera pas inférieur à 35 francs par semaine.

D'accord avec l'Ambassade de France et la Légation de Belgique, le prix de pension de 4 francs par homme et par jour, versé par l'Etat à la Caisse générale sera remboursé pour les détachés aux ateliers, soit à la Direction générale des ateliers suisses, soit à l'Office du travail, soit aux ateliers belges à chaque période de solde. .

Ces internés ont à pourvoir à leur subsistance et logement. Ils pourront toutefois, s'ils le préfèrent, demeurer dans les établissements officiels aux mêmes conditions que les autres internés. Dans ce cas, ils devront payer eux-mêmes leur pension aux hôteliers, tous les 1er et 3e samedis de chaque mois.

Ces détachés au travail sont, au point de vue règlement, astreints aux mêmes obligations et jouiront des mêmes avantages que les hommes logés dans les établissements.

Pour tous les internés de la classe III, qui sont employés chez des particuliers ou dans l'industrie et qui continuent néanmoins à profiter des 4 francs d'allocation journalière de l'Etat, il sera perçu une retenue de 50 % sur la totalité de leur salaire, en faveur de la France ou de la Belgique, pour tenir compte de ce que leur production n'intéresse pas l'Etat qui les entretient en Suisse.

Les contrats avec les employeurs seront passés conformément au règlement, par les chefs de secteur (sous-officiers ou soldats), contrôlés par les commandants de place d'internement. Les salaires devant être accordés par les employeurs seront fixés d'après un barème établi par la commission centrale de Berne et remis à chaque chef de secteur par les commandants de place d'internement. Les employeurs ne pourront se libérer que par le paiement intégral des salaires entre les mains de ces chefs de secteur. Ces derniers paieront les internés et verseront la retenue effectuée sur les salaires entre les mains de l'officier inspecteur du travail de la région pour la France et suivant les remarques spéciales (voir page 352) pour la Belgique.

Transferts dans les catégories 1 à 3 (apprentis, ouvriers, manœuvres et détachés aux ateliers). Les propositions ne seront examinées que si elles sont motivées par une épreuve de rendement.

Le passage de la première catégorie, dans la seconde est subordonné aux conditions énoncées ci-dessus, et doit être ratifié pour les ateliers suisses, par la Direction générale, pour les ateliers nationaux, par l'officier responsable des ateliers nationaux.

Le passage de la seconde catégorie dans la troisième, ne peut être accepté que par moi, sur la proposition de la Direction générale des ateliers suisses ou sur la proposition de l'Office du travail pour les ateliers nationaux.

4. *Salaires des chefs d'atelier et employés* (comptables).

Chefs d'atelier gradés, non spécialistes : 30 fr. par mois sans retenue, avec, éventuellement, prime mensuelle à la production.

Chefs d'atelier spécialistes détachés aux ateliers : 75 cts. à l'heure, avec retenue de 20 %, en faveur de la France ou de la Belgique et éventuellement prime mensuelle à la production.

Employés (comptables) dans les ateliers 30 fr. par mois sans retenue.

Mutations. A dater de ce jour, toutes les demandes de mutation faites, soit par la Direction générale des ateliers suisses soit par l'Office du travail, pour les ateliers nationaux et concernant les hommes devant être employés dans les ateliers dépendant de l'une ou l'autre de ces directions, seront accordées sur ma simple décision.

Remarques spéciales et modifications pour les régions belges. La retenue de 20 % sur les salaires payés aux hommes par les ateliers suisses sera versée par ceux-ci, mensuellement, entre les mains de la Légation de Belgique, service de l'internement, à Berne.

La retenue sur les salaires des hommes travaillant chez des particuliers et dans l'industrie doit être effectuée par le commandant de place d'internement ou ses organes. Ces sommes seront adressées au comptable de la région qui les transmet tous les 10 jours au bureau du Quartier-maître central à Berne, accompagnées d'un bordereau nominatif. Le Quartier-maître central remettra ces sommes, mensuellement, à la Légation de Belgique, service de lI'nternement.

Dans le cas où des internés belges travaillent dans les ateliers français nationaux ou privés, la retenue prescrite sur les salaires sera versée, mensuellement, par l'entremise de l'officier français, inspecteur du travail, à la Légation de Belgique, service de l'Internement.

Règlement des retenues faites du 11 mars au 31 mai.

Les retenues faites suivant l'ordonnance du 12 mars, soit 20 % en faveur de l'Etat, 10 % en faveur de la caisse d'épargne de l'homme, doivent être remises aux quartier-maîtres d'arrondissement pour fin mai, accompagnées d'un bordereau nominatif et établi par ordre alphabétique. Les quartier-maîtres d'arrondissement les délivreront à l'Office du travail de l'Ambassade de France ou à la Légation de Belgique à Berne.

Le Médecin d'Armée :

Colonel HAUSER.

XXI

Emplacements cultivés, en 1917, dépendant de la Direction
générale des ateliers.

Etendue		Etendue	
Coire	42500 m²	Report	206209 m²
Thusis	2600 »	Schinznach	16000 »
Buochs	84669 »	Sonnenberg	9888 »
Brunnen	6410 »	Montana	2915 »
Lenzerheide	600 »	Wengen	3965 »
Linthal	1800 »	Lauterbrunnen	14700 »
Ragaz	16200 »	Brigue	3870 »
Kappel	5600 »	Fiesch	4349 »
Walzenhausen	3000 »	Loëche-les-Bains	950 »
Heiden	15600 »	Alpnachstad	2800 »
Oberegg	3325 »	Weggis	12000 »
Teuffen	1505 »	Meggen	1110 »
Oberweid	6350 »	Beatenberg	3000 »
Entlebuch	5400 »	Ringgenberg	13700 »
Stansstad	2400 »	Grindelwald	4850 »
Sarnen-Sachseln	5050 »	Meiringen	6000 »
Engelberg	3200 »	Montreux	62000 »
Report	206209 m²		368306 m²

XXII

Liste des directrices de district, des dames patronesses
et des directrices de cours, en 1917.

Directrices de District.

District I. Montreux . . . Mᵐᵉ E. NARBEL, 39, Madelaine, Vevey.
                             Mˡˡᵉ S. FAURE, Grandchamp, Veytaux.
            Leysin . . . . . Mᵐᵉ de PEYER, Leysin.
District II. Haut-Valais . . Mᵐᵉ PERRIG-SEILER, Brigue.
            Bas-Valais . . . Mˡˡᵉ Ph. JARDINIER, Monthey.

23

District III. Jura-Ouest . .	Mme HINDERER-COIGNY, Grandson.
District IV. Gruyère . . .	Mme S. JONKE, Genève.
	Succ^r Mme de ZURICH, Fribourg.
District Va. Oberland A .	Mme J. KÜPFER-GÜDER, BERNE.
	Succ^r Mlle de GOUMOËNS, Berne.
District Vb. Oberland B . .	Mme SIMON-ZEERLEDER, Berne.
District VI. Suisse Centrale	Mlle Else SPILLER, Kilchberg, Zurich.
	Succ^r Mme Oscar HAUSER, Schweizer-hof, Lucerne.
District VII. Saint-Gall-Appenzell . . .	Mme Théodore BÜHLER, Uzwil (Saint-Gall).
District VIII. Glaris-Weesen	Mlle H. von SINNER, Höheweg, Berne.
District IX. Ragaz-Pfäffers-Grisons	Mme Théodore BÜHLER, Uzwil (Saint-Gall).
Schinznach . .	Mme B. von ALBERTINI, Aarau.

Dames patronesses se vouant entièrement à la bonne marche d'un atelier.

Valais	Mme SEILER, Brigue : pantoufles.
	Mme VIOTTI, Viège : vannerie.
Oberland bernois A. . .	Mme LIESEGANG, Meiringen : vannerie.
	Mme KOERBER, Meiringen : pantoufles.
	Mme SCHERZ, Grindelwald : tous les ateliers.
Oberland bernois B. . .	Mme SCHIESS, Spiez : bonbonnières.

Dames fonctionnant bénévolement comme directrices de cours [1].

Ateliers français et belges.

Mlle KÜPFER-GÜDER, Berne . . .	Vannerie, chaussons.
Mlle RICHARD, Le Locle	Vannerie, Meiringen et Adelboden.

[1] Nous ne mentionnons pas les nombreux directeurs et directrices de cours qui sont rétribués.

Mlle de GOUMOËNS, Berne	Pantoufles, Meiringen et Engelberg.
Mlle Bertha HÄSLER, Berne . . . ;	Peinture sur verre, Spiez, Zweisimmen, Weissenburg ; menuiserie artistique, Spiez.
Mlle J. HÄSLER, Berne	Travaux en perles, Merligen et Schönau-Hilterfingen.
Mlle Hedwig HÄSLER, Berne . . .	Reliure, Zweisimmen ; travaux en raphia, peinture sur verre, Lauterbrunnen.
Mlle Maja STEHLIN, Bâle	Sculpture sur bois, cadres et appliques, Thoune ; meubles d'enfants, sculptés, Gsteig, Gstaad et Saanen.
Mlle A. de REDING, Eichbühl . .	Peinture sur porcelaine, Merligen et Hilterfingen-Schönau.
Mlle Margrit BAY, Beatenberg . .	Sculpture sur bois, Beatenberg.

Ateliers allemands.

Mme SCHMITT-BRUNNER, Berne . .	Pantoufles, Heiden et Teuffen ; abat-jour, Mitlödi.
Mlle Martina BALLY, Berne . . .	Meubles d'enfants, Arosa.
Mlle Nina RICHARD, Zurich . . .	Poupées, Arosa.
Mlle Maja STEHLIN, Bâle	Sculptures, Weggis.
Mlle VISCHER, Bâle	Cassettes peintes, Weggis.

XXIII

Ateliers dépendant, en 1917, de la Direction générale.

Région Montreux.

Corseaux	pantoufles	12 ouvriers français
Gimel	chaussons	10 » . . » .
Lucens	jouets	10 » . . »
Veytaux	vannerie	8 » . . »

Région Bas-Valais.

Morgins . . . . pantoufles . . . . . 8 ouvriers français

Région Haut-Valais.

Brigue . pantoufles. . . . 22 ouvriers français et belges
Fiesch . vannerie . . . . 14 » » » »
Viège . . vannerie . . . . 11 » » » »

Région Gruyère.

Charmey . . . . chaussons . . . . 16 ouvriers français

Région Suisse centrale B.

Engelberg . *Voir Interlaken.*
Lungern . . maroquinerie . . . . . 21 ouvriers français
Sonnenberg . vannerie. . . . . . . 7 » »

Région Oberland bernois A.

Beatenberg . art. de bureau, vannerie, filets 36 ouvriers français
Brienz . . . filets brodés . . . . . . 14 » »
Grindelwald . art. en fer artist., filets, ma-
cramé, vannerie . . . 22 » »
Interlaken. . maroquinerie et reliure d'art 9 » »
Lauterbrunnen travaux en raphia, peinture
sur verre . . . . . 12 » »
Meiringen . . maroquinerie et fil . . . 8 » »
. . pantoufles et espadrilles . . 40 » »
. . vannerie . . . . 20 » belges
Wengen . . pantoufles . . . . . . 11 » français
Wilderswil . chaussons . . . . . . 13 » »

Région Oberland bernois B.

Adelboden . . . vannerie . . . . . 7 ouvriers belges
Aeschi . . . . sculpture en bois (cadres) 19 » français
Frutigen . . . . brosserie . . . . . 22 » »
Goldiwil . . . . art. de bureau . . . 10 » »
Gsteig . . . . *Voir Saanen.*
Hilterfingen N° 72 . menuiserie . . . . . 7 » »

Hilterfingen N° 75 .	vannerie _	26	ouvriers belges
Kandersteg . . .	sabots	8	» français
Kienthal	vannerie	4	» »
Merligen . . .	art. en perles (colliers et sacs)	22	ouvriers français et belges
Saanen	sculpture sur bois . .	13	ouvriers français
Spiez-Gare . . .	peinture sur verre, bonbonnières . . .	12	» »
Spiez-Jungfrau . .	lampes électriques et abat-jour, objets tournés et sculptés . . .	20	» »
Schnittweyerbad .	poterie à la japonaise .	4	» »
Thoune	sculpture sur bois, cadres et appliques . . .	13	» »
Weissenburg-Bad .	jouets, peinture sur verre	30	» »
Zweisimmen . .	reliure, peinture sur verre	23	» »

Région Suisse centrale A

Entlebuch . . .	gobelins	10	ouvriers allemands
Brunnen	pantoufles	7	» »
Kerns	pantoufles	5	» »
Meggen	pantoufles	5	» »
Stansstad . . .	sculpture sur bois. .	7	» »
St-Niklausen . .	travaux en cuir, sculpture	16	» »
Weggis	menuiserie, vannerie	30	» »
. . . .	coiffeurs	2	» »

Région Argovie.

| Schinznach-Bad . | pantoufles . . . . . | 8 | ouvriers allemands |

Région Glaris-Weesen.

Elm	pantoufles	5	ouvriers allemands
Linthal	peinture sur porcelaine	6	» »
Mitlödi	lampes électriques et abat-jour	26	» »
Weesen	pantoufles	11	» »

Région Ragaz-Pfäffers.

Ragaz . . . . vannerie . . . . . 14 ouvriers allemands
. . . . peinture sur porcelaine. 7 » »

Région Saint-Gall-Appenzell.

Ebnat-K. . . . vannerie . . . . . 7 ouvriers allemands
Neu-St-Johann . . menuiserie . . . . 13 » »
Oberwaid . . . menuiserie . . . . 27 » »
Saint-Gall . . . gobelins . . . . . 8 » »
Heiden . . . . menuiserie . . . . 7 » »
Herisau . . . . menuiserie . . . . 7 » »
Oberegg . . . . menuiserie . . . . 11 » »
Waldstatt . . . vannerie . . . . . 13 » »

Région Coire et Oberland grison.

Coire . . . . . vannerie . . . . . 8 ouvriers allemands
Churwalden . . . pantoufles . . . . 9 » »
Disentis . . . . vannerie . . . . . 12 » »
Thusis . . . . brosses . . . . . 17 » »
. . . . pantoufles . . . . 10 » »

Région Davos et environ.

Litzi-Rüti . . . meubles pour enfants . 4 ouvriers allemands
(auparavant Arosa)
Savognin . . . pantoufles . . . . 16 » »

XXIV

Ateliers nationaux d'internés allemands, en 1917.

Région Suisse centrale.

Alpnachstad . . . menuiserie . . . . env. 40 hommes 1916/7
Beckenried . . . . menuiserie . . . . » 25 » »
Buochs . . . . . menuiserie . . . . » 30 » »
. . . . vannerie . . . . . » 15 » »
Brunnen . . . . serrurerie . . . . » 25 » 1917
Fluelen . . . . . brosserie . . . . » 20 » 1916/7
Gersau . . . . . menuiserie . . . . » 25 » »
. . . . jouets . . . . . » 35 » 1917

Hergiswil	menuiserie	env.	25	hommes	1916/7
	vannerie	»	20	»	»
Kerns	menuiserie	»	10	»	»
	vannerie	»	10	»	»
Kussnacht	serrurerie	»	20	»	1917
	brosserie	»	15	»	1916/7
Lucerne	atelier orthopédique	»	65	»	»
	atelier régional de tailleurs	»	35	»	»
	atelier d'uniformes pour officiers	»	15	»	1917
	atelier d'apprentissage de vannerie	»	10	»	»
Meggen	menuiserie	»	20	»	1916/7
Sisikon	menuiserie	»	20	»	»
Tellsplatte	vannerie	»	10	»	»
Stans	travaux sur bois	»	10	»	»
Stanstad	travaux sur bois	»	45	»	»
	centrale des bois	»	10	»	»
Vitznau	jouets	»	45	»	»
Weggis	serrurerie	»	15	»	1917
	menuiserie	»	25	»	1916/7
Wolfenschiessen	vannerie	»	15	»	»

Région Saint-Gall.

St-Gall (Heiligkreuz)	menuiserie	env.	25	hommes	1916/7
Rorschach	travaux sur métal	»	25	»	»
Ragaz	menuiserie	»	20	»	»
Rorschach	tailleurs et cordonniers régionaux	»	25	»	»

Région Davos.

Davos	menuiserie	env.	20	hommes	1916/7
	tailleurs et cordonniers régionaux	»	20	»	»
Klosters	travaux sur bois	»	10	»	»
Savognin	travaux sur bois	»	10	»	»

XXV

Ateliers nationaux d'internés français, en 1917.

Désignation	Localités	Date de fondation	Franç.	Belges	Organisation administrative Personnel	Observations
Canelles, bobinots pour filatures. .	*Montreux*	1-1-17	24	—	1 chef d'atelier comptable.	
Meubles, pupitres, portes et fenêtres.	*Territet*	15-2-17	11	—	1 chef d'atelier comptable. 1 contremaître.	
Vannerie, malles et paniers divers .	*Blonay*	1-3-17	17	—	1 chef d'atelier comptable.	
Meubles, pupitres portes et fenêtres.	*Montreux*	1-12-17	11	—	1 contremaître.	
Baraquements démontables . . .	*Grandchamp*	15-9-17	28	—	1 chef d'atelier. 1 comptable.	
Imprimerie . . .	*Vevey*	4-4-17	19	—	1 chef d'atelier, 1 correcteur, 1 secrétaire.	
Vêtements militaires	*Vevey*	29-3-17	18	—	1 chef d'atelier, 1 comptable, 1 secrétaire.	.
Tables de cuisine, buffets	*Leysin*	Avril 17	10	—	1 chef d'atelier, 1 comptable.	
Armoires, lits, buffets, etc. . . .	*Aigle*	1-4-17	18	—	1 directeur, caissier compt. secrétaire et magasinier. 1 chef d'atelier.	
Mobilier de chambre, portes et fenêtres pour baraques, pupitres, tournage . . .	*Bex* (1 atelier, 8 locaux)	Janvier à août 1917	29	—	1 sª.-off. directeur d'atelier. 1 caissier-comptable. 1 secrétaire et 1 magasinier.	
	A reporter. . .		185	—	21	

Désignation	Localités	Date de fondation	Nombre moyen d'ouvriers		Organisation administrative Personnel	Observations
			Franç.	*Belges*		
		Report.	185	—	21	
Scierie	*St-Triphon*	15-3-17	47	1	1 comptable, 1 métreur-vérificateur, 2 secrétaires.	
App. orthopéd . .	*Villars*	1-1-17	2	—	} 1 comptable. 1 garde-magasinier.	
Paniers	»	16-7-17	3	—		
Sabots.	»	1-1-17	10	—		
Objets raphia . .	*Sierre*	15-3-17	9	—	1 chef d'atelier.	
Menuiserie . . .	»	15-2-17	13	—	1 chef d'atelier, 1 contremaître, 1 secrétaire-comptable.	
Vannerie, malles, valises	*Montana*	Mars 1916	6	—	1 comptable chef d'atelier.	
Débit et sciage. .	*Champéry (Petit-Paradis)*	2-12-16	8	—	1 chef d'atelier, 1 comptable, 1 contremaître.	
Charpentes, panneaux pour abris, serrurerie, etc. .	»	1-1-17	32	—	1 chef d'atelier, 1 comptable, 2 contremaîtres.	
Panneaux d'abris .	»	1-1-17	4	—	1 chef d'atelier, 1 comptable, 1 contremaître.	
Débit bois en grumes	»	5-9-17	15	—	1 chef d'atelier, 1 comptable, 1 magasinier, 1 contremaître.	
Débit bois en grumes	*Champéry (Grand-Paradis,*	15-6-17	6	—	1 chef d'atelier, 1 comptable, 1 magasinier.	
Portes, fenêtres, volets pour abris.	*Champéry (Grande-Rue)*	1-8-17	4	—	1 chef d'atelier, 1 comptable.	
Paniers, bandes métalliques . .	*Martigny*	Novemb. 1916	13	—	1 comptable-secrétaire. 1 secrétaire.	
Baquets bois . .	*Salvan*	Oct. 1917	5	—	} 1 chef de service. 1 comptable. 1 magasinier.	
Vannerie. . . .	»	Nov. 1916	3	—		
Articles tôle et fer blanc	»	»	7	—		
		A reporter. . .	372	1	56	

Désignation	Localités	Date de fondation	Nombre moyen d'ouvriers		Organisation administrative Personnel	Observations
			Franç.	*Belges*		
		Report.	372	1	56	
Vannerie	*Charmey*	8-3-17	5	—	1 chef d'atelier comptable et expéditeur.	
Petits meubles fantaisie . . .	*Montbovon*	6-3-17	6	—	1 chef d'atelier comptable.	
Sciages bois. . .	*Gruyère Pringy*	17-3-17	2	—		
» » . .	»	16-3-17	2	—		
Portes et fenêtres.	»	16-3-17	4	—	1 chef d'atelier, réception.	
Meubles	»	5-3-17	2	—	naire expéditeur.	
Sièges de bois . .	*Saussivue*	14-3-17	3	—	1 surveillant.	
Sciages	*Tour-de-Trême*	1-3-17	2	—	1 surveillant.	
Sciages	*Châtel-St-Denis*	1-5-17	18	—	1 comptable-caissier. 1 secrétaire.	
Portes et fenêtres . .	»	6-2-17	6	—		
Chalets démontables	»	1-12-17	30	—		
Boîtes à fromage .	*Le Pont*	15-2-17	16	—	1 chef d'atelier-comptable à Ballaigues.	
Boîtes à fromage .	*Ballaigues*	20-4-17	23	—	1 chef d'atelier, 1 comptable.	
Boîtes à fromage .	*Le Sentier*	1-10-17	10	—	Le secrétaire de Ballaigues assure le service.	
Paniers osier . .	*Yverdon*	Mars 1917	10	—	1 chef atelier 1 comptable.	
Sacs papier . . .	»	Avril »	10	—	1 » » 1 secrétaire.	
Chalets démontables	»	» »	31	—	1 » » 1 magasinier-surveillant.	
Baraquements . .	*Beatenberg*	10-4-17	30	—	1 chef de bureau.	
Galoches, semelles caoutchouc. . .	»	1-12-17	18	—	1 comptable expéditeur. 1 comptable.	
Sabots en bois . .	»	15-4-17	10	—	2 agents réceptionnaires de grumes.	
Rondelles caoutchouc	»	20-4-17	5	—	1 directeur.	
Baquets bois . .	»	10-6-17	4	—	3 chefs d'atelier.	
		A reporter. . .	619	1	81	

Désignation	Localités	Date de fondation	Nombre moyen d'ouvriers Franç.	Belges	Organisation administrative Personnel	Observations
		Report.	619	1	81	
Sciages planches .	Leissigen	25-3-17	5	—		
Menuiserie . . .	Interlaken	15-1-17	24	—	1 chef d'atelier, 1 comptable, 1 agent réceptionnaire.	
» . . .	Unterseen	1-5-17	19	—	1 chef d'atelier comptable.	
Serrurerie . . .	Interlaken	1-3-17	17	—	1 chef service, 1 chef atelier comptable, 1 contremaître.	
»	»	5-3-17	4	—	1 chef d'atelier.	
Peinture	»	22-2-17	8	—	1 chef d'atelier, 1 vendeur.	
Vannerie	»	1-3-17	9	—	1 chef d'atelier, 1 vendeur.	
Cultures maraîchères	»	Mars 1917	8	—	1 chef cultures, 1 comptable.	
Mobiliers sapin .	Meiringen	Novembre 1917	21	—	1 chef d'atelier, 1 comptable-interprète, 1 secrétaire.	
Outils, ferrures .	Brienz	15-2-17	4	—	1 chef d'atelier-comptable.	Fermé le 30 octobre 1917
Sciages	Brienz	15-10-17	8	—	1 chef d'atelier-comptable. 1 contremaître.	
Abris démontables.	Wilderswil	15-2-17	16	—	1 chef d'atelier, 1 surveillant, 1 comptable-secrétaire.	
Armoires, lits, buffets	Oberhofen	15-3-17	12	—	1 chef d'atelier-comptable. 1 contremaître.	
Ardoises pour écoliers	Adelboden	21-1-17	20	—	1 chef d'atelier. 1 comptable.	
Menuiserie . . .	Engelberg	11-7-17	12	—		Fermé 15-10-17 évacuation.
»	»	15-9-16	19	—		Fermé décembre 1917 évacuation.
Total. . . .			825	1	108	

XXVI

Au Président de la Commission centrale pour l'occupation des internés.

Quartier général, le 2 mars 1917.

J'ai l'honneur de vous communiquer ce qui suit au sujet des réclamations, des vœux et des propositions exprimés dans la conférence que vous avez eue hier avec les presidents des commissions régionales, et qui m'ont été rapportés.

1. Personne d'autre que moi, et encore seulement dans des cas spéciaux, ne peut détacher un interné à la classe de travail IV, sans qu'il y ait eu préalablement préavis, proposition et enquête préliminaire des commissions régionales. Je vous donne toujours immédiatement connaissance de tous les cas de ce genre et, si vous apprenez qu'il s'en produise par le fait des officiers sanitaires dirigeants, je vous prie de m'en aviser immédiatement, afin que je puisse examiner la chose et, cas échéant, en demander raison à l'officier qui a commis l'erreur.

2. Par contre, ne fût-ce que pour de simples raisons d'ordre pratique, la faculté de détacher des internés à la classe de travail III, doit être réservée aux officiers sanitaires dirigeants. En effet, cela occasionnerait, sans grande utilité, aux commissions régionales et centrale un énorme surcroît de travail qu'à mon avis, on ne peut pas exiger d'elles.

En revanche, je considère qu'il est important que les commissions régionales exercent aussi un certain contrôle sur les internés travaillant dans la classe III : lorsqu'elles apprennent, par les internés de cette classe, qu'il se produit des irrégularités sur le marché du travail, elles font une enquête et me font rapport lorsque ces inconvénients peuvent être matériellement constatés, ceci afin que je puisse y remédier.

Je recommande aux officiers sanitaires dirigeants de tenir compte,

le plus possible, des conditions du marché du travail, lorsqu'ils déta-
chent des internés de la classe III:

J'ai déjà ordonné aux officiers sanitaires dirigeants que les hommes
de la classe de travail III, abstraction faite de ceux qui vont aider à
des travaux agricoles, devaient, autant que possible, être occupés dans
des chantiers suisses et nationaux pour internés, et que, en règle
générale, ils ne devaient pas être employés dans des fabriques. Maintenant, j'ordonne expressément que, dans aucun cas, les internés
de la classe de travail III ne soient envoyés dans des fabriques qui
occupent des hommes de la classe de travail IV.

3. Au sujet du retard dont on se plaint généralement dans l'exécution de l'envoi des hommes que les commissions centrale ou régionales proposent, j'ordonnerai une enquête minutieuse, et je veillerai
à ce que, du côté de mes services on réponde aussi promptement que
possible aux demandes de travail formulées par les commissions.
D'autre part, lorsque, pour une raison quelconque, il n'est pas possible de détacher un homme, on m'en informera immédiatement pour
que je puisse aviser les commissions, qui feront suivre à qui de droit.

J'informe aussi les officiers sanitaires dirigeants qu'ils doivent faire
savoir aux internés, qu'ils ne doivent pas postuler une place de leur
propre chef, avant qu'ils n'aient été reconnus physiquement aptes à
entrer dans la classe de travail IV, et qu'il n'ait été établi que leur
présence n'est pas nécessaire à la marche du service dans leur secteur
d'internement.

4. La proposition a été faite que, dans certaines circonstances, les
commissions régionales puissent adresser directement aux officiers
sanitaires dirigeants des propositions pour détacher des internés dans
la classe IV, et que, dans ces cas, l'envoi de ces hommes puisse être
décidé, sans autres, par les officiers sanitaires dirigeants en question. J'autorise cette manière de procéder, mais aux conditions
suivantes :

a) Les conditions de travail qui entrent en considération doivent
être établies absolument clairement à tous les points de vue par la
commission régionale.

b) Le lieu où le travail s'effectuera, doit être situé dans le rayon de
la commission régionale qui fait la proposition.

c) La commission régionale, avant de faire une proposition défini-

tive, doit se renseigner directement auprès de l'officier sanitaire dirigeant intéressé, pour s'assurer que les ouvriers désirés sont effective-
ment disponibles et qu'ils n'ont pas encore été engagés ailleurs.

d) Les hommes détachés de cette manière doivent, toujours et
immédiatement, être annoncés par télégraphe à la Commission
centrale qui m'en avise, afin que je puisse rayer immédiatement de
ma liste de classe de travail IV les ouvriers qui sont partis.

e) Les commissions régionales peuvent adresser de telles propositions, directement, aux officiers sanitaires dirigeants suivants :

La Commission régionale de la Suisse occidentale aux officiers
sanitaires dirigeants des régions de Montreux, Château-d'Œx, Aigle-
Leysin, Bex-Villars, Bas-Valais, Valais-Central, Gruyère, Jura-
Ouest, Haut-Valais.

La Commission régionale de la Suisse centrale, directement, aux
officiers sanitaires dirigeants des régions Oberland bernois A, Oberland bernois B, Murren, Suisse centrale et Argovie.

La Commission régionale de la Suisse orientale aux officiers sanitaires dirigeants des régions Saint-Gall-Appenzell, Glaris-Weesen,
Ragaz-Pfäffers, Coire et Oberland grison, Davos et environs.

f) Toutefois, cette procédure ne doit être employée que dans des
cas vraiment urgents et en tenant particulièrement compte de
travaux agricoles pressants et dépendant du temps.

5. Comme l'interdiction de séjour des internés dans la zone d'armée
ne peut pas être exécutée d'une manière absolue, je vous prie d'aviser,
le plus rapidement possible, les commissions régionales de ne plus
refuser, de prime abord, les demandes de travail qui leur parviennent
de la zone d'armée, mais de les prendre en considération, et de me
les faire parvenir, via Commission centrale, munies d'un préavis basé,
en premier lieu, sur leur urgence. Je les soumettrai au Chef d'Etat-
major général qui décidera en dernier ressort.

Le Médecin d'Armée :
Colonel Hauser.

XXVII

Liste, par nationalités et par emploi, des internés détachés en classe IV, durant l'année 1917.

PUISSANCES CENTRALES

	Allemands	Autrichiens
Boulangers	19	—
Mineurs	13	—
Personnel de bureau .	68	3
Coiffeurs	35	4
Tourneurs sur fer . .	42	—
Terrassiers	55	—
Ouvriers de fabrique .	52	3
Mouleurs	29	—
Jardiniers	84	2
Fondeurs	22	—
Verriers	12	—
Domestiques . . .	62	5
Manœuvres	210	12
Chauffeurs . . .	10	—
Fourreurs	21	9
Cochers	25	—
Ouvriers de campagne	132	2
Peintres	14	—
Maçons	78	—
Magasiniers . . .	12	—
Bouchers	19	—
Mécaniciens	40	4
Monteurs	17	1
Musiciens	13	3
A reporter . . .	1084	48

	Allemands	Autrichiens
Report. . . .	1084	48
Mécaniciens	20	I
Palefreniers . . .	12	—
Serruriers	99	5
Tailleurs	26	10
Compositeurs (impr.)	10	—
Cordonniers	33	4
Acteurs	10	—
Horlogers . . .	11	I
Ouvriers tuiliers . .	18	—
	1323	69

ENTENTE

	Français	Belges	Anglais
Agriculteurs	665	21	11
Ajusteurs	87	24	21
Bouchers	10	1	—
Boulangers	13	1	—
Bijoutiers . . . , .	11	2	—
Charpentiers	14	—	—
Coiffeurs	52	16	I
Cordonniers	41	12	—
Couvreurs. . . .	15	1	—
Cuisiniers	23	1	—
Cavistes	19	1	—
Contremaîtres . . .	16	4	—
Dessinateurs . . .	13	2	—
Ebénistes	8	6	—
Emballeurs	10	—	—
Employés de banque . .	30	1	—
Employés de bureau . .	155	29	4
Ferblantiers	17	1	—
A reporter. . .	1199	123	37

	Français	Belges	Anglais
Report.	1199	123	37
Fondeurs	10	—	1
Forgerons	9	6	—
Gaziers	3	21	—
Horlogers	13	2	—
Jardiniers	154	13	1
Maçons	131	12	—
Manœuvres	472	93	15
Mécaniciens	115	23	4
Menuisiers.	15	7	1
Monteurs	25	4	—
Musiciens	8	5	—
Mineurs	35	7	—
Mouleurs	58	8	—
Palefreniers	98	10	7
Peintres	19	1	—
Professeurs et instituteurs	9	5	—
Préparateurs pharmaciens	11	3	—
Scieurs	16	1	1
Serruriers	39	1	—
Tailleurs	20	4	2
Tanneurs	12	—	—
Terrassiers.	289	34	19
Teinturiers	15	—	—
Tisserands.	17	—	—
Tonneliers.	16	—	—
Tourneurs.	50	7	1
Voyageurs	9	1	—
Verriers.	27	19	—
Valets de chambre . . .	16	2	—
Voituriers	32	—	—
	2942	412	89

XXVIII

Ordre
concernant les internés à détacher aux travaux agricoles et à l'exploitation des tourbières.

Quartier général, le 2 juin 1917.

Le temps des grands travaux agricoles étant arrivé, il est de toute importance, pour tout le pays, que leur exécution rapide et régulière et, en particulier, la rentrée des récoltes, se fasse, en profitant le mieux possible des conditions météorologiques.

De même, en présence du manque actuel de charbon, qui sera encore plus sensible pendant l'hiver prochain, il est de toute importance de se procurer le plus possible des succédanés, dont la tourbe représente chez nous une proportion importante.

Le manque de main-d'œuvre pour cela est très grand.

Il est donc nécessaire d'employer, pour les travaux agricoles et les exploitations de la tourbe, toute la main-d'œuvre utilisable, fournie par les prisonniers de guerre, actuellement internés en Suisse.

Devant cette nécessité urgente, toutes les autres considérations doivent passer à l'arrière-plan.

L'enseignement dans les secteurs d'internement peut être sans arrière-pensée, ou complètement interrompu ou limité selon les besoins et cela en faveur de ces travaux ; ceux-ci sont aussi dans l'intérêt des internés et, en outre, sont très profitables à leur santé.

Les travaux dans les ateliers suisses doivent être, autant que l'exploitation de l'agriculture et de la tourbe l'exige, complètement interrompus ou limités dans la mesure des besoins. Dans ces ateliers ne seront plus occupés que les hommes inutilisables pour les travaux en question. Dans les ateliers qui travaillent à l'exécution de commandes déjà reçues avec date fixe de livraison, et là seulement, le travail doit être poursuivi en plein. Par contre, le travail destiné à la constitution de stocks et d'articles non absolument nécessaires doit passer en seconde ligne.

La main-d'œuvre qui est utilisée à la culture des terrains affermés dans les régions par l'internement lui-même, doit être limitée au strict nécessaire et l'on y emploiera, en premier lieu, les hommes qui doivent être menagés.

Le transfert d'internés dans la classe IV doit aussi subir une certaine limitation ; ce transfert d'internés par groupes à des entreprises industrielles, commerciales, de bâtiments, d'assainissement, de terrassements, etc., n'aura lieu que dans des cas vraiment urgents. Les spécialistes qui trouvent une place où exercer leur profession, peuvent, comme antérieurement, être transférés par l'intermédiaire des commissions officielles du travail.

Les internés de la classe III qui, à défaut d'autre emploi, sont employés dans des fabriques ou autres exploitations, doivent en être retirés et mis à la disposition de l'agriculture et de l'exploitation des tourbières.

Les ordres suivants doivent être spécialement donnés pour l'exécution des travaux d'agriculture et dans les tourbières, afin d'en assurer l'exécution rationnelle et le succès :

I. Agriculture.

Lors du transfert des internés, la préférence sera donnée aux régions dont les propres troupes sont au service militaire, donc actuellement avant tout, les arrondissements de divisions 1, 3 et 6.

Il ne peut pas être fait de transferts dans la zone d'armée, c'est-à-dire dans les contrées qui sont occupées par nos propres troupes. Dans ces contrées, c'est l'Armée elle-même qui pourvoit à la plus grande partie des besoins.

Le Chef d'état-major général de l'Armée décide des exceptions qui doivent être faites.

Les catégories suivantes entrent en ligne de compte pour le transfert d'internés aux travaux agricoles :

1º. Internés en place fixe qui, jusqu'à présent, faisaient partie de la classe IV. Le transfert de ceux-ci a lieu, comme précédemment, par l'entremise des commissions régionales pour le travail des internés, c'est-à-dire la commission régionale pour la Suisse orientale à Zurich, celle pour la Suisse centrale à Lucerne et celle pour la Suisse occidentale à Lausanne. Les employeurs intéressés doivent s'adresser directement à ces commissions.

2°. Internés occupés dans les environs immédiats du secteur d'internement. Dans ce cas les internés intéressés demeurent dans les établissements d'internement et y reçoivent la subsistance. Leur transfert se fait comme antérieurement dans la classe III d'après les nouvelles prescriptions du 1er juin 1917 relatives à cette catégorie de travail. *(Organisation du travail et règlement des salaires des internés de la classe III travaillant dans les ateliers suisses ou nationaux, chez les particuliers et dans l'industrie.)*

3°. Internés occupés à une distance telle que la subsistance et le logement ne sont plus possibles dans leur établissement. Dans ce cas les employeurs assurent le logement et la subsistance des internés. En outre, ils leur paient un salaire journalier fixé, suivant les services rendus, de 2 à 3 francs en cas de beau temps, et de 1 à 2 francs en cas de mauvais temps; ce salaire doit leur être payé directement. Aucune retenue ne sera faite sur ce salaire. La durée de l'engagement des internés de cette catégorie ne doit pas être inférieure à 4 et pas supérieure à 20 jours.

Ces contrats doivent être conclus par l'intermédiaire des offices cantonaux désignés par le secrétariat des paysans. Ces offices entrent directement en relations avec les commandants des régions d'internement ou avec les commandants de place des secteurs d'internement. Ces derniers leur sont indiqués par les commandants des régions d'internement. Le tableau ci-joint indique à quels officiers sanitaires dirigeants ou à quels commandants de région d'internement les offices cantonaux doivent s'adresser.

Il va sans dire que le transfert d'internés demandés pour les travaux agricoles doit être exécuté sans aucun retard. Il est également nécessaire que les internés rentrent dans leurs établissements sitôt le travail terminé ou sitôt qu'une interruption imprévue du travail surviendra (longue période de mauvais temps, etc.). Il est aussi nécessaire que les hommes qui se seront montrés impropres au travail désigné, ainsi que ceux tombés malades, puissent être rendus, sans aucun retard, à leurs établissements d'internement.

Les tenanciers d'établissements doivent par conséquent garder libre la place nécessaire pour les internés transférés aux travaux agricoles. Ils touchent pour cela, par homme et par jour, une indemnité de 1 franc aux frais de la caisse générale.

II. Exploitation des tourbières.

Les internés transférés pour l'exploitation des tourbières le seront par groupes dont l'effectif devra être déterminé suivant les besoins.

Le placement des internés, dans ce cas, a lieu par l'*Association suisse pour l'exploitation des tourbières,* adjointe au Département politique fédéral, à laquelle les entrepreneurs qui désirent des internés pour l'exploitation des tourbières doivent s'adresser.

Autant que possible, ces groupes de travailleurs seront sous les ordres d'organes spéciaux de l'internement nommés par ce service; ils seront payés par les entrepreneurs. Ces organes d'internement doivent surveiller la discipline de ces internés et sont leurs supérieurs directs. Ils sont chargés de la comptabilité entre les entrepreneurs et les internés et peuvent être employés aussi comme surveillants du travail.

Ce n'est que lorsqu'il s'agit de très petits groupes de travailleurs que ceux-ci peuvent être placés sous la surveillance directe de la police locale. Dans ce cas, l'employeur règle les comptes directement avec les internés sous le contrôle d'un organe d'internement à désigner par le bureau de l'internement à Berne.

Dans le cas de transfert d'internés pour l'exploitation des tourbières, les entrepreneurs doivent pourvoir aux frais de logement et de subsistance des internés, d'après les prescriptions de l'organisation de l'internement et sous le contrôle des organes de l'internement désignés pour cela.

A ces fins, il doit leur être payé un salaire minimum de 20 cts. par heure. En outre, il peut leur être payé une prime pour tout travail qui dépasse la normale.

Il n'est pas fait aux internés de retenue pour le salaire gagné par ce travail.

Cet ordre entre immédiatement en vigueur.

Les contrats déjà existants qui seraient en désaccord avec les prescriptions ci-dessus doivent être immédiatement modifiés dans le sens de ces prescriptions.

Un officier spécial est commandé par le Médecin d'armée pour l'exécution et la surveillance de l'attribution des internés pour les travaux agricoles et l'exploitation des tourbières.

Le travail en commun des internés avec des déserteurs et des réfractaires est interdit par ordre du Département Politique fédéral.

Le Médecin d'armée :

Colonel HAUSER.

Approuvé par le Département Politique suisse.

HOFFMANN.

TABLEAU

Les agriculteurs des cantons (rubrique I) s'adressent aux offices cantonaux (rubrique II). Les offices cantonaux (rubrique II) s'adressent premièrement aux organes d'internement (rubrique III), qui, de leur côté, leur désignent les commandants de place d'internement particuliers avec lesquels ils communiquent directement.

Rubrique I Cantons	Rubrique II Offices cantonaux	Rubrique III Organes d'internement
Zurich	Landw. Schule Strickhof	Dirig. Sanitätsoffizier d. Region Zentralschweiz, deutscher Teil, *Gerliswil.*
Berne, partie allemande	Landw. Schule Schwand bei Münsingen	Dirig. Sanitätsoffizier der Region Berner Oberland A, *Meiringen* u. Berner Oberland B, *Erlenbach.*
Berne, partie française	Ecole d'agriculture Porrentruy	Officier san. dirigeant de la région Jura-ouest, *Neuchâtel.*
Lucerne	Staatswirtschafts-Department, Luzern	Commandant de région Suisse centrale B, Entente, *Engelberg.*
Uri	Landwirtschafts-Department	Cdt. de région Suisse centrale B, Entente, *Engelberg.*
Schwyz	Landwirtschafts-Department	Dirig. Sanitätsoffizier d. Region Zentralschweiz, deutscher Teil, *Gerliswil.*
Obwald	Regierungs-Rat Rohrer, Sachseln	Cdt. de région Suisse centrale B, Entente, *Engelberg.*
Nidwald	Landwirtschafts-Department	Cdt. de région Suisse centrale B, Entente, *Engelberg.*
Glaris	Landwirtschafts-Department	Dirig. Sanitätsoffizier der Region Glarus-Wesen, *Linthal.*
Zoug	Sekretariat der Landwirtschaftsdirektion, Kantonskanzlei	Cdt. de région Suisse centrale B, Entente, *Engelberg.*
Fribourg	Office cantonal du travail	Officier san. dir. de la région Gruyère, *Bulle.*
Soleure	Landwirtschafts-Department, kant. Landwirtschaftskommissär	Dirig. Sanitätsoffizier der Region Jura-Ouest, *Neuchâtel.*
Appenzell Rhodes extérieures	Aktuariat der Kommission für Landw. Teufen	Dirig. Sanitätsoffizier der Region St. Gallen-Appenzell, *St. Gallen*

Rubrique I — Cantons	Rubrique II — Offices cantonaux	Rubrique III — Organes d'internement
Appenzell Rhodes intérieures	Landwirtschafts-Departement	Dirig. Sanitätsoffizier der Region St. Gallen-Appenzell, *St. Gallen.*
Saint-Gall	Custerhof Rheineck	Dirig. Sanitätsoffizier der Region St. Gallen-Appenzell, *St. Gallen.*
Grisons	Landw. Schule Plantahof, Landquart	Militärisches Internierungskommando der Region Davos und Umgebung, *Davos* und dirig. Sanitätsoffizier der Region Chur und Bündner-Oberland, *Chur.*
Argovie	Landw. Winterschule, Brugg	Dirig. Sanitätsoffizier der Region Aargau, *Wildegg.*
Thurgovie	Landw. Schule, Arenenberg	Dirig. Sanitätsoffizier der Region St. Gallen-Appenzell, *St. Gallen*
Vaud	Office du travail, Palud 2, Lausanne	Officier san. dirigeant de la région de Montreux, *Montreux,* Aigle-Leysin, *Leysin,* Bex-Villars, *Bex.*
Valais	Direction cantonale d'agriculture	Officier san. dirigeant de la région de Bex-Villars, *Bex,* Haut-Valais, *Fiesch,* Valais-central, *Sierre,* Bas-Valais, *Saint-Maurice.*
Neuchâtel	Département d'agriculture	Officier san. dirigeant de la région Jura-ouest, *Neuchâtel.*
Genève	Chambre du travail, rue du Temple, Genève	Officier san. dirigeant de la région de Montreux, *Montreux.*
Bâle-Campagne	Kantonales Arbeitsamt, Liestal	Dirig. Sanitätsoffizier der Region Aargau, *Wildegg.*
Bâle-Ville	Oeffentl. Arbeitsnachweisbureau, Basel	Dirig. Sanitätsoffizier der Region Aargau, *Wildegg.*
Schaffhouse	Städt. Arbeitsamt	Dirig. Sanitätsoffizier der Region St. Gallen-Appenzell, *St. Gallen.*
Tessin	Ecole d'agriculture Mezzana-Balerna	Commandant de région Suisse centrale, B. Entente, *Engelberg*

Les demandes venant des quatre derniers cantons, ainsi que celles venant des régions d'autres cantons occupés par les troupes suisses, doivent être adressées, dans les cas importants (avec motifs tout spécialement indiqués), par les officiers sanitaires dirigeants, soit commandants de région d'internement, au Bureau central à Berne. Elles ne peuvent pas être solutionnées directement.

A partir de fin juin, le terme « officier sanitaire dirigeant » doit être remplacé dans ces tableaux par celui de « commandant de région d'internement ».

XXIX

Internés (classe III) occupés par détachements aux travaux agricoles, aux terrassements et à diverses exploitations, en 1917 (depuis le 1er juillet).

Employeurs	Lieu de travail	Nombre	Salaire	Début et fin du travail	Genre du travail
Motor Baden	Piora	20 Anglais		25 août-17 oct. 1917	Travaux de terrassement
» »	Piotta	25 »		» »	» »
» »	Nivo	15 »		» »	» »
Avenches, Commune.	Avenches	13 Français		20 juill.-15 sept. 1917	Tourbe
» »	»	1 Belge		» »	»
Frey et Grobéty, Berne . . .	»	12 Français		20 sept.-13 oct. 1917	»
Stévenin et Dalbou, Genève . .	»	20 Français		1er nov. 1917	Drainage et travaux de route
» » . . .	»	7 Belges		1er nov. 1917	» »
Von Roll, Choindez	Tinzen	17 Allemands		1er juill.-11 oct. 1917	Exploitation de minerai de manganèse
Schilfverwertungsgesellschaft,	Yverdon	10 Français	Salaire par heure variant entre 20, 35 ou 40 centimes	25 juill. Pour peu de temps	» de roseaux
» Berne.	Villeneuve	11 Anglais		» »	» »
» »	Pfäffikon	11 Allemands		12 août-31 août 1917	» »
Chemins de fer fédéraux, Zürich .	Herlisberg	12 »		22 août-30 sept. 1917	Entretien de voies ferrées
» » »	Effretikon	17 »		» »	» » »
» » »	Pfäffikon	13 »		» »	» » »
» » »	Bubikon	12 »		» »	» » »
» » »	Pfäffikon	10 »		1er oct.-15 nov. 1917	» » »
» » »	Effretikon	12 »		» »	» » »
» » »	Erlenbach	4 »		» »	» » »
» » »	Kollbrunn	11 »		» »	» » »
Düggelin, Lachen.	Kollbrunn	11 »		2 oct.-29 déc. 1917	Construction de routes
Peickert's Erben	Zugerberg	15 Français		Avril-31 oct. 1917	» »
Tschupp, entrepreneur Hochdorf	Roggwil et Seon	9 Allemands		16 août-12 janvier 1918	Construction de chemins de fer
Chem. de fer fédéraux, Lausanne	Genève	38 Anglais		1er août-24 août 1917	Entretien de voies ferrées
Travaux municipaux, Lucerne (Hess, entrepreneur).	Arnitobel	20-40 Français		10 août-20 nov. 1917	Travaux de canalisation
Von Moos, Eisenwerke, Lucerne.	Ruswil	44 Allemands		Août-20 nov. 1917	Exploitation de tourbe
Etat de Lucerne (von Moos, Eisenwerke, Lucerne) . . .	Emmenweid	42 »		20 nov. 1917-23 janv. 1918	Correction de l'Emme
Chemins de fer fédéraux, Saint-Gall	Dielsdorf	14 »		10 déc.-10 mars 1918	Entretien de voies ferrées
Stromeyer, Kreuzlingen . . .	Herdern	15-25 »		30 oct.-	Mines de charbon
H. Egger, Baumstrasse, Langenthal.	Roggwil	10 »		1er déc.-	Terrassements pour construction
Trucco & Hunkeler, entrepreneurs, Lucerne.	Wolhusen	10 »	Salaire par heure variant entre 20, 35 ou 40 centimes	20 sept.-7 mars 1918	Construction de routes
Inspection des forêts, Bienne. .	Macolin	10-15 Français		10 déc.-	Travaux de forêts
Chemins de fer rhétiques, Coire.	Trans	15 Allemands		8 oct.-20 nov. 1917	Entretien de voies ferrées
Entrepreneurs divers	Lucerne	169 »		Eté 1917	Travaux agricoles
» »	Zurich	45 »		»	» »
» »	Bâle	5 »		»	» »
» »	Davos	220 »		»	» »
» »	Coire	200 »		»	» »
» »	Saint-Gall	63 »		»	» »
» »	Lucerne	64 »		»	Exploitation de tourbe
» »	Davos	86 »		»	» »
» »	Coire	6 »		»	» »
» »	Oberland A	32 Français		»	Travaux agricoles
» »	Oberland B	124 »		»	» »
» »	Suisse centrale, Entente	146 »		»	» »
» »	Valais-Bex	75 »		»	» »
» »	Montreux	57 »		»	» »
» »	Fribourg	18 »		»	» »
» »	Jura	32 »		»	» »
» »	Jura { Ponts-de-Martel	243 »		»	Exploitation de tourbe
» »	{ Les Emposieux	27 Belges		»	» »

Tous les travaux dont la fin n'est pas indiquée se poursuivaient encore au printemps 1918.
Ne sont pas compris dans ce tableau les internés classe III logeant en établissements.

XXX

Commission romande.

*Écoles et cours pour les internés et leurs enfants,
nombre d'élèves au 31 janvier 1918.*

Stations	Illettrés	Perfectionnement	Anglais	Allemand	Espagnol	Italien	Comptabilité	Dessin	Sténographie	Dactylographie	Mathématiques	Professionnels	Divers	Écoles pour enfants
Région Valais														
Salvan	10	9	7	8	—	—	9	—	—	—	—	—	—	—
Gryon	—	—	—	—	—	—	—	—	—	—	—	5	—	—
Villars	—	20	—	—	—	—	—	—	—	—	—	—	11	10
Champéry . .	8	—	—	—	—	—	—	—	—	—	—	—	—	18
Loëche-les-Bains .	15	17	—	—	—	—	—	—	—	—	—	—	—	6
Montana-Village .	9	—	—	—	—	—	—	—	—	—	—	—	—	—
Montana-Vermala .	15	—	—	—	—	—	14	—	—	—	2	—	8	11
Morgins . . .	—	8	—	—	—	—	—	—	—	—	—	—	—	8
Viège	—	22	—	—	—	—	—	—	—	—	—	—	—	—
Trois-Torrents .	—	—	—	—	—	—	—	—	—	—	—	—	—	12
Régions Vaud et Fribourg														
Baugy	—	—	—	—	—	—	—	—	—	12	—	—	—	—
Neirivue . . .	—	—	—	—	—	—	—	—	—	5	—	—	—	—
Charmey . . .	—	—	—	—	—	—	—	—	—	8	—	—	—	—
Daillens . . .	—	13	—	—	—	—	—	—	—	—	—	—	—	—
Chexbres . . .	—	18	—	—	—	—	—	—	—	—	—	14	—	—
Clarens . . .	—	—	—	—	—	—	—	—	—	—	—	50	—	—
Bulle	—	—	—	—	—	—	—	—	—	—	—	15	—	—
Blonay	—	—	—	—	—	—	—	—	—	—	—	90	—	—
Châtel-Saint-Denis.	—	—	8	—	—	—	8	8	8	3	—	—	—	—
Gruyère . . .	—	—	—	—	—	—	—	7	—	15	—	—	—	—
Charmey . . .	—	—	—	—	—	—	—	8	—	17	—	—	—	—
Montbovon . .	—	—	8	—	—	—	—	6	—	7	—	—	—	—
A reporter.	57	107	23	8	—	—	31	29	8	67	2	174	19	65

Stations	Illettrés	Perfectionnement	Anglais	Allemand	Espagnol	Italien	Comptabilité	Dessin	Sténographie	Dactylographie	Mathématiques	Professionnels	Divers	Écoles pour enfants
Report. . .	57	107	23	8	—	—	31	29	8	67	2	174	19	65
Régions Jura et La Côte														
Gimel	10	—	—											
Macolin . . .	10	—	—											
Le Pont . . .	--	20	—											
Région Oberland A														
Lauterbrunnen .	—	—	30					—	20	20	—	—	—	10
Grindelwald . .	10	3	—										—	18
Beatenberg . .	—	—	—										—	20
Brienz	2	—	—										—	5
Lungern . . .	—	—	—										—	8
Meiringen . .	23	—	—										—	17
Interlaken . .	25	32	38	26	3	—	6	6	9	—	—	—	—	55
Région Oberland B														
Brigue. . . .	—	—	—			—							—	5
Frutigen . . .	—	—	—										—	8
Weissenburg .	12	12	—	—	20	—							—	10
Spiez	—	—	20	—	—	—	10	—					—	30
Diemtigen . .	—	—	—										—	6
Oberhofen . .	15	—	—										—	—
Zweisimmen. .	—	6	—										--	4
Krattigen. . .	--	10	—										—	—
Aeschi. . . .	13	16	37	26	11	13	8	14	—	—	—	--	22	—
Totaux .	177	206	148	60	34	13	55	49	37	87	2	174	41	261

RÉSUMÉ : Les cours sont régulièrement organisés dans 42 stations. Il y a 74 cours fonctionnant régulièrement. Il existe, en outre, 20 écoles pour enfants d'internés, comprenant 261 élèves. Les cours pour internés groupent 1100 élèves. Dans cette statistique, il n'est porté que les écoles subventionnées par la Commission romande.

XXXI

*Ordonnance concernant la solde et les suppléments
de solde à payer aux militaires suisses
au service de l'internement.*

Quartier général, le 1ᵉʳ décembre 1917.

1. Généralités.

a. Le service des militaires suisses détachés au service de l'internement des prisonniers de guerre, est considéré comme service actif (arrêté du Conseil fédéral du 24 mai 1917).

b. Le service de l'internement des prisonniers de guerre ne remplace pas le service actif de relève ; dans la règle, tout militaire fera son service intégralement avec son état-major ou son unité.

c. La solde de grade est prise comme base pour la solde des militaires suisses au service de l'internement (voir exceptions, lettre *e*).

d. Les militaires suisses qui ne consacrent qu'une partie de leur temps au service de l'internement et qui peuvent vaquer partiellement à leurs occupations civiles, qui, d'autre part, accomplissent leur service en résidant au lieu de leur domicile habituel, touchent une indemnité journalière fixe. Celle-ci peut être inférieure à la solde du grade ; elle sera en rapport avec le travail accompli (voir chiffre 5, lettre *b*).

e. Lorsque l'indemnité journalière fixe prévue sous lettre *d* est allouée, l'indemnité de subsistance est en tout cas supprimée. Il en est de même de l'indemnité de logement prévue sous chiffre 13.

2. Officiers adjoints du Médecin d'armée, chefs de services.

a. Service avec résidence hors du lieu du domicile civil : solde du grade et indemnité de subsistance, indemnité de subsistance supplémentaire de fr. 3.

b. Service avec résidence au lieu du domicile civil : solde du grade et indemnité de subsistance.

3. Commandants des régions d'internement.

a. Service avec résidence hors du lieu du domicile civil : solde du grade et indemnité de subsistance, indemnité de subsistance supplémentaire de fr. 3.

b. Service avec résidence au lieu du domicile civil : solde du grade et indemnité.

Observations.

1. Les compétences de solde prévues sous chiffre 3, lettres *a* et *b*, s'appliquent aussi aux commandants de région qui fonctionnent en même temps comme officiers sanitaires dirigeants.

2. Les officiers sanitaires dirigeants et les médecins traitants peuvent obtenir, sur ordre du Médecin d'armée, une rémunération spéciale pour certains travaux tels que rapports médicaux importants, autopsies (d'après la taxe militaire).

4. Officiers sanitaires dirigeants.

(Pour autant qu'ils ne sont pas en même temps commandants de région.)

a. Service avec résidence hors du lieu du domicile civil : solde du grade et indemnité de subsistance, indemnité de subsistance supplémentaire de fr. 3.

b. Service avec résidence au lieu du domicile civil : solde du grade et indemnité de subsistance.

Observation.

Les indemnités ci-dessus ne peuvent être portées en compte pour les jours où il n'est pas fait de service. Les jours de service seront indiqués sur la feuille de solde.

5. Officiers sanitaires fonctionnant comme médecins traitants.

a. Service avec résidence hors du lieu du domicile civil : solde du grade et indemnité de subsistance, indemnité de subsistance supplémentaire de fr. 3.

b. Service journalier avec résidence au lieu du domicile civil, jusqu'à :

50 internés, indemnité journalière de fr. 5.

100	»	»	»	»	7.
200	»	»	»	»	9.
400	»	»	»	»	12.

Observation.

Les indemnités ci-dessus ne peuvent être portées en compte pour les jours où aucune consultation ni visite n'ont lieu. Les journées de service seront indiquées sur la feuille de solde. On mentionnera de même, à chaque période, sur la feuille de solde, le nombre des internés attribués aux officiers sanitaires. Les feuilles de solde ne doivent être ni visées ni payées, si cette indication manque.

6. Officiers sanitaires.

(comme médecins traitants) qui fonctionnent en même temps comme commandants de place d'internement.

a. Service avec résidence hors du lieu du domicile civil : solde du grade et indemnité de subsistance, indemnité de subsistance supplémentaire de fr. 3.

b. Service avec résidence au lieu du domicile civil : solde du grade et indemnité de subsistance.

7. Médecins et dentistes des services complémentaires.

a. Service avec résidence hors du lieu du domicile civil : solde de fr. 5. Indemnité supplémentaire de subsistance fr. 3 et indemnité de logement de fr. 1.50.

b. Service avec résidence au lieu du domicile civil : indemnité journalière de fr. 5.

8. Médecins civils engagés comme médecins traitants.

Les commandants de région proposeront les conditions auxquelles les médecins civils sont engagés, en se basant sur le principe du calcul de la solde des officiers sanitaires fonctionnant comme médecins traitants (voir chiffre 5). Ces propositions doivent être approuvées par le Médecin d'armée.

9. Commandants de place d'internement.

a. Service avec résidence hors du lieu du domicile civil : solde du grade et indemnité de subsistance, indemnité de subsistance supplémentaire de fr. 3.

b. Service avec résidence au lieu du domicile civil : officiers de tous grades, indemnité journalière de fr. 5, lorsque le nombre des internés est inférieur à 300.

Solde du grade et indemnité de subsistance, lorsque le nombre des internés est supérieur à 300.

Observation.

Pour officiers sanitaires comme médecins traitants fonctionnant en même temps comme commandants de place d'internement, voir chiffre 6.

10. Autres officiers.

a. Service avec résidence hors du lieu du domicile civil : solde du grade et indemnité de subsistance, indemnité de subsistance supplémentaire de fr. 3.

b. Service avec résidence au lieu du domicile civil : solde du grade et indemnité de subsistance.

11. Sous-officiers, soldats et personnel des services complémentaires.

Solde du grade et indemnité fixe de subsistance supplémentaire de fr. 6 (comprenant l'indemnité de subsistance réglementaire ainsi que l'indemnité de logement).

12. Frais de déplacements [1].

Le Département militaire suisse, en modification de l'art. 12 de « l'Ordonnance concernant la solde et les suppléments de solde à payer aux militaires suisses au service de l'internement » du 1er décembre 1917, décide l'augmentation des indemnités de voyage pour officiers, sous-officiers et soldats, avec effet rétroactif au 1er juin 1918, comme suit :

	Officiers	*Sous-officiers et soldats*
Déjeuner	fr. 2.	fr. 1.50
Dîner	» 4.	» 3.—
Souper	» 4.	» 3.—
Logement, par nuit . . .	» 4.	» 3.—

[1] Cet article a remplacé, en juin 1918, un article 12 intitulé : Indemnités de voyage.

Pour les officiers, l'indemnité de subsistance de fr. 2, est supprimée, lorsqu'ils touchent l'indemnité de fr. 10 pour la journée entière (3 repas). Lorsque ce tarif est appliqué pour la journée entière aux sous-officiers et soldats (3 repas, soit fr. 7.50), on déduit fr. 2 (indemnité réglementaire de subsistance) de l'indemnité fixe qu'ils touchent en vertu de l'article 11.

13. Indemnité de logement.

Ont droit à l'indemnité de logement de fr. 1.50 : tous les officiers que leur service oblige à habiter hors du lieu de leur domicile civil et qui ne sont pas logés aux frais de l'internement.

14. Cas spéciaux.

En ce qui concerne les services non prévus par la présente ordonnance ou les autres cas spéciaux, les indemnités seront fixées par le Département militaire suisse sur préavis du Médecin d'armée, selon les principes admis dans la présente ordonnance.

15.

La présente ordonnance entre en vigueur le 1er décembre 1917.

Elle annule l'ordonnance concernant la solde et les suppléments de solde à payer aux militaires suisses au service de l'internement, du 11 janvier 1917, ainsi que toutes les ordonnances précédentes relatives au même sujet.

Le Médecin d'armée :

Colonel HAUSER.

Approuvé par le Conseil fédéral
le 3 décembre 1917.

Table des matières.

Documents[1].

[1] Les titres en italique indiquent que le document est imprimé.

KARTE

der

Regionen der Kriegsgefangenen-
Internierung in der Schweiz

Maßstab 1 : 530 000

ᗙ

CARTE

des

Régions de l'internement des
prisonniers de guerre en Suisse

Echelle 1 : 530 000

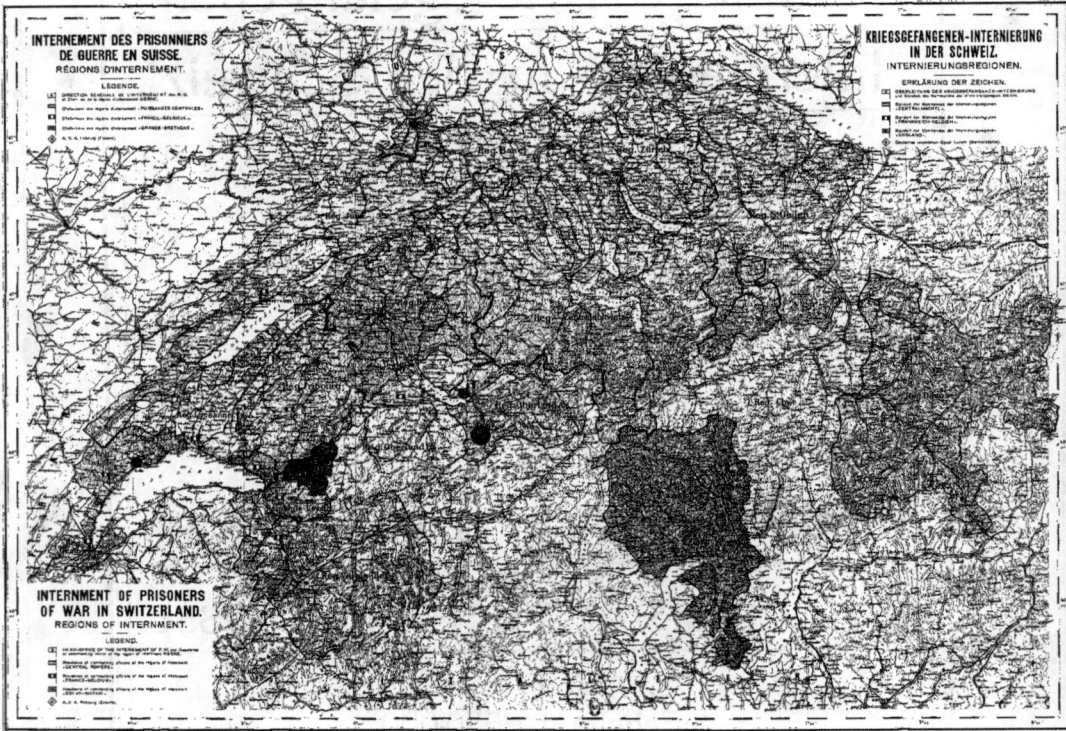

INTERNEMENT DES PRISONNIERS
DE GUERRE EN SUISSE.
RÉGIONS D'INTERNEMENT.

KRIEGSGEFANGENEN-INTERNIERUNG
IN DER SCHWEIZ.
INTERNIERUNGSREGIONEN.

INTERNMENT OF PRISONERS
OF WAR IN SWITZERLAND.
REGIONS OF INTERNMENT.

www.ingramcontent.com/pod-product-compliance
Lightning Source LLC
Chambersburg PA
CBHW072013270326
41928CB00009B/1640

9 7 8 2 0 1 3 6 8 5 6 2 7